ro
ro
ro

«Jana Simon, die faszinierend gut schreibt, recherchiert und denkt, nimmt den Leser mit in ihre Wendezeit-Jugend und in die Gegenwart der Obstberliner Türsteher-, Hooligan- und Drogendealer-Szene. Es ist die wahre Geschichte von Felix, der Jana Simons erster Freund gewesen ist.» («Süddeutsche Zeitung»)

Jana Simon, geboren 1972 in Potsdam, aufgewachsen in Ostberlin, studierte in Berlin und London Osteuropastudien. Seit 1998 ist sie Reporterin beim «Tagesspiegel» in Berlin, 2001 erhielt sie für ihre Reportagen den renommierten Theodor-Wolff-Preis. Jana Simon kannte Felix seit seinem 16. Lebensjahr.

Jana Simon

Denn wir sind anders

Die Geschichte des Felix S.

Rowohlt Taschenbuch Verlag

Veröffentlicht im Rowohlt Taschenbuch Verlag
GmbH, Reinbek bei Hamburg, September 2003

Umschlaggestaltung any.way, Cathrin Günther
(Foto: Frank Rothe)
Satz Pinkuin Satz und Datentechnik, Berlin
Druck und Bindung Druckerei C. H. Beck, Nördlingen
Printed in Germany
ISBN 3 499 23458 0

Die Schreibweise entspricht den Regeln
der neuen Rechtschreibung.

Denn wir sind ***a***nders

Felix' Zimmer

Das Zimmer ist fast leer, jetzt. Vielleicht hat er es noch einmal angesehen, als er gegangen ist. Vielleicht auch nicht. Er hat an jenem Mittwoch im August nicht geahnt, dass er es nicht wieder sehen würde.

Das Zimmer ist klein – acht Quadratmeter, fast wie eine Zelle. Wenn er aus dem Fenster schaute, fiel sein Blick auf eine leere Straße mit jungen Bäumen an den Rändern und auf die rosa sanierten Häuser gegenüber: dreißiger-Jahre-Bauten, kleine Fenster, niedrige Decken, winzige Räume. Es ist eine dieser Straßen am Rande Berlins, wo die Menschen hinter Gardinen existieren, wo Stille ein Geräusch ist und ein vorbeifahrendes Auto als Lärmbelästigung empfunden wird.

Früher, vor dem Mauerfall, war Schöneweide eine Gegend, in die niemand ziehen wollte: das Industriegebiet von Ostberlin. Halbleiter-, Transformatoren-, Kabelwerk; es roch zu jeder Tageszeit, als würde neben dem Haus Gummi verbrannt, das Atmen erzeugte Übelkeit und auf den Fassaden und Fensterbrettern hatte der Staub eine graue Schicht hinterlassen. Nach dem Mauerfall schlossen die Fabriken nach und nach, bis keine mehr übrig blieb. Die Ruhe zog ein in Schöneweide und im Frühjahr riecht es jetzt nach Lindenblüten. Die Menschen tragen beige oder zartviolette Stoffjacken, sind zwischen fünfzig und sechzig Jahre alt, meist männlich und haben auffallend viel Zeit, ihre Hunde auszuführen.

Er muss sich hier gefühlt haben wie am Ende der Welt. Obwohl er diese Welt kannte, es war die Welt seiner Kindheit. Seine Großeltern wohnen noch immer in dieser Wohnung: drei Zimmer, Küche, Bad, weiße Raufasertapete an den Wänden, ein großer viereckiger Spiegel im Flur, in dessen Rahmen Fotos klemmen, Fotos von ihrem Enkel Felix. Auf den meisten lächelt er mit zusammengekniffenen Augen in die Kamera. Auf anderen sieht er aus, als würde er am liebsten heulen, verbiete es sich im letzten Moment aber doch immer wieder. Er sieht gut aus, hat schwarze kurze Haare, auf den früheren Aufnahmen sind sie etwas länger. Später hat er sie zur Glatze abrasiert und sich einen dünnen Bartstreifen stehen lassen, der sein Kinn wie ein Halbkreis umrahmt. Auf manchen Bildern trägt er eine Brille, häufiger aber Kontaktlinsen, er ist kurzsichtig. Durch die braune Haut und die leicht schräg stehenden dunklen Augen wirkt sein Gesicht ein wenig asiatisch. Selten hält er den Rücken gerade, die Schultern zeigen fast immer abwehrend nach vorn, wie bei einem Boxer, der sich gleich die Fäuste vor den Körper halten möchte. Es wirkt, als halte er so die Umwelt auf Distanz.

In seinem Schrank hat er die T-Shirts ordentlich gestapelt, sodass die Kanten genau übereinander liegen. Er machte das immer so, es war wie ein Zwang. Im Regal stehen noch die Bücher, die er vielleicht einmal lesen wollte: *Owen Meany* von John Irving, ein Ratgeber *Vom richtigen, guten und glücklichen Leben*, Liebesgedichte von Erich Fried und *Auf dem Wege der Besserung* über die Selbstheilung eines Krebskranken. Es ist, als habe er sich am Ende mit einem Schwerkranken identifiziert und in dessen Geschichte nach Parallelen gesucht, nach einem neuen Lebenskonzept, nach dem Sinn seiner Existenz, nach Erklärungen für sein Verhalten. Manche Stellen hat er darin dünn mit Bleistift unterstrichen oder einen ganzen Absatz mit einem geraden Strich daneben hervorgehoben: *Wie kann man einem Geist, der falsche und ungesunde Überzeugungen aus der Vergangenheit hortet, nun plötzlich zutrauen, dass er sich für wahre und gesunde neue Überzeugungen entscheidet und diese umsetzt? Dies schien mir fast unmöglich.*

Den letzten Satz hat er noch einmal extra markiert.

Auf dem Regal ruht die Anklageschrift, die er nicht mehr sehen mochte. Er hat sie ins oberste Fach gelegt. Dazu muss er einen Stuhl gebraucht haben. Es sieht aus, als habe er versucht, den größtmöglichen Abstand zwischen sich und diesem Text zu schaffen. Er wollte vergessen. Trotzdem wartete die Anklageschrift da oben auf ihn und ging ihm in diesen kurzen dreizehn Tagen, die er noch einmal im Zimmer seiner Jugend verbrachte, nie wirklich aus dem Sinn. Seine Vergangenheit harrte in diesem dicken grauen Aktenordner. Er kannte manche Ereignisse, die darin vorkamen, und manche Menschen, er hatte Jahre mit ihnen verbracht, mit ihnen gelebt. Trotzdem kam es ihm zuweilen vor, als wäre das alles sehr weit weg, als wäre es ein anderer Teil von ihm, der ihm so fremd erschien, als hätte er nichts damit zu tun.

Er kannte sich gut aus in der Szene der Türsteher, der Kampfsportler, der Hooligans. Er gehörte zu ihnen, wie man eben dazugehören kann, wenn die Hautfarbe nicht ganz weiß ist. Er spielte seine Rolle. Und die anderen respektierten ihn. Respekt war ihm wichtig, mehr als alles andere. Nie mehr der schmale, kleine Junge sein, der von den anderen verprügelt wird, nie mehr hilflos sein und ohnmächtig. Die Kontrolle behalten in jedem Moment seines Lebens. Denn ohne Kontrolle war da nichts mehr, keine Ordnung und auch kein Sinn. Alles würde zusammenbrechen, sich zu einem unentrinnbaren Chaos in seinem Inneren verwirren. Dagegen musste er kämpfen. Immer.

An der Wand hängen seine Bilder: Drucke von Dalí, von Brueghel – düstere Visionen des Untergangs. Skelette liegen auf einem Pferdefuhrwerk, Hunde knabbern an Leichen, auf dem bräunlichen Boden verwesen verwundete oder halb zerfleischte Menschen. Der Himmel leuchtet rotschwarz, scheint zu brennen. Es ist das Ende, niemand mehr, der dem Wahnsinn Einhalt gebietet. Ein schönes Bild, schön in seinem Grauen.

Wenn er im Bett lag, unter dem Fenster, konnte er es genau betrachten. Brueghel hat sehr filigran gezeichnet, jede Grausamkeit ist präzise festgehalten.

Was hat Felix gedacht, wenn er es angesehen hat, jeden Morgen? Das Bild heißt «Der Triumph des Todes». Vielleicht hat er sich im Bett manchmal andersherum gedreht, dann fiel sein Blick auf ein Gemälde von El Bosco – wunderhübsche nackte Wesen tanzen im Garten des Paradieses. Es ist, als habe er die Extreme seines Lebens an zwei gegenüberliegenden Wänden angebracht. Dazwischen ist nichts, nur Leere.

Die beiden Bilder hängen noch immer in seinem alten Zimmer, die Großeltern schauen sie manchmal an. Sie haben viele Fragen, zuweilen scheint es, sie hätten die passenden Antworten gefunden. Aber diese Momente der Klarheit gehen schnell vorüber, es bleibt ein Gefühl der Vergeblichkeit. Felix ist fort.

Als sie das erste Mal nach seinem Verschwinden seine Großeltern besuchte und das Zimmer betrat, hatte ihr das Gefühl, er sei noch da, fast den Atem genommen. Er sah sie aus dem verschwitzten Boxclub-T-Shirt an, sprach aus seinen Büchern und CDs mit ihr, blickte ihr von den Fotos entgegen. Sie war jetzt 28 und hatte ihn ihr halbes Leben lang gekannt, sie waren zusammen aufgewachsen, er war einer ihrer ältesten Freunde. Eine Weile hatten sie sich aus den Augen verloren, dann aber doch wieder getroffen. Kurz nach seinem Weggang hatte sie sich gefühlt wie taub, unfähig zu weinen. Damals hatte sie ständig das Bedürfnis gehabt, zu schlafen, weg zu sein, nichts mehr zu merken.

Sie hatte ihre Traurigkeit in sich verschlossen, aber immer wenn sie an Felix dachte, war das Gefühl des Verlustes so mächtig, dass es in ihrem Inneren einen dumpfen Schmerz erzeugte, als schlage ihr jemand mit voller Kraft auf die Brust. In seinem alten Zimmer war dieses Gefühl schwächer, hier war er anwesend und das tröstete sie irgendwie.

Sie schaute aus dem Fenster und stellte sich vor, wie er dort gestanden und hinausgesehen hatte, betrachtete die Anklageschrift und fragte sich, was er beim Lesen gefühlt hatte. Sie blätterte in seinen Büchern und überlegte, was sie ihm bedeutet hatten, und sie unterhielt sich mit seinen Großeltern. Auch wenn manches, was sie über ihn erfahren sollte, sie abstieß, sie ratlos oder traurig zurückließ oder wütend machte, auch wenn sie ab und zu das Gefühl hatte, ihn gar nicht gekannt zu haben, erzählten ihre Erinnerungen etwas anderes.

In ihrem Gedächtnis versuchte sie Felix so zu bewahren, wie sie ihn erlebt hatte. Oft gelang das, manchmal nicht. Vielleicht war es auch nicht wichtig, er fehlte einfach. Und das Zimmer wurde für sie wie eine letzte Verbindung zu ihm.

I Der erste Schlag traf ihn genau in den Magen, etwas unter dem Solarplexus. Felix atmete aus, laut, es hörte sich an wie ein Luftstoß aus dem Inneren seines Körpers. Der nächste Schlag. Jörn stand ihm gegenüber mit nacktem Oberkörper und sah ihn an. Er wartete ein paar Sekunden, dann zielte er wieder auf Felix' Bauch.

Es war kalt hier im Keller, es roch nach alten Matratzen, feuchter Erde, Schweiß und schlecht getrockneten Kleidern. Sie war zu spät, hatte ihre Jacke anbehalten und sich auf die Holzbank an der Wand gesetzt, die einzige Zuschauerin dieser Karate-Trainingsstunde im Frühjahr 1987. Seit sie den Raum betreten hatte, fragte sie sich, was sie hier eigentlich wollte. Jörn hatte es für eine gute Idee gehalten, dass sie vorbeischaute, damit sie und Felix sich kennen lernen könnten. Jetzt saß sie in diesem kalten Keller unter Jörns Haus und sah zwei sechzehnjährigen Jungs in Judohosen dabei zu, wie sie sich gegenseitig die Fäuste in den Magen rammten.

Felix war klein, hatte kurze schwarze Haare, die ein bisschen wild von seinem Kopf abstanden, olivfarbene Haut, schön geschwungene dunkle Augenbrauen und lange Wimpern wie ein Mädchen. Seine Bauchmuskeln waren zu kleinen übereinander liegenden Quadraten ausgeformt. Jörn war etwas größer, seine Haare waren blond und seine Muskeln harrten noch der Vollendung. Der Kellerboden war mit Matten ausgepolstert, die einmal weiß gewesen sein mussten. Sie wusste das genau, weil ihre Augen die meiste Zeit nach unten gerichtet waren, während Jörns Faust immer wieder in den Bauch von Felix knallte, zehn-, zwanzigmal. Dann wechselten sie. Nun knallte Felix' Faust in Jörns Bauch. Manchmal sprangen ihre Körper beim Aufprall ein Stück zurück, als verlören sie für einen kurzen Moment den Boden unter den Füßen.

Von ihrer Bank aus konnte sie ihre Gesichter beobachten, während sie zuschlugen. Felix hatte die Augen zusammengekniffen, die Lippen presste er fest aufeinander, als hätte er Schmerzen. Jörn bereitete es große Anstrengungen, die Maske des harten Kämpfers zu bewahren, ab und zu zuckte ein Muskel unter seinem linken Auge unkontrolliert. Nach dem gegenseitigen Auf-den-Magen-Schlagen machten die beiden Liegestütze in allen Variationen – auf den Fäusten, auf zwei Fingern, auf den Knöcheln – und übten Seilspringen nach Zeit. Felix und Jörn trainierten jetzt seit zwei Stunden, und es sah nicht danach aus, als wollten sie bald aufhören. Sie war damals 14 und hatte sich ihr erstes Rendezvous irgendwie anders vorgestellt.

Als Felix und Jörn endlich fertig waren, entstand peinliche Stille. Sie gingen dann hoch in Jörns Wohnung; er hatte ein paar Donald-Duck-Hefte aus dem Westen. Zu dritt saßen sie auf dem Boden von Jörns Zimmer, blätterten verlegen in den Heften, sahen zur Decke und mussten schließlich lachen. Ihr erstes Gespräch führten sie über eine Ente. Es war der Beginn ihrer Freundschaft.

Später gingen sie und Felix zusammen nach Hause, durch die Straßen von Johannisthal, im Süden von Ostberlin, kurz vor der Mauer. Sie hatten den gleichen Weg, wohnten in derselben Straße, nur durch ein paar Häuser und eine Kirche voneinander getrennt. Sie liefen an den Straßenbahnschienen entlang, über den betonierten Platz mit den eingelassenen quadratischen Blumeninseln bei der Bushaltestelle. Dort gegenüber wohnte sie in einem Altbau ganz oben. Felix verabschiedete sich von ihr, grinste sie an und lud sie für den nächsten Tag zu sich nach Hause ein, er wollte ihr seine Donald-Duck-Sammlung zeigen. Dann ging er weiter, an der Kirche vorbei zu der Villa, die «Bella Vista» hieß, Schöne Aussicht. Es war ein Backsteinbau mit Fachwerk und Spitzdach, der von einem Garten umschlossen wurde. Sie kannte das Haus gut: Einer aus ihrer Klasse wohnte hier, ihre Eltern waren mit seinen Eltern befreundet, ihr Vater kannte Felix' Stiefvater, und ihr Bruder spielte täglich in diesem Garten. Sie hatte Felix schon viele Male gesehen und fand, dass er sehr gut aussah. Er fiel auf, weil er nicht weiß war, ein «Mulatte», wie die Menschen damals sagten. Ein Exot im weißen ausländerarmen Osten.

Felix wohnte im ersten Stock gleich rechts zusammen mit seiner Mutter und seinem Bruder. Sein Stiefvater lebte eine Etage höher unterm Dach. Wenn sie Felix besuchte, musste sie erst die steinernen Stufen zur Eingangstür zurücklegen, dann stieg sie die Holztreppe hinauf, die bei jedem ihrer Schritte laut ächzte. Sie konnte ihr Herz in den Ohren pochen hören, wenn sie oben ankam. Oft wartete sie noch ein paar Minuten, bevor sie klingelte. Die Stimmung war nicht besonders gut hinter der Tür zwischen Felix' Mutter und seinem Stiefvater.

Seine Mutter war eine zierliche Frau mit dunklen Augen. Felix' Stiefvater, ein schlanker Mann mit rötlich blonden Locken, sah aus wie der Hauptdarsteller aus einem Märchenfilm, in der Rolle des ein wenig weltfremden, verträumten Prinzen. Sie mochte die beiden, aber es herrschte eine merkwürdige Atmosphäre in dieser Familie: Sehr nett und offen nach außen hin, dahinter schwelte aber noch etwas anderes, vage Kompliziertes. Es war, als laste auf allen eine unerklärbare Schwere.

Felix hatte ihr gegenüber die Schwierigkeiten angedeutet, mit knappen Sätzen, es war ihm nicht angenehm, darüber zu reden. Er war gern der Starke, scheinbar Unberührbare, der anderen bei ihren Problemen half. Sie hatte trotzdem verstanden, schon weil sie ganz ähnlich war und Ähnliches in ihrer Familie erlebt hatte, wenn auch viel weniger dramatisch. Trennungskinder scheinen eine Art Sensor füreinander zu haben, sie spüren im anderen die gleiche tief sitzende Verunsicherung und das Bemühen, bloß niemanden etwas merken zu lassen.

Felix und sie «gingen miteinander», wie man das damals nannte. Das hieß, sie besuchten sich öfter, meist abends, knutschten im Hausflur, probierten die Wirkung von Zungenküssen aus. Sie konnten stundenlang über verschiedene Trainingsprogramme und Strategien diskutieren, sie erzählte vom Ballett, er vom Karate. Oft ging es darum, wie viel eine Sehne verträgt, bis sie gezerrt ist oder reißt. Felix stellte in seinem Zimmer zwei Stühle einen Meter voneinander entfernt auf, und sie übten Spagat mit Durchhängen. Er machte Liegestütze auf zwei Fingern und auf den Knöcheln des Zeige- und Mittelfingers, bis sie dick anschwollen. Als Unterlage bevorzugte er Bastmatten, weil es so noch mehr wehtat. Danach hielt er ihr seine Knöchel vors Gesicht: «Wer diese zwei Huckel nicht hat, trainiert nicht richtig», sagte er.

Und sie rauften sich, einfach so zum Spaß. Felix versuchte sie festzuhalten und ihr gelang es immer wieder, sich seinem Griff zu entwinden, wofür er ihr wie einem kleinen Kind Anerkennung zollte. Sie sah zu, wie er Unmengen von gebratenen Eiern in sich versenkte und ihr versicherte, das sei gut für die Muskeln. Er machte sich darüber lustig, dass sie Michael Jackson und Prince verehrte, *Black Music* mochte er nie; sie zog ihn mit seiner Vorliebe für alles Militärische und dämliche Rambofilme auf. Sie konnte mit ihm wunderbar über seinen «Do» philosophieren, was in den asiatischen Kampfsportarten so viel hieß wie sein Weg, seine Lebensgrundsätze. Diese Grundsätze waren allesamt sehr ehrbar. Er erklärte ihr, er dürfe niemals jemanden schlagen, der nicht seine Fähigkeiten besitze. Und er wollte die vollkommene Weisheit und Klarheit erlangen, was immer das auch heißen mochte, so richtig hatte sie es nie nachvollziehen können. Aber es machte Spaß, sich darüber zu unterhalten. Außerdem war Karate in der DDR verboten, was ihren Gesprächen etwas Subversives verlieh.

Sie sahen sich nicht jeden Tag, dafür waren sie beide zu beschäftigt und zu stolz. Wer wen wann anrief, war immer die heimliche Frage im Hintergrund, ein Messen der Kräfte. Oft sprachen sie sich tagelang nicht und drehten beide immer engere Kreise ums Telefon, keiner wollte sich eine Blöße geben. Es waren diese kleinen Machtspiele, die ihre Teenagerfreundschaft manchmal anstrengend machten, ihr eine gewisse Schwere gaben. Aber er war der Erste, mit dem sie sich nicht nach einer Woche langweilte und nicht darüber nachdachte, wie sie ihn am schnellsten wieder loswürde. Außerdem wusste sie nie genau, was er dachte oder fühlte, es ging etwas Düsteres, Geheimnisvolles von ihm aus, etwas, das sie zu ergründen reizte.

Felix zog sich oft auf sein Hochbett zurück, es war groß, fast wie eine zweite halbe Etage im Zimmer. Unten spielte sein Bruder, oben hatte er sich eine eigene kleine Welt geschaffen: Am Kopfende seines Bettes stand ein Kassettenrekorder, ein Ghettoblaster, überdimensioniert, wie sie in den achtziger Jahren modern waren. Über seinem Bett hing ein Plakat mit einem roten Drachen darauf, daneben war in schwarzen Buchstaben *Karate* geschrieben, an der anderen Wand klebte ein Bild, auf dem ein Mann mit hochgerissenem Bein gegen einen anderen sprang. Die größte Fläche aber nahmen Poster von seinem Idol Bruce Lee ein. Einige Bilder hatte er aus dem Fernsehen abfotografiert, andere aus Westzeitungen ausgerissen.

Felix verehrte Bruce Lee, er war klein und drahtig wie er selbst. Lee wurde in den USA geboren und wuchs in Hongkong auf. Schon mit zwölf Jahren war er Anführer einer Straßenbande und lernte Kung-Fu. Biographen beschreiben ihn als fanatischen, besessenen Kämpfer, der explosionsartige Wutanfälle hatte. Felix konnte sich damit ganz gut identifizieren. Später wurde Bruce Lee von Hollywood entdeckt und drehte Filme wie *Todesgrüße aus Shanghai, Der Mann mit der Todeskralle* oder *Die Todeskralle schlägt wieder zu.* In seinen Filmen sah es aus, als vermeide er jede überflüssige Bewegung, er tänzelte durch die Kulissen mit kurzen Schritten, konzentriertem Blick, die Arme vor seinem Körper in Position, und in den Kampfszenen überschlug er sich nicht wie andere Kung-Fu-Darsteller dreimal in der Luft, bevor er zutrat.

Bruce Lee entwickelte eine Art eigener Lebensphilosophie mit Sprüchen wie «Wer den Erfolg will, sollte lernen zu kämpfen und sich alle Mühe geben, auch zu leiden» oder «Der einzige Weg, wirklich gut und perfekt zu werden, ist derjenige, alles zu tun, um einhundertprozentig zu sein, in allem, was man tut», oder «Wenn man lernt, was der Tod ist, überwindet man ihn. Morgen werden wir sterben und uns dadurch befreien lassen». Im Nachhinein erschien es ihr, als habe Felix diese Formeln auswendig gelernt und für sein Leben übernommen, die Radikalität gefiel ihm, diese extreme Konsequenz entsprach ihm. Es gab schon damals kein Dazwischen für ihn.

Bruce Lee starb mit 33 Jahren unter mysteriösen, bis heute nicht ganz geklärten Umständen. Legenden besagen, er sei von der chinesischen Mafia umgebracht worden, andere behaupten, er lebe noch irgendwo in der Anonymität. Felix hat es immer geliebt, Verschwörungstheorien zu entwickeln und zu diskutieren, tragische Geschichten faszinierten ihn. Er hat sich selbst oft als tragische Figur gesehen.

Wenn sich unter seinem Hochbett wieder einmal Krieg ankündigte, drehte er die Musik lauter: Anne Clark, Gary Numan, Human League, Pink Floyd – melancholische Musik der achtziger Jahre. Damals waren die schlimmsten Zeiten für ihn schon vorüber. Die, in denen er draußen im Treppenhaus oder in der Küche unter dem Waschbecken schlafen musste, weil er irgendeine Kleinigkeit nicht erledigt, den Mülleimer nicht runtergetragen oder nicht abgewaschen hatte. Die, in denen er nur Brot bekam, während die Familie Schnitzel aß. Er konnte einfach nicht verstehen, wieso sie ihn so behandelten.

Auch sie konnte sich das überhaupt nicht vorstellen. Sie hatte seine Mutter fast immer herzlich erlebt, eine liebenswürdige Frau, die ihr Tee kochte und mit ihr kicherte wie mit einer gleichaltrigen Freundin. Aber offensichtlich konnte sie auch anders sein.

Seinen Stiefvater hatte Felix oft ohnmächtig, schwach erlebt. Manchmal war er an ihm vorbei in sein Zimmer unterm Dach gestiegen, ohne ein Wort zu sagen, während Felix im Treppenflur auf dem Boden schlief. In solchen Stunden muss Felix sich völlig verlassen gefühlt haben: niemand, mit dem man reden konnte, niemand, der einem beistand.

Als Kind träumte Felix davon, Feuerwehrmann zu sein, einer, der immer alles wieder in Ordnung bringt, der immer die Kontrolle behält, der alle Brandherde löschen kann in der Not. Als der Stiefvater einmal ausziehen wollte, half Felix ihm sogar beim Packen. Er wollte lieber, dass er sie verließ, als dass sie sich weiter stritten.

Das Gefühl des Verlassenwerdens war ihm vertraut. Schon einmal war jemand aus seinem Leben gegangen: sein leiblicher Vater. Felix war damals zwei Jahre alt, viel hatte er davon nicht mitbekommen, nur so ein Gefühl des Verlustes, der Verunsicherung war zurückgeblieben. Die Liebe seiner Eltern währte nur kurz, sie waren nicht lange zusammengeblieben. Die Mutter hatte Felix früh bekommen, wie viele damals in der DDR. Sie war erst 19. Die Großeltern hatten auf der Geburt ihres Enkels bestanden und gesagt, sie würden für Felix aufkommen.

Felix' leiblicher Vater, sein «Erzeuger», wie er ihn immer nannte, hatte gerade begonnen zu arbeiten. Zeitweise wohnten sie zu dritt mit dem Neugeborenen bei ihren Eltern in der Wohnung in Schöneweide, wo die Leine mit den gewaschenen Windeln bis in die Wohnstube reichte. Felix' Eltern waren zu jung, zu überfordert, zu sehr mit sich selbst beschäftigt. Als der Stiefvater ein wenig später ins Leben der Mutter trat, war ihre Beziehung zu Ende. Der Vater dachte, es sei am besten, er ziehe sich ganz aus Felix' Leben zurück, um dem Neuen und der Mutter eine Chance zu geben. Er sah seinen Sohn von da an nur noch ein paar Mal im Jahr zu Geburtstagsfeiern und zu Weihnachten.

Als er ihr das viele Jahre später erzählt, in seiner Wohnung am Kollwitzplatz, wundert sie sich darüber, wie emotionslos es klingt, immerhin haben ihn damals Frau und Sohn verlassen. Er sitzt am Tisch in seinem Wohnzimmer, Felix ist zu der Zeit schon weg, aber an der Wand hängen Fotos von ihm und davor stehen Kerzen. Der Vater schaut auf den Teller mit Spaghetti vor sich und schweigt. Wenn sie ihn ansieht, bekommt sie ab und zu einen Schreck: Er sieht Felix sehr ähnlich, die gleiche gerade, schmale Nase, dieselbe gekrümmte Sitzhaltung und dieser traurige Blick, als lasteten die Sorgen der ganzen Welt auf ihm. Er redet nicht viel, meist spricht seine Frau, einmal blickt er sie an und sagt in die Stille: «Felix war das ungeliebte Kind.» Schnell fügt er hinzu, das gelte natürlich nur für die Mutter, nicht für ihn. Aber es klingt, als habe er selbst diesen Gedanken schon öfter gehabt, ihn sich aber immer wieder verboten. Er hat seit vielen Jahren eine eigene neue Familie, eine Frau, zwei Töchter, seine Aufmerksamkeit gilt ihnen.

Sie war schon einmal in dieser Wohnung, damals, mit 14. Felix hatte sie mitgenommen und sie hatte seine Aufregung bemerkt, er schien geistesabwesend, drückte ihre Hand fest und trieb sie zur Eile, es war etwas Besonderes für ihn, seinen Vater zu besuchen. Als sie ankamen, hatte sie das Gefühl, eigentlich nehme niemand sie wahr. Sie saßen auf dem großen Bett seines Vaters, kicherten vor sich hin und beobachteten zwei kleine Mädchen dabei, wie sie das Zimmer verwüsteten. Ab und zu schaute der Vater oder seine Frau vorbei, fragte etwas, brachte ihnen einen Saft und verschwand wieder. Die beiden waren sehr sympathisch, benahmen sich aber irgendwie merkwürdig, als hätten sie kein besonderes Interesse an Felix und ihr. Irgendwann gingen sie wieder, auf der Rückfahrt war er sehr still, sie hatte nichts gesagt. Dazu gab es nichts zu sagen.

Felix' Mutter und sein Vater verstanden sich seit ihrer Trennung nicht besonders gut, ständige Streitereien und gegenseitige Vorwürfe hatten ihr Verhältnis in eine Art permanenten Kriegszustand mit kurzen Feuerpausen zum Kräftesammeln verwandelt. Die Distanz des Vaters zu seinem Sohn wurde dadurch noch vertieft. Felix hatte sich immer bemüht, vor seinem Vater nicht schlecht über seine Mutter zu sprechen und umgekehrt. Es muss schwer für ihn gewesen sein, in jeder Situation die Loyalität zu wahren. Ein Konflikt, in dem fast alle Trennungskinder gefangen sind.

Auch die neue Beziehung zwischen seiner Mutter und seinem Stiefvater gestaltete sich nicht gerade harmonisch. Als Felix zwölf Jahre alt war, trennten sie sich wieder, wohnten aber weiterhin im selben Haus und hatten neue Partner, was die Situation nicht entspannte.

Felix bezog die Streitereien oft auf sich, gab sich im Stillen die Schuld daran. Erst viel später begriff er, dass es gar nicht um ihn ging, sondern nur um Machtspiele, darum, dem anderen eine Reaktion abzuzwingen. Einmal, als er aus der Schule kam, lagen seine Sachen verstreut vor dem Haus und in der Mülltonne, weil seine Mutter sie im Zorn aus dem Fenster geworfen hatte. Vielleicht war er gar nicht der Grund ihrer Wut, aber es traf ihn. Felix erzählte ihr damals von seiner Angst vor den nächtlichen Albträumen, in denen ihn Soldaten jagten und umbringen wollten, in denen endlose Gemetzel aufeinander folgten und in denen manchmal Ritter erschienen, die ihm halfen. Damals nickte sie nur ungläubig, zu düster schien es ihr, dass einer immer nur Albträume hatte. Seine finsteren und traurigen Geschichten nahmen mehr und mehr auch ihr Denken ein. Zuweilen fiel es ihr schwer, seine und ihre Probleme noch voneinander zu unterscheiden.

Einmal, im Sommer 1987, fuhren sie zusammen mit ihren Eltern und ihrem Bruder für zwei Wochen an die Ostsee. Felix hatte sich erst in letzter Minute entschieden mitzukommen. Der Ort hieß Zarfzow, lag noch ein halbe Autostunde vom Meer entfernt und bestand aus vielleicht zehn Bauernhäusern, die aussahen, als würde schon lange niemand mehr darin wohnen. Es regnete die ganze Zeit, sodass sich die Dorfstraße in eine einzige riesige braune Schlammpfütze verwandelt hatte. Sie wohnten in einem zweistöckigen Haus, in dem sich die Feuchtigkeit in die Wände gegraben hatte. Die Decken hingen niedrig, es roch nach verfaultem Holz und feuchter Wäsche, sie mussten im Juli den Ofen in der Küche heizen. Dass Felix Asthma hatte, begriff sie erst dort richtig. Er hustete ununterbrochen, hatte aber keine Medikamente mitgenommen. Ihre Eltern waren der Panik nahe. Es hörte nicht auf zu regnen, alle froren, die Bettdecken waren klamm, manchmal spielten sie aus Langeweile Karten oder Sagaland, ein Brettspiel. Es war eine Katastrophe.

Felix und sie wohnten im Zimmer unterm Dach, die Wände waren weiß tapeziert, die Feuchtigkeit hatte runde gelbe Flecken hinterlassen. Felix verbrachte die meiste Zeit im Bett und stand nur auf, wenn es etwas zu essen gab und wenn er auf die Toilette musste. Er lag auf der Matratze, die Arme hinter dem Kopf verschränkt, sah sie mit traurigen Augen an, hustete, machte auf den Holzdielen Liegestütze und hörte den ganzen Tag lang eine Kassette mit dem immer gleichen Lied, immer und immer wieder «Nineteen» von Paul Hardcastle. Es handelte von den amerikanischen Soldaten im Vietnamkrieg, die im Durchschnitt 19 Jahre alt waren, im Hintergrund sprachen Nachrichtenkommentatoren, sie konnte Bombeneinschläge und Maschinengewehrsalven hören. *Apocalypse Now* in Mecklenburg. Felix war von diesem Lied wie besessen. Immer wenn die Maxi-Single, die eine Viertelstunde dauerte, zu Ende war, ging er zum Rekorder, spulte zurück und spielte sie von vorn. Es schien, als werde er zunehmend eins mit diesem Song, als sehe er sich selbst als Krieger in einer aussichtslosen Schlacht. Sie fürchtete, Soldaten würden bald auch in ihre Träume einziehen. Der Regen, Felix' Albträume, sein Röcheln neben ihr, dieses Lied, irgendwann konnte sie nicht mehr, war ihr alles zu viel. Sie war selbst manchmal schwermütig, aber selten völlig aus der Balance, Depressionen über Wochen hinweg waren ihr fremd. Auf einmal spürte sie das dringende Bedürfnis, so schnell wie möglich das Zimmer zu verlassen, zu flüchten, und sie hatte ein schlechtes Gewissen dabei.

Als ihre Eltern für einen Tag ihre Großeltern besuchen wollten, ergriff sie die Gelegenheit zu entkommen und fuhr mit. Allein die Aussicht auf einen weiteren Tag Ausharren im Bett mit diesem Lied hatte in ihr ein Gefühl von Übelkeit und Unzufriedenheit erzeugt, sie war unfähig, an Felix' Zustand irgendetwas zu ändern. So blieb Felix in Zarfzow zurück, allein. Sie hatte ihn gebeten mitzukommen, aber er war in diesem Zimmer gefangen.

Für sie war es wie ein kurzer Ausflug in die Freiheit, in das Leben. Bei ihrer Rückkehr brachte sie ihm Tabletten gegen sein Asthma mit. Sie halfen nicht und im Stillen hegte sie den Verdacht, er wollte auch gar nicht, dass sie halfen.

Sie mochte ihn sehr. Auf der einen Seite wünschte sie sich nur noch weg, weit weg von den Geschichten seiner Eltern, seinen Albträumen, seinen Extremen. Auf der anderen Seite war seine verstörende Intensität auch anziehend. Auf Urlaubsfotos sieht es aus, als würde Felix sich an ihr festkrallen, sein Arm liegt über ihrer Schulter und gleichzeitig hält seine Hand noch ihren Arm fest.

Sein Asthma wurde immer schlimmer, ihre Eltern immer ängstlicher. Irgendwann fuhr Felix dann früher als sie nach Berlin zurück. Sie war darüber traurig und froh zugleich. Kurz darauf reiste sie mit ihrem Vater für einen Monat nach Ungarn, dort lernte sie jemand anderes kennen. Danach hatte sie Felix besucht, sie hatten geredet und beschlossen, sich zu trennen. So gut wie an jenem Tag hatten sie sich seit langem nicht mehr verstanden. Vielleicht sahen sie sich deshalb auch weiterhin und blieben miteinander befreundet. Immerhin war es für beide die erste längere Beziehung gewesen. Fünf Monate – für eine 14-Jährige und einen 16-Jährigen eine Ewigkeit.

Damals, nach dem katastrophalen Ostsee-Urlaub, hatte sie das Gefühl, dass es für Felix wie ein Zwang war, in Berlin, in der Nähe seiner Eltern zu bleiben. Vielleicht musste er sich permanent versichern, dass sie noch da waren und nicht heimlich verschwanden. Insgeheim fürchtete er sich immer davor, dass sie ihn eines Tages verließen. Nichts schien sicher in seinem Leben, nicht die Reaktionen seiner Eltern, nicht ihre Liebe und nicht seine eigenen Gefühle.

Mit 16 hatte ihr Felix einmal erzählt: «Ich habe auf den Tag gewartet, an dem ich die erhobene Hand meiner Mutter festhalten kann.» Er hatte sie dabei sehr ernst angesehen, den Satz sehr ruhig ausgesprochen, wie etwas, das schon seit langem feststand. Sie hatte sich darüber erschrocken, vor allem über die Härte in seiner Stimme. Offenbar hat Felix seine ganze Kindheit hindurch Angst vor seiner Mutter gehabt, ihren unvorhersehbaren Stimmungsumschwüngen, ihren Wutanfällen. Und er hat sie geliebt. Immer. Wie man etwas liebt, wonach man sich sehnt und es doch nie bekommt, oder nicht so, wie man es sich wünscht.

Mit 17 zog Felix eines Tages bei seiner Mutter aus und wohnte fortan bei seinen Großeltern. Bis heute weiß niemand, was an jenem Tag geschehen war, nicht die Freunde, auch nicht die

Großeltern. Vielleicht war gar nichts Besonderes passiert, nur eine Kleinigkeit, die er einfach nicht mehr hinnehmen wollte. Aber auch danach hat er den Kontakt zu seiner Mutter nie abgebrochen, hat sich wieder mit ihr versöhnt, wieder gestritten und ihr dann wieder verziehen. Felix ist immer zu seiner Mutter zurückgekehrt. Bis zum Ende.

2 Dass sie sich von früher kannten, war Felix immer wichtig. *Früher*, ein Wort, das diese Generation der in den siebziger Jahren Geborenen zusammenhält – das einzige vielleicht. Sie hatten dieses komische Land noch miterlebt, das später unterging, sie waren sich einig in ihrem Hass dagegen oder in ihrer Gleichgültigkeit. Später vereinigten sie sich in ihren Kindheits- und Jugenderinnerungen.

In Johannisthal, dem Viertel, in dem Felix und sie aufgewachsen waren, wohnten wegen der gefährlichen Nähe zur Mauer viele Angehörige des Militärs und des Staatssicherheitsdienstes. Aus unterschiedlichen Gründen passten sie beide nicht so richtig hierher.

Ihr Stiefvater hatte sich entschlossen, eine Art Punk zu sein. Vorn trug er die Haare kurz, hinten waren sie zu einem Zopf geflochten. Er sah aus wie ein Samurai. Und er trug immer hautenge gestreifte Jeans und ausgewaschene T-Shirts, die er «Tritschkos» nannte, weil er aus der Tschechoslowakei stammte. Als sie einmal ein Mitschüler fragte, warum ihr Stiefvater so eine merkwürdige Frisur habe, lud ihr Stiefvater ihn und ein paar Freunde aus ihrer Klasse gleich nach Hause ein, um sie über seine Lebensansichten aufzuklären. Es wurde natürlich furchtbar peinlich, ihre Freunde saßen um den runden weißen Tisch im Wohnzimmer, schwiegen konsequent und musterten erstaunt die Tapeten, auf die ihr Stiefvater mit schwarzem Stift *Tapete Maskos* geschrieben hatte. Damit bloß niemand auf die Idee kommen könnte, die Blümchentapeten seien etwa sein Geschmack. Es war seine Art, sich von den Vormietern zu distanzieren.

Ihre Mitschüler hatten noch lange von diesem Nachmittag

gesprochen, an dem ihr Stiefvater erzählt hatte, dass er die Rolling Stones höre und Bob Dylan verehre. Sie hatte sich bemüht, die Gemeinsamkeiten mit den anderen Eltern herauszustreichen, welche auch immer. Aber irgendwie ging danach in Johannisthal das Gerücht, in ihrer Wohnung befänden sich gar keine Möbel, sondern nur Kisten. Wahrscheinlich hatten sie die Regalkonstruktionen ihres Stiefvaters nicht richtig verstanden. Sie konnte sich vorstellen, wie ihre Mitschüler am Abendbrottisch mit den Eltern darüber diskutierten, ob ihre Familie nun asozial, bewundernswert oder einfach eigenartig war. Als Teenager hatte sie immer zwischen diffusem Stolz auf die Andersartigkeit ihrer Eltern, Peinlichkeit und dem Wunsch, so zu sein wie die anderen, geschwankt.

Wahrscheinlich hatten Felix und sie sich deshalb gut verstanden. Er war mit dem Gefühl des Fremdseins, des Nichtdazugehörens geboren worden. Vielleicht wurde es deswegen so wichtig für ihn, sich irgendwo einzuordnen, einmal nicht anders zu sein. In einer Umgebung, wo in fast jedem Wohnzimmer eine dunkelfarbene Anbauwand stand und eine bräunliche oder geblümte Couchgarnitur wartete, die aussah, als sei sie für Elefanten entworfen worden, musste auch die Wohnung von Felix' Eltern auffallen. Die Zimmerdecken waren sehr hoch, es gab keine Schrankwand, auf dem Boden lag immer allerlei Spielzeug verstreut, ohne dass sich jemand darum sorgte. Und Felix besaß viele Sachen aus dem Westen, Jeans, Poster, Musik, das machte ihn in Mangelland extrem interessant. Hinzu kam, dass sein Ausweis rot war und nicht DDR-blau, er gehörte also auch offiziell nicht richtig zur DDR. Südafrika, das kannten sie in Johannisthal nur aus den Nachrichten und dem Staatsbürgerkundeunterricht. Das Einzige, was ihnen dazu einfiel, waren Nelson Mandela und Apartheid – das Böse auf Erden. Aus Südafrika kamen Felix' Mutter und seine Großeltern.

Felix redete nie viel darüber. Dass er anders war, hat er immer gemerkt, jede Minute in seinem Leben, und er hat es gehasst. Schon weil er nicht ganz weiß war und es keine Bezeichnung für ihn gab, die nicht ein bisschen rassistisch klang. «Mischling», «Mulatte» oder «Deutschafrikaner» – alles wirkte irgendwie verletzend oder künstlich. Er wusste, dass die anderen ihn hinter seinem Rücken «Neger» oder «der Dunkle» nannten und das noch nicht einmal böse meinten. Es zeigte ihm nur, dass sie eine feine Grenze zogen zwischen ihm und ihnen. Wenn jemand eine Bemerkung wegen seiner Hautfarbe machte, sie musste nicht abfällig sein, reagierte er empfindlich. Dann sah er weg, schwieg und setzte den Sprecher im Stillen auf die Liste seiner Feinde.

Als Kind hatte Felix seine Haut beim Baden so lange geschrubbt, bis sie wund war. Er war ein kleiner, schmächtiger Junge mit langen dunklen Wimpern und schwarzen Locken. Auf Fotos lacht er fast nie, nur manchmal zieht er die Mundwinkel nach oben. Es sieht aus, als hätte der Fotograf ihn darum gebeten. Irgendetwas stimmte nicht mit ihm, er wusste nur noch nicht, was. Und er war ständig krank. Seine Haut war entzündet, Ekzeme, Bronchitis, Asthma. Einmal wurde er ganz steif, konnte sich nicht mehr bewegen, und niemand wusste warum. Seine frühe Kindheit war eine unendliche Folge von Krankheiten.

Im Kindergarten stellten ihn die Erzieherinnen in die erste Reihe. «Weil er so hübsch ist», sagten sie zu seiner Großmutter. Manchmal riefen sie auch abends so gegen sieben Uhr bei ihr an: Sie solle kommen, Felix sei immer noch da. Niemand hatte ihn abgeholt. In der Schule wurde er zu Beginn häufig verprügelt. Er war schmal, wegen des Asthmas oft vom Sport befreit – das geborene Opfer. Zu seiner Großmutter sagte er bestürzt: «Die haben mich schon wieder geschlagen.» Er wünschte sich, stark zu sein und von allen Schülern gemocht zu werden. Beim Sport stand er lange ganz hinten in der Reihe bei den Kleinen. Fußball spielen konnte er nicht und im Unterricht zog er es vor zu schweigen.

Eines Tages entdeckten seine Mitschüler, dass Felix' Haut nicht ganz so weiß war wie die ihre: «Du stinkst wie ein dreckiger Neger», riefen sie ihm hinterher. Felix war elf Jahre alt. Seine Familie beschwerte sich bei der Lehrerin. Die nahm ihre Klasse in Schutz und meinte nur, Felix stinke tatsächlich nach Knoblauch, im übrigen sei «Neger» ein ganz normales Wort. Sie lebten damals in einem Land, in dem es Rassismus offiziell nicht gab. Die Lehrerin musste schließlich die Schule verlassen, nachdem Felix' Familie einen Brief an ein «Bildungsorgan» geschrieben hatte. Vielleicht hat Felix sich darüber gefreut. Vielleicht war es ihm einfach peinlich. Es musste etwas passieren.

Seine Großmutter brachte Felix zum Boxunterricht. Der Trainer betrachtete ihn und schüttelte den Kopf: «Nein, der ist zu schön. Es wäre zu schade um diese Nase.» Also nahm sie ihn mit zum Judo. Wenig später warf Felix in der Schule seinen ärgsten Feind in eine Mülltonne. Danach rührte ihn niemand mehr an. Er spürte zum ersten Mal dieses warme Gefühl des Respekts, der Achtung und auch der Angst der anderen. Es war ein gutes Gefühl.

Bald reichte Judo nicht mehr. Seine Mutter meldete ihn beim Karate an. Dem Trainer erzählte sie, sie werde nicht fertig mit ihm. Er sei frech und höre nicht auf sie. Da Karate in der DDR eigentlich verboten war, hieß Felix' Kurs «Kraftsport II». Die Regierung hatte Angst, ihre Untertanen würden zu stark, vielleicht sogar stärker als Polizei und Armee. Alles war sehr konspirativ, Felix durfte nicht erzählen, was er trainierte und wo. Er hielt sich natürlich nicht daran. Manchmal stand auch der Staatssicherheitsdienst vor der Turnhalle in Adlershof. Wenn er nach Hause ging, sah er die Männer in ihren Ladas Zeitung lesen.

Karate hatte den Hauch des Besonderen, des Gefährlichen. Als bekannt wurde, was für einen Sport er trieb, traute sich niemand mehr, ihn zu beleidigen, und wenn, kriegte er eine verpasst. Später bräunte sich Felix wie die anderen im Solarium. Er wünschte sich dazuzugehören, immer zu irgendetwas.

Felix' Trainer von damals erinnert sich: «Felix wollte immer nur kämpfen, nicht erst ewig Katas lernen.» Katas sind die langen, fast tänzerisch wirkenden Bewegungsabläufe beim Karate.

Das Training begann mit Gymnastik und Dehnung. Felix konnte auf einem Bein stehen, das andere senkrecht nach oben strecken und in dieser Pose verharren. Darauf war sie immer etwas neidisch gewesen, er hatte es ihr oft bei sich zu Hause vorgeführt. Sie bekam zwar ihr Bein genauso hoch, musste es aber mit dem Arm oben festhalten. Ihr fehlte einfach die Kraft. Felix saß im Spagat und legte den Oberkörper flach auf den Boden. Für seine Gelenkigkeit wurde er bewundert, auch von seinem Trainer. Sie nannten ihn «den kleinen Bruce Lee». Er übte jeden Tag, oft, bis ihm schlecht wurde, und machte nach dem Training zu Hause weiter. Immer wenn sie ihn besuchte, trug er Jogginghosen. Es muss jenes berauschende Gefühl gewesen sein, mit dem man feststellt, dass man etwas richtig gut kann.

Seinen Trainer nannte Felix ihr gegenüber immer nur ehrfürchtig «mein Meister», als befände er sich in einem tibetanischen Kampfkloster. Sie stellte sich ihn alt vor, mindestens 50, sehr sehnig, mit weißem Bart und asiatischen Gesichtszügen. Als sie ihn viele Jahre später in seiner Wohnung besucht, stimmt alles, bis auf den weißen Bart, und seine Gesichtszüge sind deutsch.

Er kann sich gut an seinen ehemaligen Schüler erinnern: «Felix hatte damals schon einen richtigen Waschbrettbauch.» Der Trainer ist klein, hat gefärbte Haare und unterstreicht seine Erzählungen gern mit angedeuteten Schlägen, die kurz vor ihrem Kehlkopf enden. Er hat sich selbst Karate beigebracht, nach eingeschmuggelten Büchern aus dem Westen. Zu den Gürtelprüfungen reiste er nach Polen und in die Tschechoslowakei, wo Karate erlaubt war. Als Trainer ist er streng bis heute, verlangt absolute Unterordnung, Widerspruch duldet er nicht. «Karate ist wie bei der Armee. Es ist ein sehr hierarchischer Sport.» Wenn Felix einmal zu spät zum Training kam, konnte er gleich wieder gehen. Felix akzeptierte das, es bedeutete Klarheit. Die Regeln standen seit ewig fest, es musste so sein. Sie sieht Felix vor sich, wie er Runde um Runde Hockstrecksprünge in der Turnhalle dreht, wie er immer wieder auf eines dieser harten Holzdinger einschlägt, die nur mit einem dünnen Klebeband umwickelt sind, bis seine Faust blutet.

Manchmal zeigte er ihr seine zerschundenen Füße und die Fäuste, auf denen sich langsam Hornhaut bildete, wie Trophäen. Sie passten ganz gut zusammen, ihre Zehen waren vom Ballett-Spitzentraining grotesk angeschwollen. Zwischen ihnen fand ein stiller Wettkampf statt, wer härter trainierte. Fast stolz berichteten sie sich gegenseitig von ihren Schmerzen und Verletzungen, und natürlich von ihren Diäten. Aus dem Trainingslager schrieb sie Felix einen euphorischen Brief: zehn Stunden Tanzen am Tag. Toll. Nächtelang träumte sie von sich hebenden und senkenden Beinen. Sie fühlte sich wie betäubt, nahm sich nur noch durch einen Schleier wahr. Der Körper hatte den Geist besiegt. Heute kann sie sich nur schwer in ihre damalige Radikalität hineinversetzen. Sie stieg irgendwann aus, Felix machte weiter bis zum Schluss.

Felix trainierte härter, wurde besser und gelangte in den inneren Kreis des Meisters. Er durfte nun auch das Privat-Dojo, den Übungsraum seines Trainers, besuchen. Es war das erste Dojo in der DDR. Der Trainer hatte es in der Nähe seiner Wohnung in Köpenick gebaut; es sah aus wie ein einsturzgefährdetes Gartenhaus, zusammengezimmert aus Holzplatten und Schrankteilen. Hinten links befand sich ein großer Raum mit kleinen Fenstern über Kopfhöhe, damit niemand hineinsehen konnte. Die Dielen bestanden aus Eisenbahnschwellen, darüber lagen Matten. Oben in der Wand war ein Fernseher eingelassen für Kampfvideos. Die Spiegel an der rechten Seite der Wand hatte der Trainer aus verschiedenen Schränken ausgebaut. Spiegel waren eine Rarität in der DDR. Von der Decke hingen Schlagbretter, mit Schaumstoff umwickelte Holzlatten und Sprossenwände. Ganz hinten klebte ein Poster, auf dem der Trainer im Samuraikostüm einem anderen ein Schwert an den Kehlkopf hält. Er war früher Stuntman, ritt in mehreren DEFA-Filmen neben Gojko Mitič oder Dean Reed Richtung untergehende Präriesonne. Und er war der einzige Karatemeister in der DDR, der den schwarzen Gürtel trug.

Früher kam Felix fast jedes Wochenende hierher zum Trainieren. Wettkämpfe gab es keine, sie mussten improvisieren. Einmal vereinbarten sie ein Treffen in Ludwigsfelde mit angolanischen Gastarbeitern, die heimlich Taekwon Do übten. Sie kamen mit dreißig Mann. Felix und sein Trainer waren nur zu zehnt. Es gab keinen Schiedsrichter und auch sonst keine Absprachen. Die Angolaner hatten ihre Gürtel vertauscht. Die Weiß- und Gelbgurte kämpften wie Braungurte und umgekehrt. Und sie wollten Vollkontakt, das hieß, den Schlag nicht vor dem Aufprall abzubremsen, sondern voll durchzuziehen. Kämpfe dieser Art waren in der DDR natürlich verboten und Felix hatte das nie zuvor geübt. «Die Angolaner rissen ihre Jacken auf und prügelten los», sagt der Trainer. Felix erlitt damals eine der wenigen Niederlagen seiner Laufbahn.

Irgendwann fiel ihr auf, dass Felix aufgehört hatte, von seinem Meister zu reden. Wenn sie ihn nach ihm fragte, schwieg er oder antwortete kurz: «Ich bin jetzt woanders.»

Der Trainer sagt, Felix sei ihm «entglitten». Wann und warum, wisse er nicht mehr. Manchmal, wenn er Felix wegen einer Technik belehrte, wurde Felix' Gesicht hart und er schaute geradeaus. «Er hat nichts gesagt, aber in seinem Inneren hat er getobt», sagt der Trainer. Und Felix wollte immer stärker kämpfen, sich mit anderen messen – Vollkontakt ohne Rücksichten. Bei seinem Trainer gab es Ärger, wenn jemand einen anderen k. o. schlug. Die Philosophie lautete: Bescheidenheit. Niemand sollte sehen, was man konnte. Felix aber wollte es endlich allen zeigen. Vielleicht fing er deshalb mit Kickboxen an.

Sein alter Trainer ist über diese Entscheidung bis heute erbost. «Boxen ist etwas Seelenloses», sagt er und fügt hinzu: «Ein Kickboxer ist nur ein Boxer, der auch tritt.» Karate sei eine der vielfältigsten Körperbeherrschungen, die es gebe. Beim Boxen könne man nur zwischen drei Techniken wählen, beim Karate zwischen Tausenden. Außerdem seien die Karatekas ehrlicher, sie versteckten sich nicht hinter Handschuhen.

Diese Sätze hatte sie vor langer Zeit fast in derselben Reihenfolge und mit derselben aggressiven Überzeugung aus Felix' Mund gehört. Damals sagte Felix zu ihr: «Boxen ist was für hirnlose Schläger. Die sind viel zu lahm.» Er hielt ihr lange Vorträge, die sie bis heute behalten hat. Noch Jahre später hörte sie sich seine Argumente wiederholen, wenn eine Diskussion mal dieses Thema berührte. Sie hatte nie verstanden, warum Felix nun plötzlich boxte. «Die Bedingungen beim Karate sind künstlich. Auf der Straße muss man voll zuhauen können», sagte er. Ostberlin erschien ihr eigentlich ziemlich friedlich. Felix klang, als müsse er sich auf das Überleben in der South Bronx vorbereiten.

Sein alter Trainer gibt zu, dass im Nahkampf ein Kickboxer wahrscheinlich gegen einen Karateka gewinnen würde. «Die Faust ist immer schneller als der Fuß.» Nach einer kurzen Pause fügt er hinzu: «Trotzdem, meine Techniken können sofort töten.»

Es klingt überzeugend. Im Nebenzimmer hängt eine Sammlung von Säbeln und Schwertern in allen Größen an der Wand. Er trainiert noch immer Kinder, Jugendliche und auch Erwachsene. Nach dem Mauerfall hat der Trainer erfahren, dass allein auf ihn 44 Inoffizielle Mitarbeiter der Staatssicherheit angesetzt waren, viele waren seine Schüler. Sein Telefon wurde auch abgehört. Die DDR hatte Angst, er würde Terroristen ausbilden. Er war der Einzige in der DDR, der Gürtelprüfungen abnehmen konnte. Damals verfügte er über ein bisschen Macht. «Heute macht doch jeder, was er will», sagt er. Der Trainer ist nur noch einer unter vielen Karatelehrern in Berlin.

Zu Felix hatte er schon lange keinen Kontakt mehr. Ab und zu hörte er in den vergangenen zehn Jahren etwas von Felix' Kickboxerfolgen. «Ich mochte ihn. Er hatte ein Kämpferherz. Er ist immer sehr hart gegen sich selbst gewesen. Manchmal vielleicht zu hart. Ich habe das oft bei Dunkelhäutigen bemerkt. Die trainieren verbissener.»

Der Trainer sah Felix noch einmal im Boxclub. Sie unterhielten sich kurz. Er gab Felix seine Karte. Angerufen hat Felix nie.

3

Nach dem Training an den Wochenenden und oft auch innerhalb der Woche fuhr Felix in die Clubs, wie alle im Ostberlin der achtziger Jahre. Die meisten in seinem Alter mit 14, 15, 16 tranken sich weg mit Cola Wodka, Apricot Tonic, Grüner Wiese – gefährlich süßen Mixturen, die lustig machten und manchmal schwermütig. Felix rührte nie Alkohol an, nur Säfte und Cola. Er trainierte ständig, war sehr streng mit sich, auch Rauchen kam nicht infrage. Mittwochs und sonntags ging er ins Plänterwald, das alle nur PW nannten, es war eine niedrige Steinbaracke direkt am Treptower Park. Drinnen war es dunkel, zumindest kannte sie es nur so, der Boden war mit Linoleum ausgelegt, Tische aus Kunstholz standen um eine kleine Tanzfläche. Es wurden Lieder wie «Ich möchte ein Eisbär sein im kalten Polar», «Deine blauen Augen machen mich so sentimental» oder «Hey, Hey, Hey, ich bin der Goldene Reiter» gespielt – Neue Deutsche Welle.

Felix hatte seine grüne Bomberjacke an, ihr erzählte er, wenn man sie umdrehe und mit der orangefarbenen Seite nach außen trage, bedeute das Gefahr, was für eine auch immer. Er stand mit einer Gruppe Jungs zusammen in einer Ecke, sie betrachteten die Menge abschätzend. Ab und zu lachten sie ein wenig überlegen, auf die Tanzfläche gingen sie selten, nur wenn der DJ *Kraftwerk* auflegte oder Anne Clark. Wenn Felix tanzte, warf er den Kopf hin und her, Arme und Beine zerteilten in abgehackten Bewegungen die Luft, es sah aus, als kämpfe er gegen einen imaginären Gegner. Andere schlossen die Augen, sangen mit, wirkten wie entrückt. Felix nie. Er war auch beim Tanzen voll präsent.

Damals suchten alle die Nähe der Türsteher, die Mädchen

flirteten, die Jungs versuchten so erwachsen wie möglich auszusehen, damit sie reingelassen würden, obwohl sie erst 14 waren. Felix betrachtete die Türsteher genauer, er bewertete sie nach ihren körperlichen Fähigkeiten. Grimmau, Café Nord, Knaack, Kalinka, ABC, PW, BSF, FAS – das waren die Abkürzungen seiner und ihrer Jugend –, dunkle Bauten, manche Mehrzweckgaststätten (MZGs), in denen sie düstere Musik für noch düsterere Gedanken spielten. Tanzen in den Untergang. Das Idol dieser Zeit hieß Robert Smith, der Sänger von *The Cure* schaute von fast allen Kinderzimmerwänden, klebte auf Kassettenrekordern und Hausaufgabenheften. Mit seinem weiß gepuderten Gesicht, den blutig gemalten Lippen und seinen schwarzen toupierten Haaren erinnerte er ein wenig an Nosferatu mit Perücke, er sah aus wie ein verirrter Geist aus der Unterwelt.

Die Melancholie hatte gesiegt im Ostberlin der späten Achtziger. Aber es war ihre Stadt. Sie kannten die Clubs, die Türsteher, die Gäste, sie wussten, welche Musik dort angesagt war und was man anziehen musste. Alle malten sich die Augen mit Kajalstiften schwarz, die Kleider waren ebenfalls dunkel, rochen etwas muffig und stammten nicht selten von den Großeltern.

Damals war die DDR das Land der Grufties. Die Jugendlichen hängten sich Kruzifixe an die Ohren und um den Hals, oft wurden sie deshalb von ihren Lehrern wieder nach Hause geschickt, fundamentaler hätte die Absage an das System nicht sein können. Die desillusionierten Enkel der Revolutionäre sangen keine fröhlichen Lieder mehr, sie versenkten sich in Weltschmerz und Todessehnsucht oder in Sarkasmus. Das Lied «Pioniere voran, lasst uns vorwärts gehen … Unsere Straße, sie führt in das Morgenlicht hinein. Wir sind stolz, Pioniere zu sein» dichteten sie um in: «Wiener Würstchen voran, lasst uns vorwärts gehen … unsere Straße, sie führt in den Suppentopf hinein. Wir sind stolz, Wiener Würstchen zu sein». Felix und sie hatten sich darüber unheimlich amüsiert. Es war klar, für die Revolution war ihre Generation verloren, sie erwarteten nichts mehr von ihrem Land, und doch war es ein Teil von ihnen. Irgendwie.

Im Sommer war es heiß in Johannisthal, und es roch nach Staub. Nur wenige ungarische Ikarus-Busse teilten sich die Straße mit ein paar Autos, die niemand ernst nahm. Es gab vier Attraktionen in ihrem Viertel kurz vor der Mauer: einen delikat-Laden direkt an der Hauptstraße, in dessen Regalen die Exklusivwaren des Ostens warteten, Schokolade aus Österreich für 12 Mark die Tafel, *trink fix*, Kakaopulver aus dem Westen für acht Mark die Dose, wovon Felix und sie immer mindestens drei volle Löffel in die Milchgläser rührten, was ihre Eltern zur Verzweiflung trieb. Auf der Theke lagerten Fleischröllchen mit verschiedenfarbigen Pasten darauf oder darin. Der delikat-Laden vertrat die Abteilung Glanz und Glamour in Johannisthal. Heute ist dort die Sparkasse.

Die zweite Attraktion war das Kino, ein grauer Bau, über dessen Eingang in blauen Leuchtbuchstaben, die aber nie leuchteten, *Astra* stand. Drinnen träumte sich die Johannisthaler Jugend in eine andere Welt. Felix brauchte, um zum *Astra* zu gelangen, bloß sein Haus zu verlassen, die Straße zu überqueren und ein Stück in Richtung S-Bahnhof zu laufen. Aber er ging nur dorthin, wenn ein Film aus dem Westen lief – der Hubschrauber-Action-Film *Das fliegende Auge* zum Beispiel, oder *Beat Street*, der Break-Dance-Film aus New York, bei dem das ganze Kino die Lieder mitsang. Die Dialoge kannten sie nach dem achten Mal auswendig – es war eine ähnliche Stimmung, wie sie sie später bei der *Rocky Horror Picture Show* im Westen erlebt hatte. Mit *Beat Street* identifizierten sie sich irgendwie, die abgetakelten Häuser in der New Yorker Bronx erinnerten ein wenig an Ostberlin, das Leben sah ziemlich düster aus, trotzdem feierte immer jemand eine Party. Am Ende starb einer der Protagonisten, was dem Film eine zusätzliche existenzielle Härte verlieh. Für hart hielten Felix und die anderen ihr Leben auch. Nach dem Mauerfall wurde das Kino abgerissen, neu gebaut und verwandelte sich in ein Multiplex.

Ein paar Meter neben dem Kino stand die dritte Attraktion von Johannisthal, die Eisdiele. Ein kleines Häuschen mit einer hölzernen Theke im Inneren, an der man das Eis bestellte, es gab drei Sorten: Schoko, Vanille und Frucht. Felix und sie machten sich immer darüber lustig, dass sie in der Eismasse merkwürdige mehlige Klumpen fanden, die wie Grieß schmeckten. Wahrscheinlich fehlten mal wieder die richtigen Zutaten. Geschmeckt hatte es ihnen trotzdem, was blieb ihnen auch anderes übrig. Nach der Schule oder dem Kino trafen sich alle hier, saßen in dem kleinen Garten am Rande der Eisdiele, redeten, rauchten oder nahmen das Eis in einer muschelförmigen Waffel mit. Die Eisdiele existiert immer noch, allerdings ist sie jetzt italienisch, renoviert, es gibt eine gläserne Vitrine mit mindestens zwanzig verschiedenen Eissorten. Nur die Klumpen fehlen und die Muschelwaffeln sind weg, untergegangen.

Bleibt die vierte Attraktion. Am Ende der Sackgasse, kurz vor der Mauer nach Westberlin, also kurz vor dem Ende ihrer Welt, lag eine weiße Baracke: der Südclub. Die Fläche davor war mit Betonplatten ausgelegt, in der Mitte stand ein Schild mit der Aufschrift *Grenzgebiet.* Eigentlich durfte man diese Gegend nur als Anwohner oder mit einer Sondergenehmigung betreten, der Südclub bildete eine Ausnahme. Sie hatte Felix dort ein paar Mal vor dem Eingang getroffen, damals kannten sie sich aber noch nicht. Er kam nicht oft hierher, die Musik war ihm zu «funkig», zu viel Michael Jackson und *Kool and the Gang.* Ein fetter Typ mit Bart, der ein bisschen aussah wie Bud Spencer an seinen schlechtesten Tagen, leitete den Club, und manchmal spielte er auch Einlasser, weswegen ihn Mädchen umgarnten, die ihn sonst nicht mal gegrüßt hätten. Eine Zeit lang kam sie jedes Wochenende hierher, tanzte bis zur Erschöpfung, trank Cola Wodka, bis ihr schlecht wurde, und wertete am nächsten Tag in der Schule mit den anderen die neuesten sich anbahnenden oder zu Ende gehenden Liebesgeschichten und die peinlichsten Alkoholabstürze aus. Felix war nur ein-, zweimal im Südclub, er war ihm zu klein, zu provinziell. Er sah sie immer nur mitleidig an, wenn sie ihm erzählte, wo sie am Samstag gewesen war. Heute ist im Südclub eine Kneipe und zu jeder Tageszeit sitzen ein paar Männer darin, die aussehen, als hätten sie gegen einen Korn schon zum Frühstück nichts einzuwenden.

Diese vier Attraktionen lenkten Felix und sie manchmal davon ab, dass sie in Johannisthal, Ostberlin, DDR, von der Welt nicht viel mitbekamen. Ab und zu konnte ein Film oder ein Eis die allgegenwärtige Melancholie für kurze Zeit in den Hintergrund drängen. Die achtziger Jahre erschienen Felix und ihr als endlos bleierne Zeit der Stagnation, ein permanentes Warten, dass irgendetwas in ihren Leben passieren würde – wenn schon kein Atomkrieg, dann etwas ähnlich Tiefgreifendes. Tschernobyl, Wettrüsten, Umweltzerstörung – es war ein Gefühl, als würde bald irgendetwas Fundamentales schief gehen. Sie harrten aus in einer Art erwartungsfroher Endzeitstimmung, die sie wohl mit den Gleichaltrigen hinter der Mauer verband. Es kamen aber nur lange Nachmittage an Tischtennisplatten im Neubaugebiet. Sie arbeiteten Listen aus mit den Namen aller Bands, die sie kannten, tauschten eingeschmuggelte «Bravo»-Poster und gingen dann und wann in die Kaufhalle, um Knusperflocken, braune *Othello*-Kekse, Bier oder Zigaretten zu klauen. So war die meistgestellte Frage in diesen Jahren: «Haste noch 'ne Kippe für mich?»

Felix ging nur manchmal mit ihr zur «Platte», er war ja fast immer beim Training oder durchtrennte im Garten seines Hauses mit den Fäusten Ziegel und Bretter. Außerdem konnte es ab und zu ein bisschen unangenehm werden, wenn er dabei war. Er brauchte sich gar nicht zu bewegen, nur dazustehen, die anderen Jungs mit seinen dunklen Augen zu beobachten, und sofort fühlte sich irgendeiner provoziert. Es war bekannt, dass Felix Kampfsport betrieb und jeder wollte sich mehr oder weniger offensichtlich mit ihm messen. Für sie hatte sein Ruf auch Vorteile, niemand traute sich mehr, sie anzusprechen, aus Angst, ihr Karatefreund würde sofort zuschlagen. Wenn sie Felix das erzählte, lächelte er dieses unglaubliche Lächeln, das sie niemals vorher oder nachher wieder sah. Es füllte das ganze Gesicht aus, eine Art Strahlen aus dem Inneren seines Körpers, die Augen kniff er dabei ein wenig zusammen, sodass sich kleine Falten bildeten. In diesen Momenten konnte er aussehen wie der glücklichste Mensch der Welt. Felix hätte die Hauptrolle in *Timm Thaler* spielen können, den Jungen mit dem anbetungswürdigen Lachen, auf das ein armer reicher Herr neidisch wird und es ihm schließlich abkauft. Felix lächelte auch oft, wenn ihm eigentlich gar nicht danach war, um sich zu schützen, um andere von sich fern zu halten und um keine Fragen beantworten zu müssen.

Auf dem Schulweg trafen sie sich nie. Sie musste immer die Hauptstraße geradeaus gehen bis zur 19. POS Dr. Richard Sorge, benannt nach dem sowjetischen Spion in Japan, der Stalin den Überfall Deutschlands auf die Sowjetunion vorausgesagt hatte. Stalin hatte ihm leider nicht geglaubt, aber dieses Thema wurde in ihrer Schule nicht weiter vertieft. Dr. Sorge war schließlich von den Japanern entdeckt und umgebracht worden. Heldentod. Auf dem Schulhof hatten sie für ihn einen Ehrenhain mit einer Tafel errichtet, der aussah wie ein Grabstein. Unter seinen wachsamen Augen wurden Fahnenappelle abgehalten, bekamen Schüler Tadel und Belobigungen. Sie stand früher oft dort, mit Blick auf Dr. Sorges metallisch schimmerndes Gesicht, und fragte sich, was er eigentlich mit ihr und ihrer Klasse zu tun habe und was für einen Sinn es mache vor seinem Antlitz den Pioniergruß «Immer bereit» zu rufen.

Felix lief jeden Morgen die staubige nicht asphaltierte Straße hinter ihrem Haus an den Gärten mit den Einfamilienhäusern vorbei bis zur 26. POS Paul Wiezcorek – das war ein Marineflieger, der während der Novemberrevolution 1918 eine Division geleitet hatte und später erschossen wurde. Um diesen Namen, den heute niemand mehr kennt, hatte Felix' Klasse mit einer anderen Schule ringen müssen. Jeden Morgen brachten die Schüler Altstoffe von zu Hause mit, gelesene Zeitungen, zu einem Paket verschnürt, dessen Schnur auf Felix' Handflächen rote Striemen hinterließ, und leere Flaschen, die sich außen klebrig anfühlten und noch nach ihrem ehemaligen Inhalt rochen. Irgendwann hatten sie dann anscheinend genug gesammelt und bekamen bei einem feierlichen Fahnenappell den Namen verliehen. Wiezcorek zog in Gestalt eines Fotos, auf dem er vor einem Flugzeug posierte, in den zweiten Stock des Gebäudes. Zu Felix' Einschulung 1977 war die Schule gerade fertig gestellt worden, ein typischer 70er-Jahre-DDR-Neubau, wie sie zu jener Zeit überall in der Republik hochgezogen wurden. Es waren drei- bis vierstöckige Gebäude, bei denen gelbe und graue Platten ein Schachbrettmuster auf der Außenwand bildeten, eine breite Eingangstreppe führte zu einer Glastür, davor lag meist ein großer betonierter Hof. Im Sommer klebten weiße Friedenstauben an den Scheiben, oder Losungen, je nachdem, was die politische Weltlage gerade erforderte – entweder eiferten sie gegen den Nato-Doppelbeschluss oder verkündeten die Freundschaft zur Sowjetunion, oder einfach nur den Weltfrieden.

Felix traf sich jeden Morgen vor der Tür mit ein paar Freunden, wenn er nicht zu spät kam, was oft geschah. Drinnen schlug ihm der Geruch von frischem Bohnerwachs und Desinfektionsmittel entgegen, an den Wänden hingen Zeichnungen der jüngeren Klassen: 20-mal weiße Kosmonauten mit rotem Sowjetstern auf dem Raumanzug oder 25-mal gelbrote Zuckertüten. Wandzeitungen berichteten über den letzten Parteitag der SED oder von der Flora und Fauna des Thüringer Waldes. Im Klassenzimmer versuchten alle möglichst weit hinten zu sitzen, was nicht in jedem Schuljahr gelang. Die Sitzordnung wurde nur einmal im Jahr vom Lehrer festgelegt. Nach hinten wollten immer alle, weil man dort nicht so auffiel, in Ruhe Briefe an die Nachbarn schreiben, malen oder schlafen konnte.

Die Tische waren aus Kunstholz mit einer dünnen Plastikumrandung, die man wunderbar im Unterricht abtrennen und wieder heranklemmen konnte, bis sie irgendwann ganz abfiel. Felix saß immer vorn in der zweiten Reihe am Fenster wegen seiner schlechten Augen. Kein guter Platz zum Träumen, aber er hatte den Vorteil, dass man die ganze Zeit hinaussehen konnte. Je nachdem, auf welcher Flurseite der Raum lag, blickte Felix entweder auf den betonierten Pausenhof oder auf eine gepflegte Gartenkolonie.

Und er schaute oft aus dem Fenster, die Vorgänge da draußen waren meist spannender als die im Klassenzimmer. Er stützte den Kopf auf die Hände, sein Oberkörper lag quer über dem Tisch und er zeichnete in seinen Heften herum. Felix war nie besonders gut in der Schule, Rechtschreibung fiel ihm schwer, die Buchstaben verirrten sich oft an den falschen Platz und die Wörter machten dann keinen Sinn mehr. Mit Zahlen ging es ihm ähnlich. Malen konnte er und Musik machen. Im Unterricht versuchte er, so wenig wie möglich aufzufallen. Ein ehemaliger Mitschüler kann sich kaum daran erinnern, dass sich Felix überhaupt einmal freiwillig gemeldet hat. Hausaufgaben schrieb er oft von anderen ab. Er hatte immer Leute, die ihm halfen. Auf seinen Zeugnissen standen Dreien und Vieren hinter fast jedem Fach. Sie hatte sich damals darüber gewundert, wieso er derartig schlecht in der Schule war. Er war nie dumm gewesen, es war einfach eine Welt, die ihn überhaupt nicht interessierte. Manchmal konnte er auch ganz gut mit seiner Ausnahmeposition kokettieren. Als die Lehrerin ihn einmal fragte, warum er nicht endlich DDR-Bürger werde, antwortete er: «Vielleicht gehen wir ja einmal zurück nach Südafrika.» Es war eine Ausrede, seine Großeltern glaubten vielleicht daran, doch für ihn lag Südafrika verdammt weit weg. Er war in Ostberlin geboren, Afrika erschien wie ein fremdes Sonnensystem.

Wie sie selbst und fast alle anderen war Felix erst Pionier und später in der Freien Deutschen Jugend (FDJ). Er saß endlose Nachmittage bei den unterschiedlichsten Versammlungen und versuchte herauszufinden, worum es eigentlich ging. Meist ging es um die DDR und die Feinde, die sie umzingelten, es galt, immer wachsam zu sein. Ohnehin hörte keiner mehr zu, auch Felix nicht. Schließlich waren sie alle Kinder des Westens, die nur im Osten aufwuchsen, vorübergehend. Sie sahen im Fernsehen amerikanische Serien wie *Ein Colt für alle Fälle* und *Trio mit vier Fäusten*, hörten im Radio *Rias Zwei* – «eine freie Stimme der freien Welt» – Hitparade und hielten Wit-Boy-Jeans und Cherry Cola für ungeheuer schick, auch wenn sie die noch nie getrunken hatten.

Felix lebte wie alle Gleichaltrigen in der DDR ein Doppelleben. Er versuchte die westlichen Attribute in den DDR-Alltag zu integrieren, was nicht immer besonders gut funktionierte. Ab und zu kollidierten Real- und Traumwelt ziemlich heftig miteinander und am heftigsten kollidierten sie in der 9. Klasse im Wehrerziehungsunterricht bei Major Mendel. Major Mendel war in ihrem Bezirk an mehreren Schulen für die vormilitärische Ausbildung des Nachwuchses zuständig, eine Aufgabe, die er sehr ernst nahm. Er war ein Mann, der immer gerade vor der Klasse stand, den Rücken durchgedrückt, dass es wehtun musste. Er trug eine Uniform mit schwarzen Schaftstiefeln und Hosen, die seitlich über seinen Knien ein Dreieck bildeten, die Haare hatte er zur linken Seite gekämmt. Major Mendel war bekannt in Johannisthal, keiner entlarvte den Klassenfeind so unerbittlich wie er. Seine Welt hatte ihre eigene Logik. Sie bestand aus wenigen Freunden und vielen Feinden. Ständig musste etwas geschützt, verteidigt oder für etwas gekämpft werden, was damals schon so abstrakt war, dass es alle nur noch «die Sache» nannten. Er malte Striche und Kreise an die Tafel, in der Mitte stand die Nato und darum herum lagen die BRD und die USA. Irgendwie standen die alle in Verbindung, gegen uns natürlich. Die Fragen seiner Schüler nahm Major Mendel kaum wahr. Zu verliebt war er in seine Tafelgemälde, Fragen störten nur bei seinen Monologen über den aggressiven Charakter des Imperialismus.

In seinem Unterricht sah Felix Filme über die neuesten Waffentechniken der Warschauer-Pakt-Staaten und probte den atomaren Ernstfall mit Gasmasken im Schulhaus. Felix gefielen die Filme vielleicht sogar; die meisten Jungs fanden die grobkörnigen Bilder von den Panzern und Raketen ziemlich aufregend und er hatte immer einen Hang zu allem Militärischen. Sie robbten im Regen durch den Dreck und übten Deckung, rannten in kratzenden dunkelgrünen Uniformen um den Schulhof und sangen das alte Spanienkämpferlied «Spaniens Himmel breitet seine Sterne über unsere Schützengräben aus». Gern hätten sie einmal Spaniens Himmel gesehen. Leider war keiner von ihnen je dort gewesen, es gehörte zu dem Teil der Welt, der für sie verschlossen war.

Nur Felix durfte wegen seiner Großeltern und der Tatsache, dass er nicht die DDR-Staatsbürgerschaft besaß, nach Westberlin reisen, was ihn deutlich von den anderen abhob. Er hatte den real existierenden Kapitalismus, mit dem sie sich alle mehr oder weniger identifizierten, wenigstens schon einmal gesehen und wurde dafür bewundert und beneidet. 1987 fuhr er mit seiner Großmutter für zehn Tage nach Westberlin, sie wohnten bei Bekannten und hatten kaum Geld. Felix wünschte sich von seinen Gastgebern Joghurt zum Frühstück und verbrachte die meiste Zeit in Militärläden auf der Suche nach einer Tarnhose für seine Kriegsspiele im Wald. Als sie nach tagelanger Odyssee durch die Armeegeschäfte der Stadt eine Hose gefunden hatten, kostete sie sechzig Mark, fast alles, was sie besaßen – er nahm sie trotzdem. Sie war für einen Freund.

Felix hatte ihr von dort eine Karte geschrieben, eine Karte aus derselben Stadt. Auf der Vorderseite war die Gedächtniskirche bei Nacht abgebildet, alles sei so bunt, schrieb er, so hell und so lebendig.

Ansonsten war Felix ein echtes Kind der DDR. Er beschäftigte sich wie alle DDR-Kinder in der Schule schon in den ersten Klassen intensiv mit den Lebensläufen des jeweiligen KPdSU-Vorsitzenden und verbrachte Schweigeminuten, stehend und ein bisschen verwundert, nach dem Tod Leonid Breschnews. Kurz darauf verschieden dessen Nachfolger Andropow und Tschernenko, für sie gab es keine Schweigeminuten mehr. Die sowjetischen Staatschefs starben einfach zu schnell.

Einmal in der Woche musste ein Mitschüler einen kurzen Abriss über das Weltgeschehen geben. Danach herrschte immer peinliche Stille im Klassenzimmer. Die neuen Direktiven des letzten Parteitages interessierten Zehnjährige eben nur sehr begrenzt. Schon in den ersten Klassen solidarisierte Felix sich mit Angola. Überhaupt waren sie ständig mit irgendwelchen Ländern am Ende der Welt beschäftigt, sie schickten Briefe nach Nicaragua, sammelten Kleider für Mosambik. Von den meisten Ländern wusste die Hälfte der Klasse nicht mal, auf welcher Erdhälfte sie lagen. Felix wusste es wahrscheinlich. Er bekam Postkarten mit hässlichen sozialistischen Bauwerken auf der Vorderseite. Ihm völlig unbekannte Mädchen und Jungen aus der Sowjetunion schrieben: *Lieber deutscher Freund! Ich gratuliere dir zum Geburtstag der Thälmann-Pionierorganisation. Deine sowjetische Freundin ...* Ähnliche Sätze schrieb er im Russischunterricht auf Karten mit dem Berliner Fernsehturm und schickte sie nach Moskau oder Wladiwostok. Alle wussten, sie würden sich nie sehen, sich nie kennen lernen. Sie waren froh darüber. Der Gedanke, sich zu treffen und über die Thälmann-Pionierorganisation sprechen zu müssen, konnte nur Panik erzeugen.

Je älter Felix und seine Mitschüler wurden, umso mehr politische Stellungnahmen und Glaubensbekenntnisse mussten sie ablegen. Die Stellen über die Geschichte der Arbeiterbewegung in den Lehrbüchern wurden immer länger, bis sie fast das ganze Buch einnahmen. Verzweifelt versuchte er, den endlosen Genitiv-Ketten einen Sinn zu geben, aber eigentlich war es unwichtig, der Inhalt hatte sich sowieso längst verflüchtigt, er brauchte sie nur auswendig zu lernen und im passenden Moment wie ein Gedicht zu rezitieren.

Einerseits war da die Absurdität und das Paranoide des DDR-Systems, das immer wieder neue Glaubensbekundungen von ihnen forderte, obwohl sie zumindest in Felix' Generation zum größten Teil unaufrichtig waren. Andererseits fühlten sie sich auch extrem wichtig, wenn sie als Zwölfjährige nach ihrer Meinung zur sowjetischen Außenpolitik gefragt wurden. Jeder Satz aus ihren minderjährigen Mündern wurde sehr ernst genommen, vor allem die Sätze, die leise nach Kritik klangen. Manchmal machte es einfach Spaß zu provozieren, weil die Reaktionen immer so heftig waren. Schon das Wort «Russe» statt des gewünschten «Sowjetbürger» konnte Lehrer dazu veranlassen, mit ihren zehnjährigen Schülern Gespräche über deren Gesinnung zu führen. Ernst konnte man das wohl nicht mehr nehmen, auch wenn es oft sehr ernst war. Die Generation der Anfang der siebziger Jahre Geborenen war schon, als die DDR noch existierte, eine Zwischengeneration; sie waren keine Kommunisten, wie vielleicht noch ihre Großeltern oder Eltern, aber auch keine Antikommunisten. Es war ihnen egal, viele planten ihre Zukunft nicht im Ostteil der Welt, gedanklich waren sie schon lange emigriert.

In den Sommerferien fuhr Felix wie Tausende DDR-Familien einmal mit seinen Großeltern nach Bulgarien. Weil sie staatenlos waren, gab es Probleme an der Grenze. Sie sahen auch nicht viel vom Meer, die Hälfte der Zeit verbrachten sie beim Arzt, denn Felix bekam Asthmaschübe. Es schien, als würde er krank, sobald er Berlin verließ. Vielleicht hat er die Heimatlosigkeit des Exils in seiner Familie gespürt und wollte seinem Zuhause sicherheitshalber nicht den Rücken kehren. Er blieb lieber in seiner gewohnt vertrauten Umgebung, in Ostberlin.

An den Wochenenden zog er sich seine Tarnhose an, packte verschiedene Tütensuppen, einen Kocher, Messer, Ketten in einen grünen Armeerucksack und spielte mit zwei Freunden im Wald Krieg. «Überlebenstraining» nannten sie das damals. Es muss ähnlich wie das «Gotcha»- Spiel im Westen gewesen sein, bei dem sich zwei Gruppen gegenseitig mit Farbe abschießen. Felix und die anderen buddelten Gräben, robbten durchs Gestrüpp, versuchten mit wenig Essen auszukommen, übernachteten draußen und bekämpften einander. Sie konnte sich Felix gut vorstellen, nachts im Wald am Kocher, wie er mit seinem Messer das Abendbrot zubereitete und dabei lauschte, ob irgendein imaginärer Gegner sich näherte. Major Mendel wäre begeistert gewesen – wenn auch nicht über ihre Uniformen und ihre Eigenmächtigkeit, schließlich probten sie ohne sozialistische Anleitung.

Als sie einmal in einem Militärgebiet am Rande Berlins übten, entdeckte sie eine Patrouille der DDR-Truppen und hielt sie in ihren Westuniformen für feindliche Spione. Das ganze

Waldgebiet wurde abgeriegelt. Felix lachte später darüber, damals rannten sie, bis sie nicht mehr konnten, und entkamen. Es war gelebter Film, eine Mischung aus Rambo und Robinson Crusoe. Was geschehen wäre, wenn sie erwischt worden wären, hatte er sich lieber nicht vorgestellt.

Manchmal besuchte Felix sie nach den Kriegsspielen, seine Sachen waren mit brauner Erde bedeckt, seine Arme zerkratzt, und er war völlig erschöpft. Seine Militärfreunde stellte er ihr nie vor, sie existierten nur in seinen Erzählungen, was dem ganzen Szenario etwas noch Unwirklicheres verlieh. Felix hielt seine verschiedenen Freundeskreise und die Familie immer gern getrennt, jede dieser Sphären verkörperte eine andere Seite von ihm, er wollte nicht, dass sie aufeinander trafen.

Sie fragte ihn, was so faszinierend daran sei, wie ein Soldat durch die Wälder Ostberlins zu ziehen. Er antwortete, er wolle sich selbst beweisen, dass er auch unter harten Bedingungen überleben könne. Sein ganzes Leben lang schien er sich permanent auf den Ernstfall vorzubereiten, als könne in der nächsten Sekunde schon etwas Schreckliches passieren. Wenigstens auf sich selbst wollte er sich dann absolut verlassen können.

Zu jener Zeit, Ende der Achtziger, hatten sie nie daran gedacht, dass diese – ihre – Jugend einmal völlig vorbei sein könnte, wie ausgelöscht, als hätte es sie gar nicht gegeben. Die Häuser stehen noch heute, auch die Menschen leben weiter, nur die Stimmung, die Atmosphäre ist völlig verändert. Es gibt keinen Ort, an dem sie ihre Kindheit wieder finden könnten. Die Clubs ihrer Jugend sind fast alle geschlossen, manche, wie das PW sogar abgebrannt, die Straßen heißen anders, die Schulen auch. Die Einrichtung in den Wohnungen ihrer Eltern wurde ausgetauscht, ihre Häuser wurden renoviert, die Produkte ihrer Kindheit – süße Schaumstoff-Kosmonauten, *Eskimo*-Stieleis, Action-Neon-Nagellack, H-Milch aus dreieckigen Tüten. Alles weg. Ihre alten Lehrbücher lagen neben den Mülltonnen, Bücher über die Geschichte der Arbeiterklasse, die sie vorher zum Teil auswendig lernen mussten. Die Traditionszimmer in ihren Schulen, die Ehrenhaine, in denen die sinnlosen Fahnenappelle abgehalten wurden, alles verschwand in der Erinnerung.

Vielleicht sind Felix die Freunde von früher deshalb immer so wichtig gewesen. Sie waren so etwas wie eine Versicherung, dass es dieses Leben wirklich gegeben hatte. Es war das Gefühl, etwas mit ihnen gemeinsam zu haben, was man nur mit wenigen teilen konnte. Fast wie in einem Geheimbund. «Tief befreundet kann man nur mit Menschen sein, mit denen man alle möglichen Geschichten, möglichst viel Vergangenheit gemeinsam hat, mit denen, die einem möglichst ähnlich sind», schreibt der Autor David Wagner, ein Gleichaltriger aus dem Westen.

Ihr Land löste sich vor ihnen auf. Sicher, sie hatten darauf gewartet, irgendwie; es ging dann aber doch ziemlich schnell, und sie schienen keinerlei Einfluss auf die verwirrenden Geschehnisse zu haben. Die Wendezeit nahmen Felix und sie wahr wie im Rausch, wie eine einzige riesige Demonstration. Diese Zeit war extrem in jeder Hinsicht. Dass ein ganzes System mitsamt seinen ungeliebten Repräsentanten und Produkten verschwinden kann, ist eine Erfahrung, die sie von den Altersgenossen im Westen trennt.

Viele fingen im Geschichtsunterricht noch einmal bei den Urmenschen an, schafften es bis zum Ende der Schulzeit aber nur bis ins Mittelalter. Alle Autoritäten befanden sich in einem Zustand der Zersetzung, gefürchtete Staatsbürgerkundelehrer landeten in der Psychiatrie, ehemals mächtige Schulleiter verabschiedeten sich in den vorzeitigen Ruhestand. Wer das einmal gesehen hat, dem fällt es schwer, jemals wieder an Autoritäten zu glauben oder Parteien ernst zu nehmen. Sie sahen, dass nichts sicher und für immer ist – kein System, keine Partei, nicht mal eine vormals mächtige Weltordnung.

Vielleicht hatte sich Felix damals schon still entschieden, einfach auszusteigen aus dem System, der Ordnung, die sowieso sehr fragil erschien. Zunächst versuchte er aber, wie alle anderen, dazuzugehören im neuen Land. Die Ergebnisse dieses Anpassungsprozesses ihrer Generation sollten sehr unterschiedlich aussehen. Es gab keine Grenzen mehr, nur noch unendliche Freiheit. Was nur sollte man mit dieser Freiheit anfangen?

Vorher war immer klar gewesen, wo der Feind stand, und wenn es die eigene Regierung war, Gut und Böse waren eindeutig verteilt, das Leben bis zum Tod vorgeplant und vorhersehbar. Erst als es weg war, dieses Leben, merkten sie, wie sehr es auch schon ein Teil von ihnen gewesen war, wie sehr dieses Denken – alles ist immer schwarz oder weiß – sie geprägt hatte. Ein Dazwischen gab es nicht. «Neutralität ist feige», das war der Satz ihrer Kindheit, der sich einen Platz im Langzeitgedächtnis gesichert hatte. Immer waren sie gegen oder für etwas, aber auf eine Welt, in der alles von völlig verschiedenen Seiten aus betrachtet werden konnte, in der es auf jede gesellschaftspolitische Frage ungefähr tausend richtige Antworten geben würde, auf eine solche Welt waren sie nicht vorbereitet. Schwerer als der Verlust ihres Landes, das Felix' Generation nie besonders geliebt hatte, wog für sie der Verlust der Eindeutigkeit.

Das Land, aus dem Felix kam, hatte nicht viel zu bieten in der neuen Welt – Autos aus Pappe, über die alle nur grinsten, Jeans, die «Boxer» hießen und nach dem Waschen eine grünliche Farbe annahmen, Schokolade, die schmeckte wie eine Mischung aus Linsen und Fett. Kaum einer kannte im neuen Deutschland die Lieder «Spaniens Himmel» oder «Pioniere voran», und wenn, dann fand er sie seltsam lächerlich. Fahnenappelle und Wehrerziehung erschienen jetzt fast schon faschistoid, von Diskos in Mehrzweckgaststätten, Cola Wodka, *The Cure* im PW, Kriegspielen im Wald, Urlaub in Bulgarien wusste hier niemand etwas, und trotzdem hatte all dies Felix' und ihre Kindheit und Jugend bestimmt. Es war schon erschreckend, wie sehr sie – 17, 18, 19 oder 20 Jahre alt, als die Mauer fiel – Kinder des Ostens waren. Doch das sollte sich erst später in aller Deutlichkeit zeigen.

Damals sahen sie, wie ihre Eltern und Großeltern sich bemühten, die neue Gesellschaft zu verstehen, wie sie verzweifelt versuchten, ihrem vergangenen Leben einen Wert und einen Sinn zu geben. Fast alle mussten sich eine neue Arbeit suchen, nicht alle fanden eine. Und sie sahen die Gleichaltrigen im Westen, die etwas überhebliche Generation Golf, die ihre Gesellschaftsform als die einzig mögliche ansah, weil sie darin groß geworden war und es für absolut unvorstellbar hielt, dass ihr unfehlbares System einmal untergehen könnte. Sie wussten, wie man sich beim Bewerbungsgespräch verhielt, sie wurden nicht gefragt, welche Partei sie bevorzugten oder wie sie die Rechtsradikalen einschätzten. Es war eine Generation der Erben, der wohlhabend Geborenen; viele von ihnen lebten mit der Sicherheit, schon bald nicht mehr arbeiten zu müssen, oder zumindest nicht so viel. Es schien im Leben dieser Generation wenig Abgründe zu geben, sie schien ein gleichmäßiges sattes, ein wenig langweiliges Dasein zu führen und richtig aufregen konnte sie sich nur über Geschmacksfragen: welche Jacke gerade schick sei und welche verabscheuungswürdig oder ob man Puma- oder Adidas-Schuhe tragen solle.

Die Kinder des Ostens versuchten zu sein wie sie, nur fehlte ihnen der dazu notwendige finanziell stabile und psychisch ausgeglichene Hintergrund. Ihre Eltern hatten nicht viel für sie ansparen können, außerdem war ihr Vermögen bei der Währungsunion noch halbiert worden, sie hatten das neue Deutschland herbeigesehnt, hatten aber weniger Ahnung als ihre Kinder davon, worauf es jetzt ankam und was dieses Land in seinem Innersten zusammenhielt.

In jenen ersten zwei, drei Jahren nach dem Mauerfall zerbrachen fast alle alten Freundschaften. Auch ihre Freundschaft zu Felix ging damals zu Ende. Es war, als sei nicht nur das Land untergegangen, sondern mit ihm auch für untrennbar gehaltene Beziehungen. Es war, als bemerke man das erste Mal seine Unterschiedlichkeit. Die einen wurden linksradikal, gingen weiter täglich auf Demonstrationen und schmissen Steine gegen das neue System. Andere wurden rechts, entdeckten plötzlich deutsche Tugenden und Traditionen. Die extreme Erfahrung zu erleben, wie ein Land zusammenbricht, scheint auch extreme Antworten zu fordern.

Nach fünf Jahren riefen die meisten alten Freunde plötzlich wieder an oder man begegnete sich zufällig auf der Straße. Auch Felix traf sie später wieder. Mit den meisten begann man dort, wo man aufgehört hatte, als hätten alle nur kurz Urlaub voneinander genommen und seien nun zurückgekehrt, um sich die Erlebnisse aus der Zwischenzeit zu erzählen.

Felix hat immer festgehalten an diesen alten Freunden von damals, aus dem untergegangenen Land. Loyalität war ihm wichtig, wenn auch die nicht mehr existierte, was blieb dann? Welche Festpunkte hätte sein Leben dann noch?

Menschen, die ihre Identität abstreifen oder verlieren, heißt es, werden aggressiv. Auch wenn sie nie wussten, dass sie eine haben.

4

In Felix' Zimmer sitzt heute oft sein Großvater Arnold und schreibt auf einem alten Computer. Er sitzt vornübergebeugt, die schwachen Augen auf den Bildschirm konzentriert, er kämpft um seine Pension in Südafrika, er kämpft mit Leserbriefen und langen Artikeln gegen alles, was ihm unrecht erscheint auf dieser Welt, und das ist ziemlich viel.

Neben dem Computer liegen Papiere, das aktuelle Programm der BBC, Fotos von Felix und Kerzen. Es hat ein paar Monate gedauert, nachdem Felix gegangen ist, bis Arnold das Zimmer nutzen konnte. Jetzt verbringt er seine Tage hier, betrachtet die Bilder seines Enkels, macht sich Vorwürfe, schreibt rührende Gedichte.

Arnolds Haare sind weiß geworden über die Jahre und sein Körper sehr schmal, er isst kaum etwas. Er läuft noch immer Marathon, trotz Herzschrittmacher. Einmal, 1998, hat er sich den Oberschenkel gebrochen, durchs Ziel hat er sich dennoch geschleppt, mit seinen 80 Jahren. Felix war voller Bewunderung, diese Härte gegen sich selbst faszinierte ihn: niemals aufgeben, auch wenn man es kaum noch aushielt. Wenn Felix von seinem Großvater sprach, wurde seine Stimme immer ein wenig tiefer, weicher, er nannte ihn einen «Kämpfer». In seiner Achtung konnte man nicht höher stehen. Den letzten Marathon wollten sie gemeinsam laufen. Da war Felix schon weg. Arnold rannte trotzdem.

Jeannette, Felix' Großmutter, schüttelt den Kopf, wenn ihr Mann von seinen Plänen für weitere Läufe erzählt. Sie sieht ihn ein bisschen wütend an und murmelt Worte wie «Quatsch» oder «Unsinn» vor sich hin. Ihre Sorgen verbirgt sie hinter harten Sätzen oder einem ironischen Lächeln. Zusehen kann sie

Arnold beim Laufen nicht mehr, sie hält es nicht aus. Jeannette ist dreizehn Jahre jünger als er, hat dichtes dunkles Haar, das sie ab und zu rötlich färbt oder ganz kurz schneidet. Mit ihren 70 Jahren hat sie den schlanken Körper einer 40-Jährigen, und wenn sie ausgeht, legt sie dunkelroten Lippenstift auf. Felix nannte sie immer «Nettie», niemals «Omi», dieses Wort verbot sich bei einer Frau wie Jeannette. Wenn sie redet, füllt ihre Stimme den ganzen Raum aus, und wenn sie sich über etwas aufregt, gibt es keine Chance, sich ihrer Intensität zu entziehen, was Arnold manchmal ein wenig ärgert. Ihre Hände zerteilen dann die Luft in Drei- und Vierecke, einen Augenblick lang verhakt sie ihre Finger ineinander, im nächsten zieht sie sie wieder auseinander.

Sie kannte Felix' Großeltern schon seit langem. Sie hatte Felix früher hier in seinem Zimmer besucht, hatte manchmal mit Jeannette geredet, immer nur kurz, und mit Arnold versucht Englisch zu sprechen, was ihr damals peinlich war. Die beiden waren die Verwandten eines Freundes, wirklich wahrgenommen hatte sie sie nicht. Nur an die vielen Medaillen an Arnolds Wand konnte sie sich erinnern, und daran, dass sie immer großen Respekt vor ihrer Geschichte hatte, obwohl sie nur kleine Ausschnitte davon kannte. Viele Jahre später sah sie Jeannette und Arnold auf einem Geburtstag von Felix wieder, in ihrer Wohnung war sie seit 1991 nicht mehr gewesen. Früher kam sie hierher, um Felix zu besuchen, nun kam sie, um ihn durch seine Großeltern zu sehen. Es war eine traurig-groteske Situation, als kreise die Welt verkehrt herum. In der Wohnung hatte sich kaum etwas verändert, außer dass sie vom dritten in den ersten Stock gezogen waren, das Bad saniert war und die Wände heller schienen.

Wenn sie heute zu ihnen geht, dann sitzt Arnold meist im Wohnzimmer auf der blasslila-beigen Couch, Jeannette auf dem dazu passenden Sessel, ein Bein unters andere geklemmt.

Beide erzählen gern, und wenn einer von beiden zu lange spricht, empfängt er gereizte Blicke. Ab und zu korrigieren sie sich gegenseitig, beenden den Satz des anderen oder fallen einander ins Wort. Schließlich geht es um ihre gemeinsame Vergangenheit, die sie sehr unterschiedlich erlebt haben, und um Felix, den sie ebenfalls verschieden sehen. Sie wirken wie ein Ehepaar, das fast nie einer Meinung ist und es genießt, seine Kräfte zu messen, um bei den wirklich entscheidenden Dingen zusammenzuhalten.

Es ist nicht leicht, mit ihnen über Gefühle zu reden, jede Frage kann eine neue schmerzvolle Erinnerung berühren. Manchmal führen ihre Sätze nirgendwohin, Jahreszahlen und Ereignisse vermischen sich. Oft sagen sie: «Ach, das ist doch nicht so wichtig.» Dann sitzen sie da, die Schultern nach vorn geklappt, und sehen aus, als würden sie am liebsten in ihre Polstermöbel verschwinden. Es ist ihnen ein wenig unangenehm, im Mittelpunkt zu stehen, auf der anderen Seite gefällt es ihnen auch. Sie sind nicht gewohnt, über ihr persönliches Leben und ihre Gefühle zu reden. Ihr Leben lang standen immer nur ihre politischen Überzeugungen und Aktivitäten im Vordergrund, drückten alles andere in die Unwichtigkeit, in die Sprachlosigkeit.

Beide erzählen sehr verschieden: Arnold auf Englisch, so schnell, dass sie manchmal nichts mehr versteht, immer mit den Augen fragend, ob sie noch folge. Jeannette dagegen ist sich ihrer Wirkung sicherer, sie spricht deutsch, ruhig, mit der Überzeugung einer Frau, die weiß, dass man ihr zuhört.

Vieles, was sie von Arnold und Jeannette in den Stunden im Wohnzimmer erfährt, haben sie vorher noch nie offenbart. Felix beginnt ihr Leid zu tun, weil er ihre traurige und faszinierende Geschichte nie richtig gehört hat oder vielleicht auch nicht hören wollte. Er kannte sie nur in scheinbar unzusammenhängenden Teilen und war trotzdem tief darin verstrickt.

Felix' Großeltern wollten heiraten, damals, 1958, in Südafrika, und es sollte tragisch enden. Ihre Liebe war eine verbotene Beziehung zwischen einem Weißen und einer Nichtweißen, afrikanische «Rassenschande». Jeannette ist eine Nachfahrin von Einwanderern aus Mauritius und von der Insel Sankt Helena, ihre Haut ist hellbraun, die Gesichtszüge wirken asiatisch. Nach den Gesetzen der Apartheid war sie eine «Coloured», eine Farbige – weder schwarz noch weiß. Arnold hat deutsche, englische und irische Vorfahren und ist weiß. Nach der Logik des südafrikanischen Regimes hätten sich Arnold und Jeannette nie treffen dürfen, sie sollten getrennt aufwachsen, wohnen, arbeiten, lieben, eine Beziehung zwischen verschiedenen «Rassen» war untersagt.

Jeannette und Arnold lernten sich 1956 in Johannesburg über einen gemeinsamen Freund kennen, der sie eines Abends zufällig beim Tanzen traf und anschließend zu einer «mixed party», einer gemischten Party, mitnahm. Das hieß, dass Schwarze, Weiße und Farbige gemeinsam feierten. Öffentlich waren diese Feste verboten, aber wenn sie in Privathäusern stattfanden, konnte die Sicherheitspolizei nichts machen. Für Jeannette war es die erste Party dieser Art, der Eintritt in eine aufregende, gefährliche neue Welt. Sie war behütet und streng getrennt von den anderen Hautfarben in einem «coloured»-Gebiet aufgewachsen. Ihr Vater war ein wohlhabender Möbelfabrikant, ihre Mutter Lehrerin, sie hatten zehn Kinder und schwarzes Dienstpersonal. Das hatten Arnolds Eltern auch, aber damit endeten schon die Gemeinsamkeiten der beiden Familien. Er kam aus einem proletarischen Haushalt, die Mutter blieb zu Hause, der Vater arbeitete in den Goldminen von Johannesburg.

An jenem Abend auf der Party stand Jeannette an eine Wand gelehnt und versuchte so selbstsicher wie möglich auszusehen. Vor ihr tanzten Schwarze, Weiße, Farbige miteinander, man che küssten sich sogar. Es war unvorstellbar – sonst existierten sie nur streng voneinander abgeschottet. Jeannette fand es fremd und aufregend zugleich. Als sie sich gerade an die verstörende Situation zu gewöhnen begann, forderte ein Inder sie zum Tanzen auf. Jeannette war eine hübsche Frau, sehr schlank, mit feingliedrigen Händen, großen mandelförmigen Augen und dunklen langen Locken, die ihr bis über die Schultern reichten. Der Inder drehte sie ein wenig zu wild über die Tanzfläche, außerdem stank er nach Knoblauch, und Jeannette floh in die Küche. Dort tat sie, als mache sie nichts lieber als abwaschen, bis Arnold sie schließlich rettete. Um sie vor den Nachstellungen des Inders zu schützen, gab sich Arnold als Jeannettes Ehemann aus, obwohl er damals noch gar nicht an ihr interessiert war. Die kurze Scheinehe schien ihn von ihren Vorzügen überzeugt zu haben, danach schickte er ihr plötzlich Blumen und Pralinen.

«So fing alles an», sagt Jeannette und lächelt ein bisschen, aber nur für einen Moment, dann sieht sie auf ihre Hände hinunter. Damals konnte sie noch nicht ahnen, was diese Liebe für Opfer fordern sollte. Sie war nur beeindruckt von diesem zarten blonden Mann mit der Brille, der mehr als zehn Jahre älter als sie und in der Kommunistischen Partei Südafrikas aktiv war.

Während Jeannette das erzählt, sitzt Arnold neben ihr und schweigt, diese Gefühlsgeschichten sind ihm peinlich, zu unwichtig, zu klein erscheinen sie ihm, als dass man darüber sprechen müsste. Auf einem Foto aus den Anfängen ihrer Beziehung kann man sehen, was Arnold damals gefühlt hat: Glücklich lächelnd hält er Jeannettes Hand, mit diesem leicht verwirrt-abwesenden Blick der Verliebten. Das Foto hat Flucht und Exil überlebt, Jeannettes Bruder hat es für sie aufbewahrt und ihnen viele Jahre später geschenkt. Es ruht jetzt im Wohnzimmerschrank in einem Papphefter zwischen vergilbten Familienbildern aus Johannesburg und Gerichtsbeschlüssen zum Fall Felix.

Ihre Liebe war eine heimliche und gefährliche Zuneigung, nur ihre Familien und enge Freunde wussten davon. Wenn sie bekannt geworden wäre, hätte es für Jeannette und Arnold sieben Jahre Gefängnis bedeutet. Sieben Jahre Gefängnis, weil sie sich mochten und nicht derselben «Rasse» angehörten. Sie lebten in der ständigen Angst, entdeckt zu werden oder verraten: Im Südafrika der fünfziger Jahre gab es zahllose Spitzel, wie in allen Regimen, die sich von inneren und äußeren Feinden umzingelt sahen. Arnold besuchte Jeannette jeden Tag im Haus ihrer Eltern, er hatte sich extra ein Fahrrad gekauft. Übernachten konnte er nie, das war zu riskant. Sie verbrachten immer nur kurze, hektische, von Angst bestimmte Stunden miteinander. Jeannette sagt heute: «Da konnte sich keine tiefe Liebe entwickeln.» Und doch hat diese Liebe ihr ganzes Leben gedauert, sie haben dafür gekämpft, manchmal vielleicht aus Trotz oder einem Ungerechtigkeitsgefühl heraus, aber auch aus gegenseitigem Respekt.

In Südafrika durften sie nicht heiraten, die einzige Möglichkeit war, nach Lesotho zu reisen und sich dort trauen zu lassen. Lesotho war eine kleine Enklave mitten in Südafrika, die von den Briten regiert wurde. Es war schon alles arrangiert: An einem Frühsommertag des Jahres 1958, um 12 Uhr mittags, sollten Jeannette und Arnold in Lesotho getraut werden. Sie waren mit einem Motorrad aus Johannesburg aufgebrochen, hatten schon ihre Hochzeitskleider an, die Familie wartete zu Hause auf ihre Rückkehr.

Sie kamen nicht einmal bis zum Standesamt, Freunde hatten sie kurz vorher gewarnt, dass der südafrikanische Sicherheitsdienst sie verfolge. Kurz vor dem Ziel mussten Jeannette und Arnold umkehren und Lesotho auf verschiedenen Wegen wieder verlassen. Jeannette wurde von einem Auto an eine Bushaltestelle gebracht, musste ihr Hochzeitskleid ausziehen und sich Hosen und T-Shirt überstreifen, um sich als Mann zu verkleiden. Sie stieg in einen Bus, mit dem schwarze Minenarbeiter nach Südafrika zur Schicht gefahren wurden. Dort saß sie auf einer harten Holzbank, einsam zwischen vierzig Männern, und versuchte, nicht zu weinen. Sie durfte sich nicht gehen lassen, nicht jetzt. Noch heute wird ihre Stimme leise, wenn sie das erzählt.

Was fühlt man, wenn man am eigentlich glücklichsten Tag im Leben unvermählt, allein und in Männerkleidung nach Hause fährt?

«Trauer», sagt Jeannette kurz.

Vor der Grenze hielt die südafrikanische Polizei den Bus an, jemand hatte sie anscheinend verraten. Die Minenarbeiter wickelten Jeannette in mehrere Wolldecken und versteckten sie unter einer Sitzbank. Dort lag sie auf dem Boden, der Gestank der Decken nahm ihr fast den Atem. Jeannette hatte keine Angst, sie spürte eigentlich gar nichts mehr, alles da draußen schien wie hinter einer Wand, weit weg von ihr. Sie hörte, wie die Polizisten den Bus durchsuchten und wie sie schließlich brüllten: «Habt ihr eine Frau gesehen?»

Die Minenarbeiter blieben stumm, schüttelten ihre Köpfe, einer antwortete: «Was sollen wir hier mit Frauen, wir wollen arbeiten.» Die Beamten gaben auf, Jeannette blieb während der restlichen Fahrt unter der Sitzbank und hatte Glück: Der Bus brachte sie unentdeckt bis über die Grenze.

Arnold hatte mit dem Motorrad einen anderen Weg genommen. Hinter der Grenze in Südafrika wartete er an einer Tankstelle auf Jeannette. Zusammen fuhren sie in Richtung Johannesburg. Es war kein guter Tag, es regnete ununterbrochen und sie durchquerten eine Gegend, in der die Mehrheit der Bevölkerung die Nationale Partei unterstützte. Das war die Partei, die Südafrika seit 1948 regierte, deren einziges politisches Programm Apartheid war und die sich als Repräsentantin der Buren verstand, jenes Volkes, das im 17. Jahrhundert aus den Niederlanden und Deutschland ans Kap ausgewandert war und seither alles daransetzte, einen «ethnisch reinen» Burenstaat zu gründen.

Auf ihrem Motorrad waren Jeannette und Arnold bald völlig durchnässt, trauten sich aber nicht anzuhalten. Als Arnold die Straße vor sich kaum noch sehen konnte, stoppten sie an einem kleinen Hotel. Es lag etwas von der Straße zurückgesetzt, Arnold ging vor und fragte nach einem Zimmer. Er stellte Jeannette als seine Dienerin vor, weil keiner von ihrer Beziehung wissen durfte und es «Farbigen» nicht erlaubt war, in Hotels zu übernachten. Die Wirtin hatte ein Zimmer für Arnold, für Jeannette nicht. Ein Kellner bot ihr schließlich seine Unterkunft draußen im Hof an, Jeannette nickte nur still. Sie hatte Hunger, beide hatten seit dem frühen Morgen nichts gegessen und getrunken, jetzt war es schon dunkel. Das nächste Problem kündigte sich an: Jeannette durfte nicht im Speisesaal essen, sie musste in die Küche verschwinden und dort heimlich ihr Abendbrot verzehren. Der Koch brachte ihr dünnen Kaffee, der durchsichtig war wie Wasser, und Brote, auf die Marmelade gestrichen, dann aber wieder heruntergekratzt worden war. Man wollte keine Marmelade an Nichtweiße verschwenden.

Als Jeannette die Brote sah, fing sie an zu weinen. Sie kannte sie gut, ihre Mutter hatte ihren schwarzen Dienern auch immer solche Schnitten geschmiert. Dass sie selbst einmal das Gericht der «niederen Rassen» essen sollte, ja, dass sie überhaupt zu ihnen gerechnet wurde, konnte sie nicht fassen. Der Koch sah sie mit traurigen Augen an: «Etwas anderes kann ich dir nicht geben, sonst fliege ich raus», sagte er. Jeannette antwortete, das mache nichts, sie weine nur aus Erschöpfung. Die Demütigung allein reichte schon, dabei noch beobachtet zu werden war zu viel. Noch heute wirkt sie, als kämen ihr gleich die

Tränen, wenn sie diese Geschichte erzählt. Sie redet schnell, in kurzen Sätzen, als wolle sie keine Pause machen, in der die Erinnerung sie verschlingen könnte. Es ist noch nicht vorbei.

Damals ging Jeannette in das Zimmer des Kellners, eine Baracke auf dem Hof. Auf die Matratze wollte sie sich nicht legen, die war mit braunen und gelben Flecken übersät, also schlief sie auf dem Stuhl ein. Bald kam auch der Kellner und brachte noch einmal Abendbrot. Als Jeannette es sah, musste sie wieder weinen: ein abgenagtes Schnitzel, Kartoffeln, an denen noch Soße haftete – Reste, die die Weißen auf ihren Tellern übrig gelassen hatten. Sie konnte es nicht essen.

Der Kellner verstand sie nicht, doch sie tat ihm Leid: «Der weiße Mann ist gar nicht dein Chef, er ist dein Liebhaber. Aber keine Angst, ich sage nichts», versicherte er. Er überließ ihr sogar sein Zimmer und schlief woanders. Um fünf Uhr morgens weckte er sie aufgeregt: «Ihr müsst weg.» Er hatte Angst, die Polizei würde sie bald finden. Arnold und Jeannette brachen wieder auf. Es war noch dunkel und regnete unablässig. Irgendwo auf der Strecke beschlossen sie, dass Jeannette versuchen sollte zu trampen. Tatsächlich hielt kurz darauf ein Auto mit Italienern an, die sie mitnahmen. In der Dunkelheit hatten sie nicht gesehen, dass sie eine Farbige war. Sobald es heller wurde, betrachteten sie Jeannette aufmerksamer, schüttelten ein wenig die Köpfe und meinten: «Das geht nicht.» Sie setzten Jeannette mitten auf der Straße aus. Von dort lief sie im Regen allein weiter Richtung Johannesburg, bis Arnold Stunden später mit dem Motorrad an ihr vorbeikam.

Es ist ganz still im Wohnzimmer der Großeltern, der Kaffee steht unberührt. Arnold schweigt, Jeannette verhakt ihre schmalen Finger zu einem komplizierten Knoten. Diese 24 Stunden damals haben vor allem ihr Leben verändert. Jeannette wurde sich plötzlich ihrer Hautfarbe bewusst. «Zum ersten Mal in meinem Leben spürte ich, dass ich nichts wert bin.

Ich bin nicht weiß, also bin ich nichts», sagt sie leise. Diese Erkenntnis war so übermächtig, dass sie ihre bis dahin geordnete Welt völlig umstürzen und später ganz zerstören sollte.

Sie kamen in Johannesburg an – verdreckt, hungrig und unverheiratet. Und der Terror begann.

5

Als die Mauer fiel, war Felix 19. Seine Ausbildung zum Herrenmaßschneider bei *Herrenmode*, einem großen Ostberliner Kombinat, hatte er gerade beendet. Es war nie ein Beruf, der ihn interessiert hatte, es war eine dieser Lehrstellen gewesen, die man nur mit Beziehungen bekam. Schneider wollten damals Tausende werden, so konnte man sich wenigstens selbst ein paar Sachen nähen oder sie verkaufen, wenn es schon in den Läden nichts gab. Felix hatte die Lehrstelle angenommen, weil er nach der zehnten Klasse keine Ahnung hatte, was er sonst mit seinem Leben anfangen sollte.

Er musste morgens sehr früh bei der Arbeit sein, stand in einer riesigen Halle in Friedrichshain. Es roch nach Staub und Putzmittel und es dampfte. Ein Jahr lang bügelte Felix ausschließlich, manchmal musste er schwere Stoffballen hin und her schleppen oder im Akkord Knopflöcher nähen. Der Ton des Lehrmeisters war rau, ohne Mitleid. Ab und zu hatte sie ihn in seinem Betrieb angerufen. Es hörte sich an, als arbeite er in einem Turbinenwerk, im Hintergrund rauschte etwas und sie hörte das Brüllen eines Mannes. Felix konnte immer nur kurz sprechen, sie verabredeten sich, er schimpfte leise über seinen Chef.

Wenn er nach Hause zu seinen Großeltern kam, sagte er zu Jeannette: «Ich hasse diese Arbeit.» Warum, sagte er nie und Jeannette fragte nicht weiter nach. Dass er die Ausbildung beendete, war ihre Bedingung gewesen, als er bei ihr und Arnold einzog. Am Ende schneiderte er einen Abschlussanzug und bekam eine Zwei. Er zeigte Jeannette, wie man Knopflöcher perfekt nähte, und er konnte göttlich bügeln. Seine Großmutter träumte davon, ihn zur Weiterbildung nach Paris zu schicken und dann eine Boutique mit ihm zu eröffnen. Felix wollte die zwei Lehrjahre am liebsten vergessen. *Herrenmode* schloss gleich nach der Wende, Felix war darüber nicht besonders traurig, aber zum ersten Mal in seinem Leben arbeitslos. Er arbeitete zunächst als Möbelpacker, nur kurz, dann war auch das vorbei.

Davon erzählte er ihr damals nichts. Sie war mit ihren Eltern 1988 nach Pankow im Norden Berlins gezogen. Felix besuchte sie öfter in ihrer neuen Wohnung, sie saßen auf der hellgrauen Auslegware in ihrem Zimmer und redeten: über seine neuen Freundinnen, mit denen er es meist nicht lange aushielt, über ihren Freund aus Wien, über gemeinsame Bekannte, viel übers Training, und als ihr Stiefvater mit Karate anfing, machte Felix sich darüber lustig. Er sprach immer davon, in ein Kloster irgendwo in China zu gehen, um nur noch zu kämpfen und zu meditieren, er schwärmte davon wie von einem Traum, in den man sich in schlechten Zeiten gern flüchtet, der aber nie Wirklichkeit wird. Sie begann zur Wendezeit gerade ihr Abitur an einer der erweiterten Oberschulen in Ostberlin, sie hatte andere Sorgen als Felix. Sie musste noch kein Geld verdienen, sie litt unter einer sadistischen Mathelehrerin.

Es war jetzt wichtig, Geld zu haben, die Nacht der Währungsunion hatte es ihr gezeigt. Zuvor sahen die Läden in Ostberlin tagelang aus, als hätte eine große Hungersnot alle Produkte verschlungen. In den Regalen lagen nur noch die Grundnahrungsmittel: Brot, Butter, Milch. Die volkseigenen Läden bereiteten sich auf den Einzug des Westens vor. Das hieß, die Ostprodukte mussten verschwinden, und zwar möglichst schnell, sodass niemand aus Gewohnheit einfach weiter zu *Leckermäulchen* oder *Putzi-Zahncreme* greifen konnte, aber es wollte sie auch keiner mehr haben.

Über Nacht kam er dann – der Kapitalismus. Gegen vier oder fünf Uhr morgens war sie damals durch die Schönhauser Allee in Prenzlauer Berg gelaufen und hatte die Schaufenster betrachtet: Riesige *Cornflakes*-Packungen, kleine Haufen von *Milka*-Schokoladetafeln, die zu Pyramiden geschichtet waren, drängten sich neben *Wella*-Haarkuren und *Vileda*-Wischmopps. Sie sah noch einige andere in dieser Nacht, die wie sie ungläubig und eigentümlich euphorisiert vor den neuen Auslagen stehen blieben. Der Traum ihrer Kindheit vom Schlaraffenland hatte sich erfüllt. Es war so surreal, man musste es einfach hinnehmen, nachdenken konnte man nicht mehr darüber.

Der Westen kam, und Felix kaufte sich zuerst eine neue Gary-Numan-Platte. Sein Großvater Arnold saß im Wohnzimmer der gemeinsamen Wohnung und weinte eine ganze Woche lang, als die Mauer fiel. Alles, wovon er geträumt, wofür er gekämpft hatte, war nun sinnlos geworden, hatte sich über Nacht in die Geschichte verabschiedet. Er war die ganzen Jahre aus Prinzip nie nach Westberlin gefahren, obwohl er es gekonnt hätte. Für ihn war das die andere Seite, dort lebten die Gegner. Felix umrundete vorsichtig den Sessel seines Großvaters, er sprach leise mit ihm wie mit einem Kind, von dem man nicht weiß, was es in der nächsten Minute vorhat. Arnold tat ihm Leid, aber mit Felix hatte das nichts mehr zu tun, seine Ideale waren ihm fremd.

Wie alle Ostler in dieser Zeit bewegte Felix sich ein wenig unsicher durch den Westteil der Stadt: Es kam darauf an, nicht aufzufallen, in der S-Bahn nicht zu interessiert aus dem Fenster zu schauen, sich in den Läden unauffällig umzusehen, um nicht zu verraten, dass man von Marken eigentlich keine Ahnung hatte. Sie selbst wollte sich damals schnell tarnen, schnell dieselbe Kleidung überstülpen, mit derselben beiläufigen Nonchalance einen Joghurtbecher auslöffeln und gelangweilt über die Welt reden, weil man ja sowieso schon alles kennt. Auch Felix veränderte sein Äußeres, legte die schwarzen Gruftie-Klamotten ab und trug jetzt weite Diesel- oder Replay-Jeans, helle

Wollpullover, Turnschuhe, Bomberjacke. Er hatte es ein bisschen leichter als die anderen seiner Generation, wegen seiner Hautfarbe kam bei ihm sowieso niemand auf die Idee, dass er aus dem Osten kommen könnte, und er hatte schon in Ostberlin gewöhnlich Levi's-Jeans getragen. Für ihn sollte es bald eine neue Kategorie der Zuordnung geben, die der Ausländer, auf die Ost und West nun vereint herabsehen konnten.

Für 300 Mark kaufte Felix sich ein großes altes Auto, die Marke hat sie vergessen, von undefinierbarer heller Farbe. Alles an diesem Wagen schien nur für die unmittelbare Zukunft festgeschraubt, die Türen fielen fast heraus und seine Großmutter musste jedes Mal mit vors Haus zum Anschieben. Felix war sehr stolz auf sein Auto und liebte es, andere darin herumzufahren. Er saß auf dem Fahrersitz, hielt das Lenkrad mit beiden Händen fest umfasst und blickte sehr ernst auf die Straße – so lange hatte er seinen Führerschein ja noch nicht. Und er wurde Türsteher, nach jahrelangem Kampfsporttraining schien das logisch, außerdem brauchte er Geld.

Zusammen mit seinem besten Freund Sven bewachte er den Eingang des Jojo in der Wilhelm-Pieck-Straße in Mitte, die heute Torstraße heißt. Sven war einen Kopf größer als er und trug eine Glatze. Felix kannte ihn schon lange vom Karatetraining, wobei Felix in den Privatübungsraum des Meisters eingeladen wurde und Sven nicht. Sie waren trotzdem Freunde geworden, vielleicht auch, weil Sven immer ein wenig zu Felix aufsah und weil niemand so ausgiebig schweigen konnte wie er. Manchmal vergaß man fast, dass er da war.

Der Jojo-Club befand sich im ersten Stock eines von der Straße etwas zurückgesetzten Neubaus. Felix und Sven standen immer unten auf dem breiten Bürgersteig vor der Glastür am Eingang oder drinnen im blassgelb gestrichenen Flur an der Treppe, kassierten die fünf Mark Eintrittsgeld und betrogen bei der Abrechnung später am Abend heftig. Der Stundenlohn lag bei zehn Mark. Es war auch ihr Club gewesen, jedes Wochenende fuhr sie mit der Straßenbahn aus Pankow eine halbe Stunde hierher. Felix kam aus Schöneweide, er wohnte noch bei seinen Großeltern. Sie sahen sich jetzt jedes Wochenende im Jojo, befreundet waren sie noch immer. Schon von weitem erkannte sie seine grüne Bomberjacke und seine Silhouette: In typisch zusammengekrümmter Haltung, die Schultern nach vorn gebeugt, saß er auf dem Eisengeländer vor der Tür. Sie kam meist gegen zehn oder elf, da war das Jojo schon voll und Felix quatschte mit Sven. Natürlich kamen sie und ihre Freundinnen umsonst hinein, worauf sie sich viel einbildeten.

Der Club war für Kurz-nach-der-Wende-Verhältnisse ziemlich gut eingerichtet, es wurde erzählt, er gehöre irgendeinem ehemaligen Ober-FDJnik. Unten im Eingangsraum war der Boden mit Steinplatten ausgelegt, links lag eine kleine Bar, die auch tagsüber geöffnet hatte. Wenn sie die Treppe nach oben stieg, konnte sie sich dabei im Spiegel beobachten, für Teenager-Pickel war das Neonlicht nicht gerade vorteilhaft. Oben rechts war der Tanzraum. Die Glaswand, die ihn von der Treppe trennte, war innen mit dunklen Gardinen verhängt, sodass man die Tanzenden von außen nicht beobachten konnte. Hier drinnen verbrachte sie Stunden, tanzte nach Phillip Boa, Prince und AC/DC, bei «Thunderstruck» schüttelte sie ihren Kopf so heftig, dass sie noch Tage später Muskelkater im Nacken hatte. Felix kam selten nach oben. Nur bei «Unbelievable» von EMF stürzte er auf die Tanzfläche und verschwand danach gleich wieder nach unten, das Stück hörte er auch immer im Auto, den Lautstärkeregler bis zum Anschlag gedreht. Ab und zu machte sie eine kurze Pause an der Bar oben, hinter dem langen schwarzen Tresen arbeitete eine Freundin von ihr.

Überhaupt kannten sich fast alle hier, es war der Club der Ostberliner Abiturienten, die es an eine der erweiterten Oberschulen geschafft hatten. Rund um die Bar standen kleine

Tische zum Reden, dort rauchten sie und führten lange Gespräche über den Sinn des Lebens. Neben der Bar links lag noch ein Kinosaal. Komischerweise kann sie sich nicht daran erinnern, dort jemals einen Film gesehen zu haben.

Es war eine merkwürdige Stimmung in dieser Zeit, in diesem Club, alles schien irgendwie im Übergang, wohin, wusste keiner, Ostberlin war noch nicht schick und so blieben die Ostberliner unter sich, trugen ihre ersten neu gekauften Westjeans oder noch nicht eingelaufene harte Doc Martens. Felix und Sven, die Türsteher, hätten auch Schüler oder Studenten sein können, sie gehörten zu ihnen. Sie trugen zwar schon damals Bomberjacken und kurze Haare, gestört hat das niemanden. Die anderen hatten lange Haare und trugen abgewetzte Lederjacken vom Flohmarkt. Vielleicht war es das erste Zeichen, dass sich bald alles trennen sollte. Bisher waren sie immer zusammen gewesen, zehn Jahre in der Schule und auch danach. Unterschiede, selbst wenn es sie gab, waren unter der Oberfläche geblieben. Anfang der neunziger Jahre hatte es den Anschein, als hätten sie alle die gleichen Möglichkeiten in dem neuen Land, auch wenn das damals schon nicht stimmte.

Felix nahm seinen Job im Jojo sehr ernst, er blieb meist unten am Eingang. Oft ging sie zu ihm, brachte ihm eine Cola, Alkohol lehnte er noch immer ab, und setzte sich neben ihm auf die Treppe. Er erzählte von seinen neuesten Verletzungen beim Training, er kämpfte jetzt in Westberlin. Zusammen entwarfen sie verschiedene Verteidigungsszenarien, falls Skinhead-Horden den Club überfallen sollten, ständig gab es neue Gerüchte über vermeintlich geplante Angriffe. Felix zeigte ihr einen Baseballschläger, den er für ganz schlimme Fälle versteckt hatte, und sagte mit ernster Miene zu ihr: «Ich werde mit denen schon fertig.» Sein Freund Sven schwieg dazu. Sie hatte ihm trotzdem geglaubt. Felix konnte in seiner bestimmten Ernsthaftigkeit sehr überzeugend sein.

Das Problem war, dass die imaginären Glatzenhorden sich nicht zeigten. Anscheinend hatten sie keine Lust, einen Abiturienten-Club klein zu hauen, und nach einer Weile stand Felix' und Svens Job infrage. Um ihre Tätigkeit zu rechtfertigen, fingierten zwei Boxfreunde von Felix ihm zuliebe einen Überfall. Beide waren kahl rasiert, einer hatte auf dem Kopf ein Hakenkreuz tätowiert, und sie hatten sich für ihren Auftritt extra Bomberjacken und Springerstiefel besorgt, genau das Richtige zum Abiturientengruseln.

Sie war nicht im Jojo an jenem Abend, als die beiden kamen und Felix sie grinsend einließ. Die vermeintlichen Schläger setzten sich sofort an die Bar im ersten Stock und begannen den Barmann anzupöbeln; sie behaupteten, das Bier sei schal, nannten ihn «Schwuchtel» und «Zecke». Wundersamerweise reagierte der Barmann nicht, sondern putzte weiter Gläser und zapfte tapfer weiter Bier. Die beiden bestellten drei Whisky und schütteten einen davon mit den Worten «Der ist für dich» dem Barkeeper ins Gesicht. Der trocknete sich behutsam mit einem Handtuch ab und sagte nur: «Ich will keinen Stress.»

Felix' Kumpels konnten es nicht fassen. In ihrer Welt hätte jetzt das schönste Gemetzel eingesetzt und der Typ wollte über alles reden. Ihr Plan schien in Gefahr. Zwischendurch konsultierten sie heimlich Felix und fragten, was sie machen sollten, niemand lasse sich provozieren. Er bat sie, durchzuhalten und es weiter zu versuchen. Also torkelten die beiden in den Kinosaal, wo sich ein paar Leute einen Film ansahen, und stellten sich, Naziparolen brüllend, direkt vor die Leinwand. Es passierte wieder nichts. Völlig verzweifelt schlichen sie zu Felix, dem auch nichts mehr einfiel.

Also liefen die zwei weiter durchs Jojo und beleidigten jeden, der ihnen begegnete. Endlich rief jemand die Türsteher Felix und Sven zu Hilfe. Am Ende kam es doch noch zu einer kleinen Schlägerei, die sie vorher genau einstudiert hatten. Aber die Choreographie klappte nicht so, wie sie es geprobt hatten. Einer hatte danach ein völlig zugeschwollenes Auge und die beiden mussten vor der herannahenden Polizei fliehen und sich auf dem Klo eines der umliegenden Restaurants verstecken. Felix behielt seinen Job.

Nebenbei handelte er mit geklauten Fahrrädern, er hatte ihr damals auch eins besorgt. Eines Tages bestellte er sie in einen unbekannten Hausflur nach Schöneweide. Er empfing sie vor der Tür, im Treppenhaus wartete ihr neues schwarz-violettes Mountainbike. Es kostete nur 50 Mark und sie kann sich nicht daran erinnern, ihn gefragt zu haben, woher es kam. Sie hatte nur flüchtig registriert, dass er anscheinend Kontakte zu Menschen hatte, die solche Sachen besorgen konnten, wahrscheinlich auch andere Sachen. Felix und zwei Freunde luden das Rad in einen Transporter und lieferten es ihr direkt bis vor die Haustür. Sie hatte sich keine Gedanken darüber gemacht. Eigentlich brauchte sie das Rad gar nicht, es verrostete später einsam und ungenutzt auf ihrem Hinterhof.

Felix und sie sahen sich oft in den zwei Jahren nach dem Mauerfall: Er fuhr sie mit seinem Auto irgendwohin, half ihr, Dinge für ihre erste eigene Wohnung in Prenzlauer Berg zu kaufen, brachte Freundinnen von ihr zum Flughafen. Im Nachhinein erschien es ihr fast, als hätte sie ihn ein wenig ausgenutzt. Zu allen, die sie ihm vorstellte, war er zuvorkommend freundlich, lächelte, ihre Freunde mochten ihn, er hatte die Gabe, Menschen für sich einzunehmen. Sanft und ein bisschen schüchtern sah er sie von unten an, hörte ihnen aufmerksam zu, gab ihnen das Gefühl, er sei nur für sie da. Von seinen Freunden kannte sie nur ein paar aus seiner alten Schule in Johannisthal und Sven vom Jojo. Seine verschiedenen Bekanntenkreise hielt er nach wie vor getrennt. Vielleicht ahnte er, dass sie nicht zusammenpassen würden.

Er war meist zu ihr gekommen, sie war seltener eine Stunde

quer durch die Stadt zu ihm gefahren, um ihn im Zimmer bei seinen Großeltern zu besuchen. Eines Abends, es war an seinem Geburtstag, fing er wieder an, seinen Arm um ihre Schultern zu legen und sie zu erinnern, dass es damals doch ganz schön mit ihnen gewesen sei. Sie war zu der Zeit immer noch mit dem Jungen zusammen, den sie nach Felix kennen gelernt hatte, und diese sehr intensive und komplizierte Fernbeziehung nach Wien beherrschte ihr ganzes Denken. Sie hatten eine Nacht bei Felix im Zimmer auf dem Bett unterm Fenster gesessen und geredet; sie hatte sich der Situation entzogen, indem sie ihm sagte, dass sie in einen anderen verliebt sei, aber sie wollte ihn auch nicht kränken.

Am nächsten Morgen begleitete er sie noch zum S-Bahnhof Schöneweide, schaute sie traurig an und dann fuhr sie. Für die meisten Freundschaften hätte das das Ende bedeutet. Nach einer kurzen Pause sahen sie sich wieder öfter, im Jojo oder sie gingen zusammen mit Freunden von ihr in den Dicken Engel, eine ihrer Lieblingskneipen damals. Der Dicke Engel war in Moabit, ein riesiger Engel aus Pappe schwebte über dem Gastraum, ihre beste Freundin kellnerte hier und sie sahen ihr dabei zu, wie sie sich mit ihrem Chef stritt und mit dem schwulen Barkeeper kicherte. Felix trank ab und an ein kleines Bier, höchstens. Sie wusste, dass er jeden Tag zum Training ging, dass er permanent dabei war, sich von diversen Verletzungen zu erholen, und dass er vom Karate erst zum Boxen und dann zum Kickboxen gekommen war – obwohl er ihr jahrelang von der Langsamkeit und Unbeweglichkeit des Boxers an sich gepredigt hatte. «Boxer sind das Letzte», hatte er einmal gesagt, mit seiner kompromisslosen Bestimmtheit, die keinen Widerspruch duldete.

Ab und zu trat Felix nach der Wende auch in ominösen Kampfshows auf. Ende der achtziger Jahre lief der Film *Bloodsport* mit Jean-Claude Van Damme in den Kinos, darin reiste der

Protagonist nach Hongkong zu einem legendären Kampfsportwettbewerb, bei dem sich die Gegner manchmal bis zum Tode schlugen. Der Film entzündete im Westen die Begeisterung für Karate und Kickboxen. Felix und sein Freund Alex versuchten, mit dem neuen Interesse für Kampfsportarten Geld zu verdienen, und dachten sich eine Karateshow aus.

Mit Alex verband Felix eine lange Geschichte. Alex war einer der Kahlrasierten, der den Überfall auf das Jojo mit vorgetäuscht hatte. Er trägt noch immer Glatze, ist 40, zehn Jahre älter als Felix, und war zu DDR-Zeiten Stuntman. Jetzt hat er Familie, eine Wohnung mit Antiquitäten, ist Vertreter für Tütensuppen und trainiert täglich Kickboxen. Alex ist ein kleiner Mann mit einem runden Gesicht und breiten Schultern, der manchmal im falschen Moment das Falsche sagt und deshalb in der Kampfsport- und Türsteherszene immer zwischen allen steht. Er verspricht gern viel, vergisst es dann aber oft wieder, auch Felix hat viele Male vergeblich auf seinen Anruf gewartet.

Sie lernte Alex erst kennen, als Felix schon im Gefängnis saß, es war ein merkwürdiges Zusammentreffen in einem Café. Felix' Mutter und sein Großvater waren auch dabei. Alex war an jenem Tag alle fünf Minuten vom Tisch aufgestanden und hatte vor der Tür mit verschiedenen Handys telefoniert. Irgendwann musste er dann plötzlich sehr schnell gehen.

Erst später hatte sie gemerkt, dass das Teil der Show war und eigentlich nicht viel zu bedeuten hatte. Alex war ungeachtet seiner Unzuverlässigkeit einer derjenigen, die Felix immer geholfen hatten, er hatte ihm über die Jahre mehrere tausend Mark geliehen für Krankenkassenrechnungen oder Strafbefehle. Manchmal beschlich Alex der Verdacht, Felix komme nur zu ihm, wenn er etwas wolle. Er erinnert sich, wie Felix ihn angesehen hatte, als er diesen Verdacht äußerte: ein wenig hilflos, traurig und sehr ernst. Letztendlich hat Alex ihm immer etwas gegeben. Dafür verteidigte Felix ihn in der Szene gegenüber den anderen. Alex sagt ihr, er habe nie jemanden getroffen, der sich wie Felix innerhalb einer Minute in zwei Wesen spalten könne. Einmal war er mit ihm nach Potsdam gefahren, als ein anderer Autofahrer Felix' Wagen den Weg abschnitt. Felix sprang aus seinem Auto, schlug dem anderen mit der Faust die Windschutzscheibe ein, stieg ruhig wieder ein, drehte die Musik von Bach lauter und fuhr weiter. Alex hatte dazu nicht viel gesagt, sich nur still gewundert, er kannte Felix' Ausbrüche schon.

Sie hatten sich noch zu DDR-Zeiten beim Karatetraining kennen gelernt und einander erst überhaupt nicht gemocht: «Wenn du Felix nicht zweimal in der Woche bestätigt hast, dass er toll ist, hat er dich nicht akzeptiert», sagt Alex. Dann hatten sie sich zu einem Kampf in einer Turnhalle herausgefordert, Alex hatte siegessicher seine Freundin mitgebracht, und es waren noch ein paar andere Bekannte vom Training gekommen. «Drei Runden haben wir aufeinander eingehauen», sagt Alex und grinst. «Felix war wie ein Geistesgestörter.» Am Ende hatte Alex Felix' Fußabdrücke am ganzen Körper und hatte sich nur noch gewehrt, um nicht völlig das Gesicht zu verlieren. Danach war Alex beeindruckt von diesem «kleinen, wilden Mann». Es war der Beginn ihrer Freundschaft.

Nach dem Mauerfall tourten sie gemeinsam mit einer Karateshow durch Deutschland, bei der Felix einige Katas lief, in den Spagat glitt, sich einen Apfel auf seinem nackten Bauch zerteilen ließ und mehrere Ziegel mit gedrehten Seitenkicks zertrat, was das Publikum stets sehr beeindruckte. Zum Schluss verbeugten sie sich und die Gäste enterten das Büffet. Sie hatten die Show ein paar Mal aufgeführt, bis die Exotik vergangen war und niemand sie mehr sehen wollte.

Zu Ostzeiten waren Felix und Alex noch in einer anderen Bühnenshow aufgetreten, die von einem bekannten und vermögenden Ostberliner Galeristen organisiert worden war. Es war eine Art Frisuren- und Modenschau mit einer Stuntdarbietung von Alex und einer kleinen Kampfsporteinlage von Felix, der immer als «Karateweltmeister» angekündigt wurde.

«Felix war ein einmaliges Talent», schwärmt der Galerist noch heute. Sie sucht ihn in einem beigefarbenen Friseursalon in der Nähe des Hauptbahnhofs auf, er sitzt in einem Stuhl und lässt sich von zwei Mädchen die Glatze frisch rasieren. Nachher gehen sie in ein Restaurant, wo die ganze Zeit ein Versicherungsvertreter am Tisch wartet, er hat handgeschriebene Zettel mitgebracht und möchte den Galeristen von seinen Angeboten überzeugen. Der Galerist wirkt nicht besonders interessiert, er isst eine Kartoffelsuppe und preist Felix' Talente als Sportler und Schläger.

Es gab immer viele, die sich gern in Felix' Nähe zeigten. Von ihm ging ein gewisser Glanz aus, eine Mischung aus unterdrückter Aggressivität, extremer Intensität und absoluter Liebenswürdigkeit. Zudem benutzte der Galerist ihn bei seinen Auftritten als Bodyguard. Wenn sie gemeinsam unterwegs waren und es Ärger gab, durfte Felix aufstehen und die Gegner zusammenschlagen. Der Galerist erzählt begeistert, wie Felix eine ganze Gruppe von FDJlern fertig gemacht und wie er einmal einem Mann direkt durch die splitternde Autoscheibe hindurch eine reingehauen habe.

«Er hat immer gewonnen», sagt der Galerist und lächelt versonnen. Einmal, so erzählt man sich, habe Felix sogar den eigenen Sohn des Galeristen verprügeln sollen. Nachher erzählte Felix seinen Freunden, wie abartig er das fände, gemacht hat er es anscheinend trotzdem.

Nachdem Felix 1992 bei seinen Großeltern ausgezogen war, wohnte er eine Zeit lang in einem runtergekommen Haus in Prenzlauer Berg, das dem Galeristen gehört haben soll. Er lebte in einer kleinen Einzimmerwohnung im Hinterhof ganz oben. Felix musste für die Wohnung nichts zahlen, dafür ließ ihn der

Galerist dort angeblich die Treppen putzen und die ausstehenden Mieten der Nachbarn eintreiben.

Sie war nie in dieser Wohnung gewesen. Es war die Zeit, in der sich ihre Wege vorerst trennten. Sie hatte die Schule beendet und ihr damaliger Freund war von Wien nach Berlin gezogen, sodass sie an den Wochenenden nur noch selten im Jojo vorbeischaute. Dass Felix darüber gekränkt und enttäuscht war, hatte sie erst von ihren Freundinnen erfahren. Als sie dann eines Abends ins Jojo kam, sah er sie kaum an, nickte nur stumm und drehte sich um. Geredet hatte er mit ihr darüber nie. Menschen, die ihn seiner Ansicht nach «verraten» hatten, strafte er nach außen hin mit demonstrativer Nichtachtung, Schweigen und Abkehr. Im Stillen trauerte er um die Verlorenen, aber das begriff sie erst viel später.

Kurz darauf ging sie für eine Weile nach Italien, schrieb ihm von dort noch einmal einen Brief und entschuldigte sich. Er hatte nicht geantwortet. Als sie wiederkam, trafen sie sich bei einer ihrer Freundinnen in der Wohnung, sie saßen am runden Tisch im Erker und hatten sich nichts zu sagen. Sie redete zu viel, war begeistert von Italien, wollte anfangen zu studieren. Felix befand sich in einer ganz anderen Phase seines Lebens, hatte keinen richtigen Job, kein Geld und plante, einen «Massagesalon» zu eröffnen. Er schwieg fast die ganze Zeit und betrachtete sie ab und zu feindselig von der Seite. Es sah aus wie das Ende ihrer Freundschaft und für lange Zeit sollte dieses Treffen auch ihre letzte Begegnung sein.

6 Etwa in dieser Zeit, um 1992, muss es gewesen sein, dass Felix Marco kennen lernte. Marco war einer seiner Schüler im fitpoint, einem Fitnessstudio in Pankow, in dem Felix inzwischen als Kickbox-Trainer arbeitete. Sie mochten sich, Marco bewunderte Felix' Kampfkünste und Felix den Älteren, der gute Kontakte in alle Richtungen zu haben schien. Marco war 1989 kurz vor dem Mauerfall aus der DDR nach Westberlin ausgereist.

In Marcos Geschichte sind Wahrheit und Fiktion oft nicht genau voneinander zu unterscheiden. Er versteht es, Mythen und Legenden über sich zu entwerfen und gekonnt zu verbreiten, verbirgt sich gern hinter der Maske des Geheimnisvollen. Sicher scheint zu sein, dass er Anfang der sechziger Jahre in Karl-Marx-Stadt (heute Chemnitz) geboren wurde und zusammen mit drei Geschwistern aufwuchs. Das Familienleben war von Angst geprägt, Angst vor den Prügeln und Misshandlungen des Vaters. So verging jeder Tag, bis der Vater eines Tages den kleineren Bruder von Marco totschlug. Dafür ging er in der DDR drei Jahre und sechs Monate ins Gefängnis.

Marco soll derjenige gewesen sein, der versuchte, die anderen Geschwister zu beschützen. Er selbst hat dazu nie etwas gesagt. Vor Gericht gab er später an, seinen Vater nicht zu kennen. Marcos Leben verlief zunächst ohne große Ereignisse, er schloss nach der 10. Klasse die Schule ab, machte eine Lehre als Maurer und eine als Fachverkäufer für Möbel, er heiratete 1982 zum ersten Mal und 1986 zum zweiten Mal. Und er war immer Anhänger des BFC Dynamo, schlug sich schon zu DDR-Zeiten mit gegnerischen Fans.

Sie hatte Marco nie persönlich kennen gelernt. Erst als Felix verschwunden war, schrieb sie ihm. Danach rief er sie aus dem Gefängnis an, immer samstags ganz früh, über mehrere Monate. Für sie war er nur die Stimme, mit der sie alle möglichen Geschichten und Gerüchte assoziierte. Sie wusste auch nicht, wo er saß, sein Aufenthaltsort wurde geheim gehalten. Zu Beginn hatte sie sich manchmal vor ihm gefürchtet, sie hatte Angst vor ihrer eigenen Reaktion, davor, dass sie gar nicht mit ihm sprechen könne. Im Stillen gab sie Marco ein wenig die Schuld an Felix' Festnahme. Er hatte ihn verraten. Sie wollte ihn fragen, warum und wie er mit seiner Entscheidung leben könne. Auch wenn sie wusste, dass es nicht so leicht war, die Dinge nicht so eindeutig lagen. Vielleicht sehnte sie sich einfach nach einem Schuldigen, der die Verantwortung für Felix' Geschichte tragen musste. Natürlich gab es keinen. Nirgends.

Am Telefon lachte Marco viel. Es war dieses Lachen, das sie verstörte, nichts war lustig und sie lachte auch noch mit. Sie fühlte sich seltsam, als übte sie nachträglich Verrat an Felix und würde zu Marcos Komplizin. Marco konnte in einem Augenblick sympathisch ironisch wirken und im nächsten unsympathisch clever. Er probierte verschiedene provozierende Sätze an ihr aus, um eine bestimmte Reaktion zu erzeugen. Ein Polizeibeamter beschrieb Marco ihr gegenüber später einmal mit einem Wort: «Manipulator».

Manchmal versuchte sie, sich vorzustellen, wie er im Gefängnis irgendwo in Deutschland stand, in einem kahlen Flur, den Telefonhörer in der Hand. Den Apparat musste er permanent verteidigen, es gab nur einen, und sie hörte die fordernden Stimmen der anderen Häftlinge im Hintergrund. Ab und zu wurden sie von Alarm unterbrochen, die Sirene tönte in ihrem Ohr, dann wurde die Leitung automatisch gekappt. Es schien, als lebe Marco in einem fernen Universum, das nur durch ein einziges sensibles Telefonkabel mit der Erde Verbindung hielt. Einige Monate später entscheidet er sich dagegen, dass seine

Aussagen für dieses Buch verwendet werden. Obwohl er am Anfang den Interviews zugestimmt hatte.

Einmal hatte sie Marco im Gerichtssaal in Moabit gesehen. Er hatte rechts ganz am Ende eines langen Tisches gesessen, hinter seinem Anwalt. Er war nicht sehr groß, hatte einen gedrungenen, kräftigen Körper, trug einen schmalen Lederschlips, wie es in der DDR schick gewesen war, und hatte seine langen Haare nach hinten zu einem Zopf gebunden. Deshalb nannten ihn alle nur «Zopf».

Marco schrieb alles mit, was gesagt wurde. Neben ihm stand ein Wachmann, falls einer der anderen Angeklagten oder der Zuschauer auf die Idee kommen sollte, sich auf den Kronzeugen zu stürzen. Felix saß ihm gegenüber am anderen Ende des Tisches, in der Nähe der Zuschauer. Ab und zu blickte er sehr ernst zu Marco hinüber. Vielleicht dachte er daran, wie er ihm damals zum ersten Mal im Fitnessstudio begegnet und was nun daraus geworden war.

Als Felix Marco traf, war der bereits Türsteher, alte BFC-Kontakte. Vorher hatte er eine kurze Zeit als Busfahrer gearbeitet. Marco schätzte Felix' sportliche Fähigkeiten und er führte ihn in die Türsteherszene ein, die sich in Ostberlin gerade aus der Hooliganszene herausbildete.

Felix' Job im Jojo-Club mutete dagegen an wie die Arbeit am Eingang einer Kindertagestätte. 1993 musste das Jojo schließen. Es war nicht leicht, Felix als Türsteher zu vermitteln – wegen seiner Hautfarbe. Und das in Zeiten von Rostock-Lichtenhagen und Hoyerswerda, wo DDR-Bürger Ausländer mit Molotowcocktails und Steinen aus ihren Wohngebieten vertrieben. Außerdem war Felix klein und wirkte beinahe schmächtig – jemand, den die Gäste eher als Provokation auffassten, nicht als Abschreckung. Marco schaffte es, ihm eine Stelle an der Garderobe der Venus, eines Clubs in Hohenschönhausen zu besorgen. Die Venus war eine dieser Diskos, die aus ehemaligen Mehrzweckgaststätten hervorgegangen waren und bevorzugt in den großen Neubaugebieten der Städte gebaut wurden, als kleine Betoninseln des Amüsements.

Felix musste sich hier einen Namen machen, anders würde er in dieser Szene nie akzeptiert werden, das war klar. Niemand kannte ihn, keiner wusste von seinen Kampfkünsten, und in dieser Welt erwarb man Respekt nur durchs Schlagen, das «Weghauen» von anderen. Sie versuchte sich vorzustellen, wie Felix dort an der Garderobe saß, schweigend die anderen beobachtete. Er, dessen Familie die Schriftstellerin Nadine Gordimer verehrte, der stundenlang Bach hörte. Warum er sich für die Venus-Welt entschieden hatte, wusste er wahrscheinlich selbst nicht genau.

Marco hatte nebenbei noch ein Restaurant in der Nähe der Friedrichstraße eröffnet, Felix bewachte dort im Anzug die Tür. Kurz darauf verwandelte sich die Friedrichstraße in eine einzige große Baustelle, die Gäste blieben aus und Marco musste schließen. Er hatte sich hoch verschuldet. Die Geschichte, die damals Tausenden Ostdeutschen passiert ist.

Wahrscheinlich hat Marco diese Erfahrung verändert: Eine Mischung aus Wut, Enttäuschung und dem Gefühl, betrogen worden zu sein, führte wohl dazu, dass er entschied, seine legale Existenz zu beenden.

Durch die Arbeit an den Türen lernten Marco und Felix Klein- und Großkriminelle jeglicher Art kennen. Jeder, der irgendetwas verkaufen wollte, musste zuerst an ihnen vorbei. Sie wussten, wer Hehler war, wer Zuhälter und wer Dealer. Man musste nur noch mit ihnen ins Geschäft kommen. Alles schien möglich. Viel wurde nur gekauft, damit die Verkäufer es weitererzählen. So besaß Marco etwa einmal eine Pumpgun. Er hätte auch einen Panzer bestellen können. In der Szene ist dann bekannt: Der hat eine scharfe Waffe, der muss gefährlich sein.

Die ganze Türsteher-, Kampfsport-, BFC-Szene fing Anfang bis Mitte der neunziger Jahre an, sich allmählich zu kriminalisieren. Das große Geld in kurzer Zeit gab es nur illegal mit Drogen- und Waffenhandel, Geldeintreiberei und auch mit Prostitution. Erst waren die Kinder der DDR davor noch zurückgeschreckt: Jahrelang hatten ihre Lehrer Drogen und Prostitution als die schlimmsten kapitalistischen Sünden angeprangert. Aber auch diese letzten Vorbehalte vergaßen sie ziemlich schnell. Jeder kannte die Abschreckungsbilder von den Mädchen mit den kurzen Röcken, die aussahen, als wären sie gestern erst sechzehn geworden, und die der Fixer, die sich auf einem schmuddeligen Bahnhofsklo den goldenen Schuss setzten. Nur hatten solche Bilder merkwürdig wenig mit ihnen zu tun. Es war dieses Gefühl, sie müssten nur noch zugreifen und alles würde ihnen gehören. Der Kapitalismus war da, es blieb keine Zeit mehr zum Nachdenken.

Felix bewunderte Marco, den älteren Freund, der bald Mercedes S-Klasse fuhr, durch die Welt reiste, die Menschen scheinbar mühelos dazu brachte, dass sie machten, was er von ihnen wollte. Ein Erfolgsmensch. Außerdem verspürte Felix keine große Lust dazu, jeden Tag acht Stunden arbeiten zu gehen, und das für einen in seinen Augen lächerlichen Lohn.

1992 und 1993 waren die Jahre in Felix' Leben, in denen alles gleichzeitig zu geschehen schien, eine rastlose Aufeinanderfolge von Ereignissen. Der Abschied von seinem alten Leben als Freizeit-Einlasser, der Eintritt in die professionelle Ostberliner Türsteherszene, neue Freunde. Schließlich führte ihn Marco beim BFC Dynamo und den anschließenden Schlägereien ein. Marco wusste, Felix konnte zuschlagen und zudem immer noch ein paar andere gute Kämpfer mobilisieren.

Auch in der DDR gab es Schlägereien während und nach Fußballspielen. Und schon damals wurden die Fans vom BFC gehasst: Er galt als der Stasiverein, weil Staatssicherheitschef

Erich Mielke Präsident des Sportclubs Dynamo war, zu dem auch der BFC gehörte. Mielke war ein großer BFC-Fan und schaute oft persönlich bei den Spielen vorbei. Einige Schiedsrichterentscheidungen von damals gelten bis heute als etwas unklar. Trotzdem war der BFC zehnmal in Folge DDR-Meister; mit oder ohne Hilfe Mielkes – darüber können sich Fans und Gegner heute noch streiten, als hinge ihr Leben davon ab.

Für die Anhänger des BFC war es immer eine seltsame Genugtuung, von allen gehasst und als «Stasis» beschimpft zu werden. Sie empfanden sich als eine Art elitärer Außenseiter, die sich für das begeisterten, was die Mehrheit ablehnte. Sich aus der Menge herausheben, anders sein als die anderen um jeden Preis, das war ihr Ziel. Bis heute kokettieren sie mit der Abneigung, die ihnen entgegenschlägt. In ihren Autos hängen noch immer Spruchbänder mit Aufschriften wie: *Euer Hass macht uns härter* oder *BFC – gehasst und gefürchtet.* Es wirkt, als seien sie stolz darauf, dass kaum einer sie mag. Nach der Wende kam der harte Abstieg bis in die vierte Liga. Die besten Spieler wurden von anderen Clubs abgeworben, der Ruf als Stasiverein und Hooligan-Club half nicht gerade bei der Sponsorensuche. Während der Club abstieg, stiegen die Fans auf in der gesamtdeutschen Hooligan-Hierarchie.

Einmal war sie zu einem Auswärtsspiel gegangen, sie wollte es sich wenigstens mal ansehen. Der BFC trat an jenem Tag gegen Motor Eberswalde an. Das Stadion lag an der Hauptstraße von Eberswalde und war eigentlich nur eine Wiese mit wenigen Bankreihen darum. Nebenan im Sportzentrum gab es eine «Live-Erotik-Messe», vor dem Eingang des Stadions forderte ein BFC-Anhänger *Zyklon B für alle Unioner.* Aber die waren nicht da. Sie spielten unerreichbar in der dritten, der nächsthöheren Liga.

Das Spiel hatte noch nicht begonnen, die Fans sangen im Chor: «Dy-, Dy-, Dy-na-mo. Ein Schuss, ein Tor, Dynamo!» Im

Stadion wurde die Schlange vor dem Bierstand immer länger, einigen fiel es schon schwer, das Gleichgewicht zu halten, später kotzte einer aus der Schlange seinem Nachbarn auf die Jacke. Sie konnte sich Felix hier überhaupt nicht vorstellen, aber er war ja auch nur selten zu den Spielen gegangen. Die Menge bestand fast ausschließlich aus kurzhaarigen jungen Männern in Bomberjacken. Die Stimmung war schon vor dem Spiel angespannt, als würden alle darauf warten, dass irgendetwas passierte, jemand etwas Falsches sagte und sie sich dann auf ihn stürzen konnten. Sie versuchte den Ausgang im Blick zu behalten, damit sie schnell fliehen konnte, falls es zu einer Massenprügelei kommen sollte.

Die BFCler lagen schon in der ersten Halbzeit vorn, die Eberswalder wirkten völlig orientierungslos. Die Stimmung besserte sich ein wenig, bis ein Eberswalder Spieler einen BFC-Spieler foulte und noch nachtrat. Der BFC-Fanblock war kurz vorm Ausrasten. Der Eberswalder bekam die rote Karte und lief vom Platz. Kurz vor der Umkleidekabine wurde er von einigen BFClern umstellt und beschimpft. Der Spieler blieb stehen und für einen Moment sah es aus, als würden sie sich jetzt schlagen. Er verschwand dann aber doch in seiner Kabine.

Der BFC hatte damals eine blonde Frau als Präsidentin, sie unternahm während des Spiels einen Spaziergang in Richtung Fanblock. «Siebzehn Jahr, blondes Haar …», scholl es ihr entgegen. Und «Ausziehen, ausziehen», forderten die Fans. Die Präsidentin lachte, ob aus Scham, Verzweiflung oder wirklichem Amüsement, war nicht zu erkennen. Zum Glück ging das Spiel gut aus. Der BFC gewann mit 4:0. Danach umringten die Fans die Umkleidekabinen, reckten ihre Arme den Spielern entgegen und sangen «Von Moskau bis nach Stalingrad immer wieder BFC».

Auf dem Weg zu ihrem Auto bekam sie noch mit, wie mehrere BFC-Fans einen Bus in ihre Gewalt brachten: Sie stellten sich mitten auf die Straße und zwangen ihn so zum Anhalten, dann stiegen sie ein und begannen kollektiv zu hüpfen, bis der ganze Bus bebte. Sie sah die erschrockenen Gesichter der anderen Busreisenden, der Bus wurde schließlich von Polizeiwagen umringt und eskortiert. Sie hatte das Gefühl, es sei harmlos abgegangen, sie hätten noch ganz andere Kräfte entfesseln können. Die totale Anarchie blieb an jenem Tag aus.

Sie hatte gesehen, dass es ihnen Spaß machte, andere zu schockieren. Am Anfang muss es ihnen gefallen haben, den Westen zu erschüttern, als böse, unbekannte Schläger aus dem Osten. Sie begannen bei ihren Prügeleien im Stadion «Sieg Heil» zu brüllen, obwohl nicht einmal die Polizei sie als rechtsextrem einstufte. Dafür waren sie zu unpolitisch, diffus deutsch-national. Dass Felix jemals «Sieg Heil» geschrien hatte, glaubt sie nicht. Bei einem Dunkelhäutigen, dessen Großeltern aus Südafrika flüchten mussten, verbot sich das einfach. Aber ganz sicher war sie sich nicht.

Für Felix bedeutete seine Teilnahme an den Fußballschlägereien die vollständige Akzeptanz in der Türsteherszene, weil beide Szenen ineinander verwoben waren. Sie kannten sich alle schon aus dem Osten und schworen Zusammenhalt in der neuen veränderten Umwelt. So schufen sie eine Art Parallelwelt, die der allgemeinen Auflösung entgegenwirken und vertuschen sollte, dass sie den Überblick eigentlich längst verloren hatten. Viele von ihnen, wenn auch nicht alle, waren nach dem Mauerfall irgendwie gestrandet, hatten die Jobs oder ihre Ausbildungsplätze verloren und ihren Eltern dabei zugeschaut, wie deren Leben sich zersetzte. Sie ordneten sich streng hierarchisch und versuchten so, ihrem Dasein die alte Eindeutigkeit zurückzugeben. Sie erfanden ein eigenes Begrüßungsritual: Statt sich wie die Ausländer zu küssen, legten sie die linken Schläfen aneinander. Wenn sie beide Schläfen abwechselnd aneinander hielten, hieß das, dass diejenigen inniger miteinander verbunden waren. Und sie stellten ihre eigenen Regeln auf: «Ehre, Ritterlichkeit, Vertrauen» galten als oberste Tugenden. Auch wenn das nicht lange gut gehen konnte, glaubten sie daran. Sie bildeten eine nach außen hin geschlossene Gruppe, die der Gesellschaft demonstrieren sollte: «Wir sind anders.» In einer Zeit, in der die meisten Ex-DDR-Bürger versuchten, ihre Herkunft zu verschleiern oder zu vergessen, tätowierten sie sich *Eastside* auf die Bäuche. Die meisten anderen wollten sich schnell anpassen, schnell Westler werden, also wollten sie eben Ostler bleiben.

Nach und nach übernahmen sie die großen Diskotheken in Ostberlin und teilten sie Anfang der neunziger Jahre, als sie noch nicht zerstritten und verfeindet waren, unter sich auf. Sie waren sich einig in ihrem Hass gegen die Ausländer, die in Westberlin das Türgeschäft beherrschten. Damals regierten drei «Dons», wie in der sizilianischen Mafia. Sie residierten in der Disko Venus, wo Felix ab und zu an der Garderobe arbeitete. Jeden Abend saßen sie dort, warteten und kassierten ihren Anteil von den Türstehern. Es muss eine merkwürdige Szenerie gewesen sein: Drei Männer hockten in einer Mehrzweckgaststätte im Neubaugebiet, die Möbel stammten noch aus der DDR, und harrten darauf, dass ihre Leute vorbeikamen und Geld an sie abdrückten. Verkehrte Welt. Später, sagen die einen, koksten sie sich das Hirn mürbe, die anderen sagen, sie paktierten mit den Ausländern, den «Kanaken», und deshalb habe sich die Szene in mehrere verfeindete Gruppen gespalten. Vielleicht war es zu Beginn noch ein Spiel, eine Art Gangsterfilm, in der jeder austestete, wie weit er in der neuen Freiheit gehen könnte. Schon bald sollte es Ernst werden.

Ungefähr zu dieser Zeit wollte der Galerist, den Felix kannte, mit ihm gemeinsam ein privates Trainingszentrum eröffnen. Felix sollte dort in «gepflegtem Ambiente» Geschäftsleute Selbstverteidigung lehren. «Irgendwann ist Felix auf die grandiose Idee gekommen, ein paar Frauen anzustellen», sagt der Galerist. Andere sagen, Felix habe den Galeristen aus dem Geschäft gedrängt und Marco sei an dessen Stelle eingestiegen.

Bald wurde ihr klar, dass sie wohl nie die ganze Wahrheit erfahren würde. Jeder in der Szene erzählt die Geschichte, in der er selbst am besten aussieht, und es kursieren immer mehrere Versionen von ein und demselben Geschehen. Meist ist es unmöglich, hinter den widersprüchlichen Angaben die Wirklichkeit zu erkennen. Tatsache war, der Galerist war draußen.

Aus dem Trainingszentrum wurde schließlich ein Massagesalon. Felix hatte ihr, als sie noch nicht zerstritten waren, davon erzählt. «Alles ist rein physiotherapeutisch», hatte er gesagt. Sie hatte sich für ihn gefreut und es geglaubt. Alles andere war für sie zu dieser Zeit unvorstellbar. Der Massagesalon lag in der Seumestraße, einer traurigen, unbelebten Straße in Friedrichshain, in einem grauen Haus Parterre links. Felix' Freund Alex ging einmal hin, um sich massieren zu lassen, auch er hatte diese Version geglaubt, bis ihn das Mädchen bat, die Hose auszuziehen. Da ergriff er die Flucht.

Die Frauen waren wie Krankenschwestern gekleidet. Vier arbeiteten in zwei Schichten, sie zahlten eine bestimmte Summe am Tag «Pacht» an Felix, den offiziellen Betreiber. Es lief ganz gut, bald eröffneten sie ganz in der Nähe einen zweiten Laden. Felix schaute ein paar Mal am Tag vorbei, sah nach den Frauen und machte am Abend die Abrechnung. Ob er darüber nachdachte, was er machte? Wer weiß, es ließ sich nicht schlecht davon leben.

Vielleicht war sie etwas naiv damals, aber dass ihr alter Freund eine Art Zuhälter geworden war, konnte sie schwer begreifen. Oder war sie bloß spießig? Als sie es erfuhr, war es zu spät, er war verschwunden und sie lebte weiter mit den Fragen, die in ihrem Kopf lärmten. Das waren die Momente, in denen sie das Gefühl beschlich, Felix gar nicht gekannt zu haben. Im nächsten Moment schob sich ein anderes Bild vor ihre Augen: wie er lächelnd in ihrer Wohnungstür stand und sagte: «Wenn was ist, ruf an.»

Seine Großmutter hörte ihn einmal am Telefon über «die Mädels» reden.

«Was machst du da?», fragte sie ihn.

Er sah sie nur an und antwortete: «Na und? Das machen doch alle.»

7

Damals sind sie zusammen nach Magdeburg gefahren. Es war Ende der neunziger Jahre. Felix kannte den Ablauf schon. Nachher würden sie sich irgendwo mit den anderen auf einem Parkplatz treffen und noch einmal mit dem Gegner telefonieren, ob er auch kommen würde, wie viele sie seien, wann und wo genau sie sich treffen würden und ob Polizei in der Nähe sei. Von acht vereinbarten Schlägereien klappten vielleicht zwei. Die Magdeburger kannten sie schon aus anderen gemeinsamen Kämpfen gegen Schalke oder Köln. Da standen sie auf derselben Seite. Heute waren sie Feinde für einen Tag.

Im Auto redeten sie darüber, wie sie die anderen zu Boden bringen würden, mit welchen Schlagtechniken und welcher Taktik. Felix saß, wenn er nicht fuhr, meist ruhig auf dem Rücksitz, in sich zurückgezogen, den Blick nach vorn auf die Straße gerichtet. Seine schwarze Bomberjacke hatte er bis oben geschlossen, er hatte ständig Angst vor Erkältungen. In Gedanken lief der bevorstehende Kampf vor ihm ab, es half nicht viel, er konnte nichts vorhersehen.

Im Auto herrschte eine angespannte, ein wenig euphorische Stille, wie vor einem Ereignis, bei dem man nicht weiß, wie es enden wird – im Krankenhaus oder siegreich und unversehrt im Wagen auf der Rückfahrt. Früher war Felix gern zu den verabredeten Schlägereien nach den Fußballspielen gefahren: Es ging darum, sich einen Namen zu machen. Jetzt verspürte er immer weniger Lust mitzufahren, ließ sich Ausreden einfallen, fragte sich, was das alles sollte; aber er musste sich zeigen, eine gute Figur machen.

Alle wollten sie gut aussehen im Kampf nachher. Sebastian neben ihm, der eigentlich Wirtschaft studierte, und Marco, einer ihrer Anführer, der sich schon vom legalen Leben verabschiedet hatte. Es ging darum, ihren Platz in der Hierarchie zu finden, zu bestätigen oder neu zu definieren. Die meisten von ihnen trainierten seit Jahren für diesen Moment, hatten viele lange Stunden in Fitnessstudios verbracht, sich die unterschiedlichsten Kampfsportarten angeeignet, um sie einmal ohne Regeln und ohne Schiedsrichter auszuprobieren. Felix faszinierte genau das, der Straßenkampf Mann gegen Mann, das Extreme, die Grenzenlosigkeit. Es war für ihn der Beweis, dass er auch in der Wirklichkeit bestehen konnte und nicht nur im Übungsraum.

Als sie in Magdeburg ankamen, war es Nachmittag geworden. Sie waren vielleicht dreißig aus Berlin. Die Disko des Gegners lag am Ende einer Einbahnstraße, ein typischer Betonflachbau mit gewelltem Dach, das an eine Schwimmhalle erinnerte. Früher war es einmal eine Mehrzweckgaststätte gewesen, in denen sie alle die Nächte ihrer Jugend verbracht hatten. Davor befand sich ein Parkplatz. Die Magdeburger warteten schon vor der Disko auf sie, fast 80 Mann.

Es begann ein Ritual des sich gegenseitig Beäugens, Beobachtens und Provozierens. Felix und die anderen zogen langsam ihre T-Shirts aus, die Magdeburger behielten sie an, damit man einander nachher in der Schlacht noch unterscheiden konnte. Seine Fäuste umwickelte Felix dick mit Klebeband, sodass sie wie grobe Klumpen aussahen. Sie nannten das «Abtapen». Andere hatten Boxhandschuhe an, die mit Quarzsand gefüllt waren und wie Schlagringe wirkten – eigentlich war so etwas verboten, aber wen interessierte das schon. Manche von ihnen legten Mund- und Tiefschutz an, sie waren keine Anfänger mehr im Schlagen. Sie tänzelten vor und zurück, kickten in die Luft, zielten mit den Fäusten auf ihre Nebenmänner, als ob sie sich für einen Sportwettkampf warm machten. Ab und zu lachte einer viel zu schrill oder brüllte etwas, ansonsten war es still, fast schon unheimlich still, als existiere jeder in diesem letzten Moment vor dem Kampf nur für sich.

Felix konnte spüren, wie seine Gedanken verschwanden, er war jetzt nur noch Körper. Eine Mischung aus Vorfreude, Furcht und Erregung hatte alle anderen Gefühle verdrängt, ihn in Ekstase gehoben. An mögliche Verletzungen dachte er nicht mehr, keiner von ihnen dachte daran, alle waren freiwillig hier und ins Krankenhaus gingen in ihrer Welt nur die «Weicheier» oder die, die gar nicht mehr anders konnten.

Die Berliner, alles Männer mit sehr kurzen Haaren und freigelegten muskulösen Oberkörpern, näherten sich allmählich der Disko der Magdeburger. Ihre Gesichter waren von unterdrückter Angst und Aggressivität seltsam starr, wie erfroren, ihre Körper wirkten steif vor Anspannung. Sie sahen aus, als bräuchte man sie nur anzutippen, damit sie vollkommen ausrasteten. Felix' Mund war so trocken, als hätte er tagelang Zellstoff gekaut, das Schlucken fiel ihm schwer, anderen rann der Schweiß in kleinen Rinnsalen über den Körper. Bloß keine Angst zeigen jetzt. Felix' Hirn signalisierte Flucht, seine Beine liefen trotzdem schneller, in die falsche Richtung. Die Magdeburger kamen ihnen entgegen, beide Parteien musterten einander, schwiegen, musterten einander unablässig und bemühten sich dabei, so gefährlich wie möglich auszusehen. Zehn Meter vor dem Zusammenprall brüllte einer – wer, war schon nicht mehr wichtig: «Los!» Felix begann zu rennen.

Sie versuchte sich vorzustellen, wie er seinen Gegner schlagen und treten würde, wie sein Gesicht dabei aussah, was er fühlen könnte. Am Ende entstand immer nur ein Abziehbild von ihm in ihrem Kopf. Felix hatte ihr einmal erzählt, es sei wie ein Rausch, bei dem man alles vergesse, was einem vorher wichtig gewesen war. Die Welt würde schmal wie ein Tunnel, es existierten nur noch er und der Gegner. Es scheine, als sei jegliches Denken abgeschaltet, die totale Entfesselung der Aggression. Er redete von einem roten Schalter in seinem Kopf, den er umlege und auf Kampf stelle.

Magdeburg war nicht die erste Schlacht, bei der er dabei war, oft stand er ganz vorn in der ersten Reihe, dort wo die Alten, Gestandenen ihren Platz hatten. Andere erzählten ihr, Felix habe immer hohe Tritte platziert, manchmal sei er auch in die Menge gesprungen und habe dabei «Töten» gebrüllt. Es fiel ihr schwer, das zu glauben. Dann sah sie sein Gesicht vor sich, wie er manchmal ausgesehen hatte, wenn er wütend war, die Lippen fest aufeinander gepresst, die Augen weit aufgerissen, den Körper ein wenig gekrümmt, bereit zur Abwehr.

Weil Felix so klein war und auf den ersten Blick nicht besonders kräftig aussah, musste er sich immer doppelt beweisen, sich selbst und den anderen. Seine feinen Schlagtechniken halfen bei den verabredeten Prügeleien nicht viel: Sie dauerten meist nur ein paar Minuten, die Polizei konnte jede Minute auftauchen, da führte nur schnelles, grobes Zuhauen zum Ziel. «Überleben», sagte er einmal, «ist alles, woran man denken kann.» Durchkommen. Felix hatte einen Ruf zu verteidigen: Der haut alle weg, hieß es.

Sein Körper befand sich im Kriegszustand, produzierte zu viel Adrenalin, das ihn berauschte, pumpte Blut in seinen Kopf, sodass sich sein Gesicht rot färbte. Alle Gedanken schienen nur noch aufs Vernichten konzentriert. Er fühlte keinen Schmerz mehr, oder nur wie durch eine dicke Wand hindurch. Angst, Euphorie, Lust auf Gewalt, Spannung mischten sich zu einer Art Schwerelosigkeit, losgelöst von allen irdischen Problemen. Nichts war mehr wichtig. Wer als Erster zuschlug, gewann meist, lautete die Regel. Wenn der erste Schlag traf, änderte sich alles, dann konnte Felix beobachten, wie der andere reagierte, ob er durch seinen Schlag umfiel oder stehen blieb, ob er das Gesicht verzog, sich die Hände schützend vor den Körper hielt, ob sein Blick Unterwerfung oder Aggression zeigte. Irgendwann nahm er auch das nicht mehr wahr, dann war da nur noch Hass, Wut auf alles – auf sein Leben, die ständige Suche nach Geld und Sinn, die Freunde, die Familie und die Frauen, die ihn verlassen hatten und verraten. Irgendetwas hatte hier jeder zu betäuben – wie alle Klischees enthält auch dieses einen Teil Wahrheit, wird aber niemals alles erklären.

Viele, die häufiger zu den organisierten Schlägereien fahren, können sich nachher kaum noch daran erinnern, was eigentlich geschehen ist, was sie getan oder gedacht haben. Es ist, als seien sie zwar dabei, aber irgendwie geistig abwesend gewesen. Ein Freund von Felix erzählte ihr, er sei einmal neben einer Blutlache wieder zu sich gekommen. Sein Gegner lag darin. Wie es dazu gekommen war, konnte er nicht mehr sagen. Er war erschrocken, erschrocken über sich selbst. Das ist wohl die Faszination, dieses Gefühl von Abscheu und Verzückung zugleich, zu bemerken, wozu man fähig sein kann. Es ist das Delirium der Gewalt, der Exzess der Entgrenzung.

Sie hatte immer nach einem Anlass, einem Grund gesucht. Bald wurde ihr klar, es ging dabei um nichts, nicht um Ideologien, wie vielleicht noch in den Straßenschlägereien ihrer Großeltern, und auch die Fußballclubs waren nur ein Vorwand. Es ging ums Schlagen an sich. Deshalb konnten sich die Gruppen manchmal teilen, wenn kein Gegner in der Nähe war, und sich gegenseitig verprügeln.

Damals in Magdeburg waren Felix und die anderen in der Einbahnstraße wie eingeklemmt, sie kamen weder vor noch zurück. Sie hatten sich zu einem schlagenden Knäuel verkeilt und prügelten weiter. Die, die am Boden lagen, wurden nicht mehr angerührt – zumindest war das einmal eine Regel der Hooligans. Inzwischen halten sich auch daran nicht mehr alle. Einer der Anführer, ein Freund von Felix, fiel auf die Straße, stand aber gleich wieder auf. Darum ging es hier: niemals aufgeben, immer wieder aufstehen. Davor sollten sich die Gegner fürchten, und es war gut für den Ruf im Land. Auch Felix hatte schon mit Gipsbein und mit gebrochener Hand weitergekämpft. Ab und zu waren die Zähne seiner Gegner im Fleisch seiner Hand stecken geblieben, später hatte sich die Wunde entzündet und geeitert. Das war dann Stoff für Geschichten und Legenden, die sie sich untereinander noch Jahre später mit einem seltsam entrückten Grinsen im Gesicht erzählten.

Manchmal erschien es Felix, als beobachte er sich selbst von außen, als sei es gar nicht er, der sich hier prügelte. Alles wirkte so unwirklich, wie in einem Film, in dem er selbst die Hauptrolle spielte. Den Schmerz fühlte er erst später, nach dem Kampf. Es war ein Schmerz, der alles andere abtötete, für viele von ihnen vielleicht die einzige Möglichkeit, sich überhaupt noch zu spüren. Neben Gewalt gibt es noch eine andere Empfindung, die berauschen kann: Macht.

«Macht über jemand anders zu haben ist ein tolles Gefühl», sagt Sebastian zu ihr. Er war ein Freund von Felix und damals mit in Magdeburg. Dabei sieht er sie ein wenig herausfordernd an, als erwarte er Widerspruch von ihr. Sie schweigt. Wenn sie ihn und die anderen fragt, warum sie sich schlugen, die Rippen brechen oder die Zähne einhauen ließen, woher die Faszination, die Lust daran rührte, dann bleiben sie merkwürdig stumm, als gäbe es keine Worte für das Erlebte. Die meisten vergleichen es mit dem Adrenalinkick kurz vorm Bungeejumping oder Fallschirmspringen. Nur dass sich da die Gewalt ausschließlich gegen einen selbst richtet.

Auch Felix versuchte einmal, es ihr zu erklären, als sie sich nach vielen Jahren Pause wieder trafen. Es war ein seltsames Gespräch im Café 1900 in Prenzlauer Berg. Dort, wo die Frauen an den Nebentischen lange glatte Haare haben, die mit Sonnenbrille zurückgehalten werden, und sich Seidentücher mit zarten Punkten um den Hals legen. Felix kam gern hierher, um zu frühstücken, er trug immer teure Turnschuhe, Markenjeans, weite Sweatshirts, hatte eine Basecap auf dem Kopf und in seinem linken Ohrläppchen steckte ein goldener Ring. Er suchte sich einen der Korbstühle mit Blick auf den Kollwitzplatz, von wo aus er die vorbeiziehenden Menschen gut im Blick hatte. Das war eine seiner Lieblingsbeschäftigungen, Leute beobachten und dann über sie lästern. Seine Knie zeigten beim Sitzen nach außen, die Arme hielt er vor dem Bauch verschränkt, in dieser Haltung wartete er meist, wenn sie sich begrüßten. Sie trafen sich öfter hier, sie wohnten beide in der Nähe.

Es war sehr heiß an jenem Tag im Sommer 1999 und sie kamen durch Zufall auf Fußball und die Schlägereien. Felix bestellte einen Kirsch-Bananen-Saft und erzählte, dass ihn dieses rohe Mann-gegen-Mann fasziniere, die Ausweglosigkeit der Situation. Das sei die absolut höchste und reinste Form des Kampfes – keine Hilfsmittel oder Waffen, nur das ehrliche Gegeneinander.

«Ich verstehe nicht, was daran so toll sein soll», sagte sie.

Er sprach immer schneller und schaute sie dabei nicht mehr an, seine Augen konzentrierten sich auf einen Punkt neben ihrem Kopf. Zwischendurch blickte er auf sein Glas und rückte es auf dem Tisch hin und her. Sie hatte das Gefühl, dass er solche Gespräche nicht sehr oft führte, dass er sich aber im Stillen darüber freute. Ihr Widerspruch trieb ihn dazu, sich immer stärker zu verteidigen und sie immer stärker zu provozieren. Sie hatte den Eindruck, er teste sie. Wenn er immer weiter ging und sie immer noch sitzen blieb, um ihm zu widersprechen, sei sie das Vertrauen wohl wert.

Felix redete nicht mehr über die Schlägereien, er war inzwischen bei Jagdfliegern und Russlandsoldaten im Zweiten Weltkrieg angelangt, rühmte ihren Opfermut, ihre Tapfer- und Ritterlichkeit. Dabei musterte er sie prüfend, als erwarte er, dass sie ihn gleich als «Nazi» bezeichnen würde. Und es machte ihm Spaß, seine ganze Körperhaltung hatte sich jetzt verändert, sein

Oberkörper war nach vorn geneigt, seine Stimme klang einen Ton tiefer, nachdrücklicher. Er betrachtete sie mit großer Ernsthaftigkeit, als sei jedes ihrer Worte eine Verkündigung. Wenn sie fertig war, behauptete er sofort das Gegenteil.

Sie saßen nun schon seit drei Stunden zusammen, hatten nur einmal kurz das Café gewechselt, sich jeder ein Eis bestellt und weitergestritten. Sie zweifelte alles an, seinen Glauben an Ehre und Ritterlichkeit und seine Forderung nach bedingungsloser Loyalität, sagte ihm, dass kein Mensch fähig sei, diese Ideale permanent zu erfüllen, auch er nicht. Sie setzte sich für die menschlichen Schwächen und Irrtümer ein und kam sich dabei ein bisschen lächerlich vor. Wer wünscht sich nicht die absolute Freundschaft, die hundertprozentige Liebe? Vielleicht war sie ja diejenige, die den Überblick irgendwie verloren hatte. Bedenklich viele ihrer Sätze fingen mit «Ja, aber ...» an. Im Grunde fragte sie sich, woher sein Interesse am Zweiten Weltkrieg rührte, wann er angefangen hatte, Kriegsliteratur zu lesen, und wie das mit seiner Familie, seiner Hautfarbe und seiner Herkunft zusammenpasste. Es war zu viel für einen Nachmittag. Sie hatten ihr Eis aufgegessen, sie hatte ihm zugehört und Felix hatte ihre Gegenargumente und ihr Unverständnis wahrgenommen, aber nicht akzeptiert. Dabei hatte er zu dieser Zeit selbst schon gezweifelt – an dem rückhaltlosen Zusammenhalt, dem unbedingten Einstehen füreinander. Nach außen wahrte er den Schein.

An den Wochenenden der Schlägereien hatte er jetzt andere Dinge zu tun. Einige Berliner Hooligans waren bei der Fußballweltmeisterschaft in Frankreich gewesen, wo der Polizist Daniel Nivel fast zu Tode geschlagen wurde. Danach waren die Treffen noch schwieriger zu organisieren als früher. Felix war unsicher, ob er diese Tat verteidigen oder verabscheuen sollte, das merkte sie, aber letztlich verteidigte er sie dann doch. Damals erschrak sie darüber, wie wenig Mitleid er mit diesem

Mann hatte, der schwer verletzt worden war. Für Felix war der Polizist der Gegner, der damit rechnen musste. Doch er reagierte zu heftig. Es wirkte, als müsse er sich selbst von seinen Argumenten immer wieder überzeugen.

Felix sollte damals mit nach Frankreich fahren, Marco hatte ihn gefragt. Es war ihm zu weit. Vielleicht wusste er auch nicht mehr, was er bei diesen Prügeleien eigentlich sollte. Aber er kannte Marco schon lange und mit einem der verurteilten Mittäter hatte er jahrelang in Brandenburg zusammen als Türsteher vor einer Diskothek gearbeitet. Bei ihrem Gespräch im Café schimpfte er, dass eine Berliner Boulevardzeitung seinen Kumpel als «brutalsten Menschen Berlins» bezeichnet hatte. Felix war einer von ihnen. Sie aufzugeben hätte bedeutet, sich selbst, sein Leben infrage zu stellen.

Damals in Magdeburg hatten die Berliner trotz zahlenmäßiger Unterlegenheit gesiegt und waren sogar noch einmal zurückgekehrt, um «nachzuschlagen». Dann näherte sich die Polizei und sie liefen schnell zu ihren Autos. Auf der Rückfahrt waren sie noch aufgeputscht, high von der Gewalt, und erzählten sich gegenseitig mit lauten Stimmen, wie sie die anderen fertig gemacht hätten, mit welchen genialen Schlägen und Kicks. Es war die Stunde der Heldengeschichten. Während des Kampfes konzentrierte sich jeder nur auf sich und nahm die anderen um sich herum kaum wahr. Jetzt breitete sich ein Gefühl der zufriedenen Mattheit aus, manche von ihnen fuhren danach direkt in eine Disko, um zu trinken, zu feiern und sich vielleicht weiterzuschlagen mit irgendjemand, der dazu bereit war. Felix ging meist nach Hause. Was hat er wohl gedacht, wenn er allein in seine leere Wohnung kam? Wahrscheinlich hat er sich auf sein Bett gelegt, Bach gehört und sich gut gefühlt, wie nach einem Sieg beim Kickboxen.

Die meisten, die zusammen zu den Prügeleien fuhren, kannten sich schon länger, aber oft wurde ihr Verhältnis erst danach enger, als gehöre man nun zum gleichen Club, verschworen gegen die Polizei und gegen die Welt der Normalen, die jeden Morgen zur selben Zeit aufstanden, arbeiten gingen und es aufregend fanden, wenn sie mit ihrem Wagen einmal 180 auf der Autobahn fuhren. Die Polizei kam sowieso fast immer zu spät, auch in Magdeburg, und die Magdeburger hätten nie jemanden angezeigt, auch nicht ihre Gegner. Das wäre schlimmer Verrat gewesen. Schon beim nächsten Mal konnte es sein, dass sie mit den Berlinern zusammen zum Prügeln fuhren. Denn eigentlich war es egal, wer der Gegner war, die Allianzen wurden ständig neu geschlossen. Es gab nur wenige Feinde auf Ewigkeit, wie der 1. FC Union oder Schalke, aber auch diese Animositäten traten in den Hintergrund, sobald es gegen das Ausland oder Ost gegen West ging.

Felix hatte sich nie für Fußball interessiert, wer gewann oder verlor, war ihm gleichgültig. Es war nicht sein Sport. Was hatte er auch mit dem BFC zu tun? Marco hatte ihn gleich nach dem Mauerfall zu den Spielen mitgenommen und eingeführt. Ohne Einführung konnte man bei den verabredeten Schlägereien danach, der «dritten Halbzeit», gleich wieder nach Hause fahren. Das ist bis heute so. Man muss sich kennen, möglichst seit Jahren, und man muss aus diesem Land kommen, das längst untergegangen ist.

Am Anfang, zu Beginn der neunziger Jahre, war die Staatsmacht praktisch nicht vorhanden. Völlig verunsichert von dem Zusammenbruch ihrer staatlichen Ordnung und dem Ausbruch lang angestauter Aggressionen, tauchten die Beamten entweder gar nicht oder viel zu spät am Tatort auf. Sie waren schlecht ausgerüstet und unvorbereitet. Damals prügelten sich Felix und die anderen noch in den Stadien mit ihren Gegnern. Je mehr sich der neue Staat festigte, umso sicherer wurde die Polizei. Die Stadien wurden mit Kameras überwacht, es gab mehrere Gerichtsverfahren gegen Hooligans, Stadionverbote wurden erteilt. Deshalb verlegten sie die «dritte Halbzeit» auf Wiesen, Felder und in Dörfer. Felix fuhr weiter dorthin, er war kein Anführer oder Organisator der Schlachten, aber er gehörte zum inneren Kreis. Schon bald wurde er von den zuständigen Beamten mit Namen angeredet und durfte später in ganz Deutschland kein Stadion mehr betreten.

Die Berliner, besonders die Fans des BFC Dynamo, gelten nach wie vor neben den Schalkern als härteste und gefährlichste Hooligangruppe Deutschlands. Sie haben in den letzten zehn Jahren selten eine Schlägerei verloren, einige meinen gar keine. Sie werden gefürchtet von ihren Gegnern und sogar von der Polizei, die Fans wie sie in eine Extrakategorie einordnet, die Kategorie C. Zu den «KCs» gehören diejenigen, die die Auseinandersetzung suchen, die gar nicht mehr im Stadion oder bei den Spielen erscheinen, sondern zielgerichtet zu den Prügeleien danach oder davor fahren. In Berlin rechnet die Polizei mehr als 300 Mann zu dieser Kategorie. Felix war einer von ihnen.

8

Vielleicht hat es damals funktioniert mit dem Zusammenhalt in der Szene. Felix glaubte daran. Sie kannten sich alle seit Jahren aus dem Osten, vom Kampfsport, von den Fußballschlägereien und später durch die Türsteherjobs. Zu Beginn vertrauten sie einander. Irgendwann vermischten sich Sport, Freundschaft, Job und Geschäfte auf unheilvolle Weise. Je wichtiger und krimineller die Geschäfte wurden, desto mehr schwand das Vertrauen, desto stärker wurde die gegenseitige Abhängigkeit.

Die Berliner Türsteher begannen Anfang der neunziger Jahre damit, auch Läden und Türen in Brandenburg zu übernehmen. Gewaltsam. Sie lieferten sich Schlachten mit den «Dorfglatzen» und allen anderen, die nicht zu ihnen gehörten. Es konnte passieren, dass sie an einem Abend eine Disko mit Baseballkeulen zertrümmerten und am nächsten Tag dem verängstigten Betreiber vorschlugen: «Wir könnten für Ihre Sicherheit garantieren.» Das Geschäft war abgeschlossen.

Marco übernahm mehrere Diskos in Brandenburg. An einem Club in Krenzlin war Felix mitbeteiligt.

Krenzlin liegt in der Nähe von Neuruppin, ein Dorf. An den Wochenenden bewachte Felix hier mit Karsten die Tür. Karsten sollte einige Jahre später verurteilt werden, weil das Gericht es als erwiesen ansah, dass er bei der Fußball-WM in Frankreich den Polizisten Daniel Nivel mit in den Rollstuhl geprügelt hatte. Felix mochte ihn nicht besonders. *Er hat komische Ansichten. Ich will nicht so denken wie er. Gebe mich aber so, um mich nicht bloßzustellen*, schrieb er in sein Tagebuch.

In Krenzlin saß Felix die ganze Nacht auf einem Stuhl in der Ecke, beobachtete die Tanzfläche und wartete, bis einer von seinen Leuten Stress mit den Dorfgästen anfing. Dann erhob er sich langsam aus seinem Sitz, ging zu ihnen und sagte: «Es knallt gleich.» Meist hörten sie nicht auf zu streiten, Felix warf sie daraufhin raus oder es endete in einer großen Prügelei. Ein alter Freund aus ihrer Klasse arbeitete in Krenzlin als Beleuchter. Auch er kannte Felix, seit er klein war, aus Johannisthal. Einmal ging er zu ihm, um ihn zu begrüßen. Felix sah ihn nur kurz gleichgültig an und wandte sich wieder ab. Er reagierte nicht. «Er sah aus, als sei er gar nicht richtig da, abwesend irgendwie», sagt der Freund.

Felix begann in einer Welt zu leben, die sich immer mehr von der Normalität und dem Alltag der übrigen Bevölkerung entfernte. Es war aufregend, abstoßend, brutal und anders. In Schwedt, zum Beispiel, fuhren sie einen ganzen Tag durch die Stadt, um alle einheimischen Glatzen «wegzuhauen». Obwohl sie selbst Glatzen trugen. Meist waren das Vergeltungsaktionen, manchmal aber auch nicht. Die «Dorfglatzen», wie sie sie nannten, überfielen Mitte der neunziger Jahre einmal mit Eisenstangen eine der Diskos der Berliner. Die Rache folgte: Die Berliner suchten in einer großen Gruppe die Tankstelle auf, wo die Dörfler sich immer trafen. Sie warfen ihnen Betonplatten in die Autoscheiben und veranstalteten anschließend eine Verfolgungsjagd, bei der sich einige Wagen überschlugen. Wahrscheinlich gab es Verletzte. Daran kann sich aber niemand mehr so genau erinnern. Es gibt viele solcher Geschichten. Der Wilde Osten.

Es war eine unheimliche Zeit. Um Felix herum schien nichts mehr zu stimmen. Es gab kaum noch Festpunkte in seinem Leben, alles zerfiel in Anarchie. Und er spürte das Gefühl der Macht, der Macht einer Gruppe, die den neuen Staat in Atem halten konnte. Jahre später steht in der Anklageschrift, die in Felix' altem Zimmer oben auf dem Regal liegt: *Seit 1990 hat sich im ehemaligen Ostberlin eine in sich geschlossene ‹Szene› aus Hooli-*

gans des FC Berlin und Türstehern gebildet, die nach Einschätzung der Polizei nicht nur durch Gewalttaten, sondern auch solche im Bereich der organisierten Kriminalität auffiel.

Damals hatte die Polizei noch keine Ahnung.

Felix verlegte sein Leben in diesen Jahren vom Tag in die Nacht. Er zog um: von Prenzlauer Berg in die Nähe des Bahnhofs Ostkreuz. Eine düstere Gegend mit ein paar Eckkneipen und Häusern, von denen der Putz abbröckelte und in den Fassaden kleine helle Löcher hinterließ. Die Straßen waren nicht geteert, die Autos holperten übers Kopfsteinpflaster. Alles erinnerte hier ans Ostberlin der achtziger Jahre. Felix wohnte in einem Altbau, Hinterhaus, dritter Stock. Im Sommer konnte er die Stimmen der Nachbarskinder hören. Sie saßen auf Wolldecken im betonierten Hof neben den Mülltonnen und spielten Gameboy und Gummihopse.

Er schlief jeden Morgen lange, manchmal bis 15 Uhr, dann fuhr er in den Massagesalon, sah nach, ob alles in Ordnung war. Danach ging er trainieren, Bizeps, Trizeps, Bauch, er haute auf Sandsäcke und Sparringpartner ein. Seine Nächte verbrachte er in Diskotheken, um zu arbeiten, zu tanzen und sich zu schlagen. Der Jojo-Club war längst geschlossen, die Abiturienten studierten. Die friedlichen Nächte waren vorüber. Felix stand jetzt jede Nacht auf einer Bühne, auf der er immer wieder von neuem beweisen musste, dass er das Recht hatte, dort zu sein. In seinem Tagebuch hielt er das unter dem Stichwort «Schlägereien» fest. Es liest sich wie eine endlose Schlacht. Im Zungenkuss, steht da, einer Kneipe in der Nähe des Alexanderplatzes, habe er mit zwei anderen einen «Bauern zusammengelegt». Er schlug auf ihn ein, bis ihm seine Rechte wehtat, dann gab er ihm einen linken Kopfhaken. Danach hat er nur noch die Worte *Aschenbecher* und *Barhocker* notiert. Wahrscheinlich hat er sie auf ihn geworfen. *Hat geblutet wie wild*, steht kurz darunter und: *Er hat wahrscheinlich alle Vorderzähne verloren.* In Klammern hat er *Scheiße* hinzugefügt und noch einmal unterstrichen. Am Ende der Seite schrieb er: *Wieder genug Leute haben es gesehen. Das war das einzig Gute daran.* Es geht so weiter. Nur die Schauplätze wechseln: Tresor, E-Werk, Jeton, Café Moskau, Knaack, Kontrast, Dorfdiskos. Die meisten von ihnen gibt es heute nicht mehr.

Felix hielt präzise fest, mit welchen Techniken er die jeweiligen Gegner zu Fall brachte. *Halbkreiskicks zum Kopf, Frontkick, Serienschläge.* Es sind kurze, nicht ausformulierte Stichpunkte, als hätte Felix sie unter Zeitdruck niedergeschrieben. Die Prügeleien fingen immer gleich an, ein kurzes Anrempeln, ein herausfordernder Blick, manchmal reichte auch nur die Frage: «Willste Stress?» Felix wusste, was darauf folgen musste: Er würde mit demjenigen vor die Tür gehen oder gleich drinnen anfangen zu schlagen. Manchmal hatten die Gegner auch keine Lust, was aber eher selten vorkam. Es ging immer sehr schnell, es blieb kaum Zeit zum Nachdenken. Am Ende lag der andere meist am Boden. Einmal schilderte Felix einen Freitagabend in einem Club in Brandenburg. Es gab wieder Ärger. Irgendwann fiel Felix' Gegner eine Treppe hinunter. *Ich schlug auf ihn ein, bis er um Hilfe schrie. Ich wollte ihn nicht so doll verletzen. Aber er ging immer wieder auf mich los. Später kam wohl der Krankenwagen.* Es wirkt, als betrachte er sich selbst dabei wie ein fremdes Wesen, etwas erstaunt, oft erschrocken, ab und zu aus der dritten Person. *Er hat Angst, sich zu geben, wie er ist,* schrieb er an anderer Stelle.

Nach diesen Nächten fuhr er allein nach Hause und weinte. Er dachte an seine Freundin, mit der er zwei Jahre zusammen gewesen war und die ihn nun verlassen hatte. Die verlorene Liebe hielt ihn wach, er lag im Bett, hörte Pink Floyd, sah an die Decke und dachte darüber nach, warum sie nicht anrief und was er falsch gemacht hatte. Und dann war da noch dieser andere Gedanke, der ihm manchmal, in den ganz schlimmen Augenblicken, half. Er dachte sich in eine andere Welt: *Ich bin ein Indianer. Ein Krieger. Jung, furchtlos und stark.*

In der irdischen Welt war er oft krank, erkältet, nahm Tabletten. Einmal in der Woche fuhr er zu seinen Großeltern zum Essen, zu seiner Mutter oder zu seinem Stiefvater. Mit ihm musizierte er zum Spaß auf einem Synthesizer und führte lange, seltsame philosophische Diskussionen über den «Faktor Zeit» und darüber, dass man alle Dinge aus verschiedenen Blickwinkeln betrachten könne. Schon auf der Rückfahrt wollte sich Felix dann wieder mit einem nervenden Autofahrer prügeln.

Er war 24, hauptberuflicher Türsteher, Massagesalon-Betreiber, Kickboxer, Bach-Liebhaber, Indianerfan und Hypochonder. An einem Abend konnte er mit den anderen Einlassern feiern, sich schlagen und in einem Puff enden. Wenn es sein musste, trank er jetzt auch ab und zu ein wenig Alkohol. Am nächsten Tag lag er im Bett, depressiv, einsam, an den Tod denkend. Die Rollen seines Lebens schienen sich zu verwirren. Und er beobachtete sich dabei, wie er sich immer tiefer darin verstrickte. *Die Rollen, die ich oft für andere gespielt habe, habe ich zu ernst genommen. Ich habe mich in sie hineinversetzt. Dabei habe ich vergessen, dass ich so, wie ich bin, immer noch stark bin, dass ich nicht auch noch so tun muss.*

Felix hatte immer viele Menschen um sich herum, bis zum Schluss. Mit seinem alten Freund Sven ging er jede Woche ins Kino oder aß bei ihm zu Hause. Er traf Kumpels, verknallte sich in verschiedene Frauen. Die meisten beschreiben ihn als «sehr lustig», als jemand, mit dem sie immer gut lachen konnten. Die Fassade stimmte. In sein Tagebuch notierte er: *Muss schreiben, weil ich ja mit niemandem reden kann.* Vielleicht hatte er es versucht, vielleicht auch nicht. Schwäche erlaubte er sich nur vor sich selbst, manchmal. Irgendwann besuchte er einen Psychologen, der ihm sagte, seine Probleme lägen auch in der Kindheit. Er ging ein paar Mal hin, dann nicht mehr. Felix' innere

Welt und die, die er nach außen zeigte, gehörten zu zwei völlig unterschiedlichen Personen. Hin und wieder trafen sie zusammen, aber nur kurz. Meist liefen sie parallel nebeneinanderher.

Felix' Freunde und auch seine Familie hatten keine Ahnung, was in ihm vorging. Sein Kumpel Alex probierte anhand der Musik, die Felix gerade hörte, dessen Stimmung einzuschätzen: «Klassik bedeutete, alles war in Ordnung. Death Metal hieß, es stand wieder etwas an», sagt er. Je mehr Zeit nach der Trennung von seiner Freundin verging, umso mehr schien Felix sich zu verhärten. Die Schlägereien wurden brutaler, die Selbstbetrachtungen nahmen ab. Jetzt schien alles egal.

In dieser Zeit traf sie Felix ein paar Mal durch Zufall auf der Straße in Prenzlauer Berg. Seine Haare waren kürzer, er trug einen goldenen Ring im linken Ohr und er hatte seine Freundin im Arm. Die Freundin war klein, hatte platinblond gefärbte Haare und sagte nie ein Wort. Felix und sie grüßten sich, blieben kurz stehen und handelten die Hauptstichpunkte ihres Lebens ab. «Was machst du so?» – «Wie geht's dir?» Sie fragte nach seiner Familie, er nach ihrer. Nach ein paar Minuten entstanden immer längere Pausen im Gespräch. Beide waren angespannt freundlich, wie wenn man jemand trifft, den man lange nicht gesehen hat, und feststellt, dass man sich eigentlich nicht mehr viel zu sagen hat. Am Ende tauschten sie ihre Telefonnummern aus. Felix gab ihr jedes Mal eine andere. Sie riefen einander aber sowieso nie an.

Es gab keine Punkte mehr in ihrem Leben, die sich berührten. Er betrieb einen Massagesalon und arbeitete an den Türen der Nacht. Sie studierte, wollte ein Jahr nach England gehen. Innerhalb weniger Jahre hatten sich ihre Leben voneinander entfernt. Die Vertrautheit von früher war weg. Es gelang ihnen noch nicht, wieder an die gemeinsame Vergangenheit anzuknüpfen. Ihre Gegenwart war zu unterschiedlich – zu viele Möglichkeiten, zu viel Auswahl, so viele verschiedene Lebensentwürfe. Lange Jahre hatten sie in einer Art Kokon verbracht, künstlich vom Rest der Welt abgetrennt. Dort war dann ein eigenes Biotop entstanden. Man hatte ihnen eingeredet, sie seien alle gleich. Am Ende hatten sie es wohl ein bisschen geglaubt. Plötzlich gab es da diese feinen Unterschiede, die ihre Generation voneinander trennte, verschiedene soziale Schichten. Es war jetzt wichtig, ob man studierte oder arbeitete, ob man ins Ausland gehen konnte oder nicht, was die Eltern machten. Wahrscheinlich hatte es schon immer eine Rolle gespielt, nur nicht eine so große.

Viele von Felix' und ihren Freunden verschwanden damals aus ihrem Leben. Oft hatten sie sich nicht einmal gestritten, einzelne Worte oder Blicke reichten völlig. Der Vorwurf, man sei «bürgerlich», genügte, um eine enge Freundschaft auf Jahre zu zerstören. Sehr viele hörten auf, miteinander zu reden, die Positionen waren nach der ersten Euphorie langsam und unmerklich verhärtet. Diese Generation rang nicht um ihre Vergangenheit, um ihr Leben oder um Stasikontakte, wie ihre Eltern. Diese Generation rang um die Gegenwart. Sie lernten neue Freunde kennen, fingen an zu arbeiten oder zu studieren. Sie machten dabei sehr unterschiedliche Erfahrungen, zumindest dachten sie das damals, und das entfernte sie voneinander.

Ihr fiel auf, dass ihre Westfreunde fast immer unter sich blieben, Gymnasiasten mit Gymnasiasten befreundet waren, Studierte mit Studierten, Arbeiter mit Arbeitern. Freundschaften über diese gesellschaftlichen Grenzen hinaus waren selten und wurden ein wenig belächelt. Die Generation Golf kreiste in einem fort immer um sich selbst. Alles, was außerhalb der Reihenhäuser und der Milchschnitten ihrer Eltern lag, wurde nur bedingt wahrgenommen und gleich wieder vergessen. Andere soziale Schichten als die, in der sie aufgewachsen waren, schienen für sie gar nicht zu existieren, und wenn doch, hielt man sie für irgendwie minderbemittelt.

Felix und sie kamen aus diesem Land, dessen Volksbildungsfunktionäre sie alle in dieselben Schulen und Klassen gesteckt hatten. Dort hatten sie zehn Jahre miteinander verbracht, egal, ob Hauptschul- oder Gymnasialniveau, egal, aus was für Elternhäusern sie kamen. Gleichheit hatten sie damit nie erreicht, aber Nähe. Viele Freunde hätte sie, wäre sie im Westen groß geworden, wo viele Kinder ab der 6. Klasse auf unterschiedliche Schulen gehen, nie kennen gelernt. Sie hätten nicht jahrelang nebeneinander gesessen, nicht dieselben Diskos besucht, sich nicht über die Strumpfmasken zum Schutz gegen den Atomtod im Wehrkundeunterricht lustig gemacht und nicht zusammen «Spaniens Himmel» gesungen. Sie wären einander einfach nie begegnet. Ihre Leben hätten sich nicht überschnitten.

Es sollte eine Weile dauern, bis Felix und sie sich wieder annäherten und feststellten, dass sie trotz der neuen Verschiedenartigkeit miteinander reden konnten. In den ersten Jahren nach dem Mauerfall waren sie sprachlos. Alle waren so unsicher, dass jeder auf seiner gerade gefundenen Art zu leben beharrte. Sie gab ihnen Stabilität. Manchmal erzählten Freunde ihr, sie hätten Felix irgendwo gesehen oder getroffen. Sie fühlte dann einen kurzen Schmerz, wie über etwas, das man sicher verloren glaubt, dessen Verlust man immer noch bedauert, das man aber im Moment absolut nicht ändern kann.

Felix hatte nie enge Freunde aus dem Westen, er lehnte sie ab. Sie waren zu anders. Er lebte weiter mit den Kampfsportfreunden von früher und den neuen Freunden, die auch alle aus dem Osten kamen. Sie bildeten eine letzte Insel der vertrauten Kindheit, der verblassten Erinnerung. Zum Anfang waren sie stark in der Gemeinschaft, es gab kleinere Untergrüppchen, aber keine wirklich großen Streitereien innerhalb der Szene. Vom großen Bruch Mitte der neunziger Jahre gibt es mehrere Versionen. Die einen sagen, die Drogen hätten den Zusammenhalt zerstört. Andere meinen: Es ging um den Einfluss von Ausländern an den Türen des Ostens.

Den Kampf um die Vorherrschaft in der Diskothek No Limit in Bernau spaltete die Szene. Der eine Teilhaber wollte Araber für die Sicherheit sorgen lassen, der andere wollte die Osttürsteher behalten. Es gab dann ein Treffen auf dem Parkplatz vor dem No Limit. Die Araber fuhren mit sechs S-Klassen vor, stiegen langsam aus, alle trugen Schutzwesten und wollten das Geschäft abschließen. Marco und die anderen hatten den Platz aber schon mit mehreren hundert Leuten umstellt. Der Teilhaber, der die Araber bevorzugen wollte, sah sehr schnell ein, dass er keine Chance hatte. Die Leute um Marco stiegen mit dem anderen Teilhaber noch in zwei weitere Diskotheken ein. Die Venus in Hohenschönhausen verloren sie hingegen an die Araber.

Dann fingen die Machtkämpfe innerhalb der Szene an. Die Nacht verdienten sie 150 bis 200 Mark, schwarz noch mehr, inoffiziell waren sie an allen Drogeneinnahmen beteiligt. Sie zerschlugen sich gegenseitig die Diskos, zündeten sie an, nahmen die Türen gewaltsam. Sie waren zu Konkurrenten geworden. Zur Polizei ging trotzdem niemand. Das wäre Hochverrat gewesen und hätte in der Szene den Tod bedeutet. Mit diesem Staat machten sie sich nicht gemein. Niemals.

Felix stand immer zwischen allen, er kam mit vielen gut aus. Er trainierte im Boxclub, erst in Prenzlauer Berg, später im Norden der Stadt. Offiziell gehörte er zur Gruppe um den Boxclub, mit ihnen fuhr er nach Gran Canaria, pauschal, wo sie sich alle mit nacktem Oberkörper vor dem Hotel fotografieren ließen. Felix hatte die Bilder aufgehoben, in einem Karton im Zimmer bei seinen Großeltern. Er trug stolz T-Shirts und Basecaps, auf denen in weißer Schrift *Boxclub* stand. Irgendwann gab es Streit, es ging um Geschäfte, Geld und Tratsch. Aber er trainierte weiter dort.

Mitte der Neunziger arbeitete Felix an der Tür im Treffpunkt

Buchholz, einer alten Villa am Rande Berlins. Seine Freunde sagen, er habe die Tür dort «leer geschlagen». Irgendwann sei keiner mehr gekommen. Ein Gast zeigte ihn 1995 wegen Körperverletzung an, aber der Betreiber und die anderen Einlasser sagten zu seinen Gunsten aus. Felix wurde freigesprochen. Etwas später übernahm er zusammen mit seinem alten Freund Sven aus dem Jojo den Job von Marco im Knaack-Club. Der hatte sich zu dieser Zeit schon dem einträglicheren Drogenhandel zugewandt.

Der Knaack-Club war für sie eine der wichtigsten Erinnerungen an Ostberlin. Er befand sich an einer der Hauptstraßen von Prenzlauer Berg im Hinterhof eines Altbaus, in einer Wohnung. Von Johannisthal fuhr sie fast eine Stunde hierher. In dem kalten Treppenhaus warteten sie und ihre Freundinnen endlose Stunden. Sie standen so eng aneinander gepresst, dass es unmöglich war, sich nach oben oder unten zu bewegen oder nur an ein Taschentuch im Inneren ihrer Jacke zu gelangen. Von drinnen drang Gruftmusik hinaus zu ihnen – *The Cure*, wie immer, und *The Smiths*, einige auf der Treppe sangen mit. Wenn sie endlich bis zum Einlass vorgedrungen waren, liefen sie Gefahr, noch in eine Ausweiskontrolle zu geraten, die das Ende des Abends bedeuten konnte. Das Knaack war «P 16», erst ab 16 Jahren.

Ein Bild hat sich für immer in ihr Gedächtnis gebrannt: Sie blickte durch das Fenster im Treppenflur auf den nassen Hinterhof. Im Schein einer Lampe, die den Hof blassgelb erleuchtete, standen ganz in Schwarz gehüllte Mädchen mit spitzen Schuhen und toupierten Haaren und Jungs in Anzügen mit Hüten auf dem Kopf und weiß geschminkten Gesichtern. Die Szene hatte etwas Unwirkliches, wie aus den zwanziger Jahren. Sie wurden von einem französischen Kamerateam gefilmt. Noch jetzt kann sie sich an ihre tiefe innere Befriedigung in jenem Moment erinnern. In diesem grauen, langweiligen Land waren sie etwas Besonderes, etwas, das sogar der Westen für berichtenswert hielt.

Anfang der neunziger Jahre war der Knaack-Club vergrößert worden. Er nahm jetzt den ganzen Hinterhof ein und erstreckte sich über mehrere Etagen. Sie war noch ein paar Mal da gewesen, auch einmal mit Felix. Sie hatten zusammen im Innenhof gesessen, auf weißen Plastikstühlen, und Leute beobachtet. Es war nicht mehr wie früher. Später hatte sie Felix hier einmal gesehen. In der Tordurchfahrt an der Kasse stand er, wie immer lächelnd, in seiner Bomberjacke. Er hatte gute Kontakte zu allen Türstehergruppen in Berlin, sie respektierten ihn. Felix kannte die Leute vom Tollhaus, die Potsdamer, die Rahnsdorfer, die sich rund um die Disko Kontrast am Strandbad Müggelsee gebildet hatten. Es gab Gerüchte, sie hätten mit den Hells Angels zu tun, dann hieß es wieder, sie seien bei ihnen ausgestiegen. Die Polizei schätzt sie als momentan gefährlichste Gruppe Berlins ein.

Von 1996 an kamen dann die Nächte in Golzen, Brandenburg. Dort stand Felix zusammen mit Oliver an der Tür. Auch Oliver kannte er schon aus Ostberliner Zeiten vom Training. Nach dem Mauerfall hatten sie sich etwas aus den Augen verloren. Jetzt saßen sie zusammen in der Dorfdisko und lasen sich abwechselnd Bücher aus dem Zweiten Weltkrieg vor, eine gemeinsame Leidenschaft. «Mutige Soldaten waren das größte für Felix», sagt Oliver. Das Eiserne Kreuz habe er verehrt. Sie bewachten eine Tür irgendwo in der Einöde und versenkten sich in die Vergangenheit. Sie suchten nach Dingen, die etwas mit ihnen zu tun haben könnten. Oliver hatte Lagerist gelernt und noch Militärdienst in der DDR geleistet. Er war Nahkampfausbilder. Nach der Vereinigung trat er aus. «Ich habe nicht verstanden, warum unsere Armee damals nicht geputscht hat», sagt er noch heute. Die NVA taugte nicht zum Vorbild. Sie war kampflos besiegt worden.

Einmal waren Felix und Oliver vor ihrer Arbeit zu einem Klassikkonzert in ein Brandenburger Schloss gefahren. Es war etwas Besonderes. Die Zuhörer trugen Anzüge und Abendkleider, hielten Gläser mit Sekt in den Händen und unterhielten sich über Bach und Mozart. Felix und Oliver setzten sich auf die Stühle im Garten und genossen mit geschlossenen Augen die Musik. Sie fühlten sich für kurze Zeit als Teil der normalen Bevölkerung, die am Tag arbeitete und sich abends eine Vergnügung leistete. Einen Augenblick lang weilten sie unter ihnen und schauten nicht vom Rand aus zu. Am Ende gab es noch ein Feuerwerk.

Oliver erzählt von diesem Abend noch heute, als sei er etwas ganz Außergewöhnliches gewesen, etwas, das er nur selten in seinem Leben erfahren würde. «Mit Felix konnte man so was machen. Er war offen für so was. Mit ihm hätte man auch in die Oper gehen können», sagt Oliver. Nach dem Konzert kehrten sie direkt wieder in ihre Welt zurück, nach Golzen an die Tür.

Von Oliver hatte sie schon vor Felix' Verschwinden gehört. Felix hatte ihr erzählt, Oliver habe ihm viel geholfen. «Hätte ich gar nicht von ihm gedacht», hatte er nachdenklich hinzugefügt.

Es fiel ihr auf, dass sie fast alle von Felix' Freunden erst nach seinem Fortgang kennen lernte. Einige waren ihr sehr sympathisch, andere weniger. Manchmal kam es ihr vor, als würde sie ihn jetzt durch sie besser kennen als vorher. Als bestehe noch Kontakt zu ihm. Andere Geschichten der Freunde verwirrten sie, als gehörten sie zu einem anderen. Nicht zu Felix.

Zum ersten Mal sah sie Oliver im Sommer 2000 an Felix' letztem Tag in einem Restaurant in Johannisthal. Seine Familie, die meisten seiner Freunde und Bekannten hatten sich hier versammelt, um sich von Felix zu verabschieden. Oliver trug einen schwarzen Anzug, eine Brille, war klein, kräftig, mit dunklen kurzen Haaren. Er bewegte sich langsam, machte keine unnötigen Gesten. Wenn er aufstand oder sich setzte, folgten ihm die Blicke der anderen Freunde und Bekannten. Es schien, als suchten viele seine Nähe oder freuten sich besonders, wenn er ihnen kurz zunickte. Andere ignorierten ihn absichtlich. Es gab niemanden, der nicht auf ihn reagierte. Sie sah, wie er einigen seine linke Schläfe an den Kopf legte, bei anderen nur kurz den Kopf senkte und manche ganz überging. Es schien eine für sie unsichtbare Hierarchie zu existieren und Oliver schien darin eine Art Anführer zu sein. Sie fragte sich, wo Felix wohl gestanden hatte.

Oliver hatte Ende der Neunziger eine eigene Sicherheitsfirma gegründet und eine Gruppe von Türstehern und Kampfsportlern um sich versammelt, die sich alle schon jahrelang aus dem Osten kannten. Sie führten sich in der Szene mit einer großen Party im East ein. Sie mussten mächtig erscheinen. Es endete wie immer im Exzess: Erst fingen die Leuten an zu saufen, dann zerschlugen sie sich gegenseitig Gläser auf den Köpfen, bis der ganze Boden mit Blut und Alkohol bedeckt war. Auch Felix war dabei gewesen und sie versuchte sich vorzustellen, wie er, der Alkohol ablehnte, dabei zusah, wie die anderen allmählich ins Delirium sanken. Am Ende war der Club verwüstet und sie mussten 5000 Mark für die Zerstörung zahlen. Sie wiederholten die Party noch einmal, Frauen kamen kaum noch. Oliver hat einen Flyer von der Party aufgehoben, darauf grinsen zwei Glatzköpfe in die Kamera. Sie haben den leicht abwesenden Blick von Betrunkenen, über ihre Gesichter rinnt Blut. Sie amüsieren sich. Die Gruppe um Oliver war daraufhin in der Szene bekannt. Heute sichern sie manchmal die Love-Parade, Eishockeyspiele oder bewachen Wohngebiete im Auftrag der Baugesellschaften.

Nachdem Felix sich immer mehr vom Boxclub entfernt hatte, arbeitete er mehr für Oliver. In der Firma stieg er «in der Mitte» ein, das hieß, er bekam nicht die schlechtesten, aber auch nicht die besten Jobs. Als Neuer musste Felix nicht ganz von unten anfangen, weil er und Oliver sich schon lange kannten. Felix trainierte aber weiter im Boxclub, was zu Konflikten führte. Oliver war mit denen vom Boxclub verfeindet wegen alter Geschichten. Sie waren Konkurrenten. Olivers Gruppe bewachte in Brandenburg eine Tür. Einige vom Boxclub hatten anscheinend etwas dagegen. Dreimal soll der Club mit Brandbeschleuniger angezündet worden sein. Vergeltung gab es sicher auch, so genau erzählt das niemand. Oliver bekam daraufhin Boxclub-Verbot. Eine typische Entwicklung: Die inneren Feindschaften werden gepflegt. Nach außen hin wirkt die Szene geschlossen.

Nach Felix' Verschwinden trifft sie Oliver ein paar Mal, meist in einem seiner Büros. Sie mag ihn. Er hat Felix viel geholfen. Oliver redet leise, schnell, reduziert seine Worte auf das Notwendige. Und er ist immer korrekt, ruft vorher an, wenn er nicht kann, was bei Felix' Freunden eine Seltenheit ist. Irgendwie sind hier alle immer wichtig, wichtig beschäftigt. Es ist unmöglich, sich fest mit ihnen zu verabreden, weil sie fast immer kurz vorher absagen. Sie fragt sich, wie Felix ihre Unzuverlässigkeit ausgehalten hat. Oft saß er vor seinem Telefon und wartete, dass Alex zurückrief oder zum Treffen erschien. Die Warterei machte ihn wütend, irgendwann gab er auf und nahm es hin.

Oliver ist anders. Er wirkt kontrolliert, ruhig, aber er hat es nicht gern, wenn die Dinge sich verselbständigen, anders laufen als von ihm geplant. Er schaut dann kurz irritiert und sieht aus, als wollte er im nächsten Moment losbrüllen. Es kostet ihn Kraft, sich dagegen zu entscheiden. Sein Handy klingelt während ihrer Gespräche oft und er gibt knappe Anweisungen durch die Leitung. Manchmal schüttelt er danach kurz den Kopf und sagt: «Idiot.» Nach außen wirkt er sanft, aufgeschlossen, nur seine Finger sind unaufhörlich in Bewegung. Er verknotet sie beim Reden zu seltsamen Figuren, dann klopft er mit ihnen unruhig auf den Tisch. Es ist das einzige Anzeichen dafür, dass da noch etwas anderes in ihm ist: Druck, Anspannung, Härte.

In Olivers Gruppe oder Firma gibt es ein besonderes Sozialsicherungssystem: Jeder, der für ihn arbeitet, muss einen bestimmten Anteil seines Lohns in eine Gemeinschaftskasse einzahlen. Davon zahlen sie Anwälte, helfen ihren Leuten im Knast oder bei anderen Schwierigkeiten. Sie haben auch einen von Felix' Anwälten bezahlt, Fernseher, Rekorder, Tauchsieder für Felix' Zelle gekauft und ihn besucht. Und das, obwohl Felix aus Gründen im Gefängnis war, die vor seiner Zeit bei Olivers Firma lagen.

Felix war von diesem System begeistert. Es gab den Mitgliedern der Gruppe das Gefühl, Teil eines großen Ganzen einer Gemeinschaft zu sein, die sich um einen kümmert. Es schien fast wie im Sozialismus, für jeden Sozialfall wird gesorgt. «Wir leben etwas gegen den Zeitgeist. Alles wird immer schneller und oberflächlicher. Wir wollen eine verschworene Gemeinschaft, die den Leuten Halt gibt», sagt Oliver.

Es ist ihr Versuch, der westlichen Gesellschaft, von der sie längst ein Teil sind, etwas entgegenzusetzen. Sie erleben, dass nichts sicher und für immer ist – kein System, keine Arbeit, keine Freundschaft, keine Liebe. Das ist etwas, das Angst machen kann, die Angst, austauschbar zu sein und verlassen zu werden. Jeder lebt für sich, nichts mehr ist da, was verbindet. Es ist die Welt der Globalisierung, in der alles mit allem zusammenzuhängen scheint – nur weiß keiner mehr wie – und in der niemand mehr für etwas verantwortlich ist. Es ist die Freiheit, die sie verstört und die alles vage und vorübergehend erscheinen lässt. «Alle ziehen um, kaum einer bleibt mehr an einem Fleck. Alle Werte sind flexibel», sagt Oliver.

Felix hatte nie das Bedürfnis, die Welt zu sehen. Seine Großeltern kauften ihm jedes Jahr ein Ticket nach Südafrika. Er ist nie hingeflogen. Oliver sagt: «Felix saß lieber im Knast als allein am Ende der Welt.» Woanders bedeutete er niemandem etwas. Wenn Felix mit seinen Kumpels nach Gran Canaria fuhr, blieben sie auch dort unter sich. Und er sehnte sich nach etwas, das nicht flexibel war, das sich nicht über Nacht auflösen würde wie sein Land und alles, was einmal sicher schien. So wurde die Gruppe seine Parallelwirklichkeit, Parallelgesellschaft und Parallelfamilie. Sie konnte das verstehen. Auch wenn es nicht ihre Welt war, konnte sie die Sehnsüchte begreifen. Sie wusste noch, wie traurig sie gewesen war, als Freunde von ihr scheinbar ungerührt ins Ausland verschwanden. Und sie entdeckte ihre Neigung, enge Freunde davon zu überzeugen, dass sie in ihrer Nähe blieben. Irgendetwas war geschehen. Sie wollte nicht, dass noch mehr weggingen, sich davonschlichen, bis nichts mehr da sein würde vom alten Leben, und auch vom neuen nicht. Sie hielt manchmal zu lange an ihnen fest, bis von der Freundschaft schon nichts mehr übrig war. Es war, als stelle jeder kleinste weitere Verlust ihr Leben infrage.

Felix muss es wohl ähnlich gegangen sein, auch wenn er anders reagierte als sie, andere Antworten fand, die sie nicht annehmen konnte. Felix wurde Teil einer Gruppe, die sich nach außen abschottete, eigene strenge Regeln befolgte und Werte wie «Ehre, Treue, Ritterlichkeit» als oberste Tugenden ansah. Werte, die so unerbittlich endgültig klingen, dass kaum jemand sie einhalten kann. Und er war dafür, dass diejenigen, die gegen diese Regeln verstießen, bestraft wurden.

Ein Freund von Felix und Oliver ging eine Zeit lang ins Ausland. Er bat einen befreundeten Türsteher, sich währenddessen um seine Freundin zu kümmern. Es passierte, was in solchen Fällen oft passiert: Sie verliebten sich. Es kam heraus. Das war das Ende. Der Türsteher wurde von Oliver und einigen anderen in einen Club bestellt. Sie klagten ihn an. Einer von ihnen, mit dem er zuvor jahrelang an der Tür gestanden hatte, brach ihm dann mehrere Rippen, zwei Finger und schlug ihm ein paar Zähne aus. Die anderen sahen dabei zu. Danach fuhren sie alle zusammen zu ihm nach Hause und holten alles aus der Wohnung, was ihnen oder der Firma gehörte. Für die Firma würde er nie mehr arbeiten, wahrscheinlich auch an keiner anderen Tür in Berlin. In der Szene war er fertig. Sie terrorisierten ihn noch ein bisschen, zerstachen die Reifen an seinem Auto. Er konnte sich nirgendwo mehr sicher fühlen in der Stadt: «Demnächst hätten wir ihm einen Schweinekopf an die Tür gehängt», sagt Oliver. Er meint das ernst. Es klingt nach *Cosa nostra* in Ostberlin. Er war einer von ihnen und er hatte seinen und ihren Freund betrogen. «Wenn das schon nichts mehr wert sein soll, was zählt dann überhaupt noch?», fragt Oliver. Bis heute würde er ihm schaden, wenn er könnte.

Sie leben im Klischee. Sie fahren große Autos, zeigen sich mit hübschen Frauen, tragen manchmal Anzüge und sie kokettieren gern mit der Mafia. Der Türsteher verließ Berlin lieber und kehrte zurück in seine ostdeutsche Heimatstadt. Es gab keinen Platz mehr für ihn in dieser Stadt. Die Gemeinschaft stieß ihn aus. Er hatte «Berlin-Verbot».

Sie kann sich nicht vorstellen, dass man jemanden, mit dem man jahrelang befreundet war, mit dem man gemeinsam gearbeitet, gefeiert hat, einfach zusammenschlägt.

Oliver sieht sie etwas verwundert an: «Wenn man ständig mit Gewalt lebt, dann verändert man sich.» Es klingt endgültig und ein wenig traurig. Er beugt sich nach vorn, faltet die Hände ineinander. Oliver denkt manchmal darüber nach, was aus ihnen geworden ist, aber nur kurz. Gewalt ist seine Realität, sein Alltag. Sie schleicht wie ein Virus in das Leben und infiziert das gesamte Denken. Irgendwann wird man sie nicht mehr los, sie folgt einem überallhin.

«Felix wäre bei der Strafaktion ganz vorn dabei gewesen»,

sagt Oliver. Auch wenn Felix sich selbst ab und zu in die Frauen von anderen verliebte und schon manche Exfreunde ihn deshalb verprügeln wollten. Frauen sind wichtig in der Szene, sie sind ein Statussymbol, etwas, womit man angibt und sich profiliert. Wenn einer die Freundin eines anderen aus der Szene anspricht, kann ein Kopfgeld auf ihn ausgesetzt werden. Jeder, der ihn mit dieser Frau im Arm sieht, kann aufstehen und ihm eine reinhauen. Auch wenn jemand nur äußert, dass eine Frau ihm gefalle, darf ein anderer sie fast schon nicht mehr anschauen. So sind die Regeln. Das ist die Eindeutigkeit, die sie sich so wünschen, bis in die privaten und intimen Beziehungen hinein. Unbedingte Loyalität.

Deshalb mögen sie auch die Musik der *Böhsen Onkelz*. Es ist die Kunst, die ganze Kompliziertheit des Lebens in einfache Hauptsätze zu formen. Und alle waren immer gegen sie: die Presse, die Öffentlichkeit, die Gesellschaft. Einige ihrer Platten sind bis heute verboten. Ihre Lieder haben so viel Kraft, weil jegliche Zwischentöne fehlen. Felix liebte sie, besonders die alten, harten Scheiben aus den achtziger Jahren. Er hörte sie schon zu Ostberliner Zeiten, jemand hatte sie eingeschmuggelt. Manche Songs schienen nur für ihn geschrieben, wie *Gesetze der Straße*:

«Nur verlier nie dein Gesicht,
zeig keine Schwäche, keine Angst,
denn Verlierer zählen nicht.
Kampf in den Stadien, Kampf in den Straßen,
  nie endende Gewalt
sind Ausdruck des Unmuts und der Arbeitslosigkeit.»

Auch die *Böhsen Onkelz* haben zu allem eine absolute Meinung, verkünden ständig letzte extreme Wahrheiten. Hinter jeder Zeile stehen unsichtbar drei Ausrufezeichen. «Lieber stehend sterben als kniend leben», diesen Satz aus einem ihrer Lieder haben Felix, Oliver und die anderen für ihr Leben übernommen. Besonders Felix hat ihn grausam ernst genommen. Die Konsequenz ist brutal, lässt keinen Raum für Schwäche.

Inzwischen haben sich die *Böhsen Onkelz* gewandelt, wollen mit alten rechten Texten nichts mehr zu tun haben. «Das sind doch Westler, die wollen Geld verdienen», sagt eine Frau aus Olivers Gruppe. Es klingt verächtlich. Nicht zu dem stehen, was man macht – das bedeutet ‹Westen› für sie. Davon wollen sie sich abgrenzen.

Vor Jahren sang die Band auch einmal: «Denn wir sind anders – stolz und unbequem.» Anders fühlte sich Felix sein ganzes Leben lang. Viele in der Szene kultivieren ihr «Anderssein» manchmal geradezu. Bei Festen singen sie gelegentlich Pionier- und alte NVA-Lieder wie: «Wir schützen unsere Heimat zu Land, zu Wasser und zur See.» Und freuen sich, wenn ahnungslose Zuhörer sie für Nazilieder halten.

Am Ende scheiterte Felix an den Prinzipien, die er selbst für lebenswichtig hielt, die er aber nicht immer einhalten konnte, weil wahrscheinlich niemand das kann. Die anderen aus Olivers Gruppe sagen über Felix: «Der war gerade.» Was das heißt, wissen sie meist selbst nicht so genau.

Felix hat an sich nichts gerade gefunden, er sah bei sich selbst nicht mehr durch, die verschiedenen Stränge seines Lebens verwirrten sich immer mehr: auf der einen Seite seine afrikanische Herkunft und seine Großeltern, die Heiligen, die moralischen Vorbilder und Kämpfer. Auf der anderen Seite die Wirklichkeit mit den kleinen täglichen Kämpfen um Geld und Ansehen an den Türen, in der Szene. Nach außen gab er den harten, unbeugsamen Krieger, im Inneren war er unsicher, sensibel, von Selbstzweifeln geplagt.

Felix brauchte die Gruppe. Die meisten sagen, er brauchte jemand, der ihn leitete. Sie gab ihm all das, wovon er zu wenig hatte: Nähe, Geborgenheit, Sicherheit und Klarheit. Seit seiner Kindheit sehnte er sich nach klaren Antworten, weil er sie selten bekam.

Mit Nähe entsteht aber auch Enge. Kann man eigentlich aus der Gruppe aussteigen?

«Eigentlich nicht», sagt Oliver. Es wäre wie Verrat. Die Gruppe regiert durch Zuneigung und Furcht. Was, wenn einer mal gegen den anderen aussagt? Auch Nähe hat hier ihre klaren Grenzen.

Sie wunderte sich, dass nur ein paar von Felix' Freunden und Bekannten überhaupt wussten, wo er wohnte. Kaum einer hatte ihn einmal zu Hause besucht. Eltern, Kindheit und Familie sind Tabuthemen in der Szene, zum Schutz und auch weil es nicht die schönsten Geschichten sind, die sie da erzählen könnten. Väter, die anwesend waren, sind eher die Ausnahmen. Viele kannten noch nicht einmal Felix' Nachnamen. Oft merken sie sich nur die Spitz- oder Vornamen. Es entsteht ein Verhältnis, in dem man sich zwar zusammengehörig fühlt, aber niemand dem anderen mehr Fragen stellt, vor allem keine persönlichen.

Felix besprach seine privaten Probleme fast ausschließlich mit seinen Frauen, weil er vor ihnen nicht so schnell sein Gesicht verlieren konnte. Auch in seiner Familie verstummte er immer mehr. Irgendwann haben seine Eltern wohl aufgegeben, ihm Fragen zu stellen. Vielleicht wollten sie auch nicht wirklich wissen, wie er lebte. Selbst sein bester Freund Sven, mit dem er Tage in dessen Wohnung verbrachte und nächtelang an den Türen stand, erfuhr nur wenig von Felix. Letztlich blieb Felix allein, auch in der Gruppe.

Eine kurze Zeit lang meinte Felix, die von ihm verehrten Tugenden wie Zusammenhalt, Ehre, Mut bei den Fußballschlägereien zu finden, aber auch dort merkte er, dass niemand zum anderen stand, dass jeder über jeden hinter dem Rücken redete. Er fuhr dann kaum noch mit zu den verabredeten Prügeleien.

Es war sein großer Traum, irgendwo richtig dazuzugehören, anerkannt zu werden. Er kam sich oft vor, als stehe er immer zwischen allem – zwischen Schwarz und Weiß, zwischen Deutschland und Afrika, zwischen seiner Familie und den Freunden in der Szene.

«Felix konnte nicht loslassen», sagt Oliver. Deshalb verließ er kaum das Land und auch die Menschen nur scheinbar. In all den Jahren, in denen sie sich nicht sahen, dachte sie, Felix hätte sie vergessen, sei auf ewig enttäuscht von ihr. Ihre anderen Freunde riefen nach drei, vier Jahren wieder an. Felix nicht, Felix blieb verschwunden.

Im Nachhinein fragte sie sich oft, warum sie nicht früher versucht hatte, ihn zu erreichen. Sie wusste, wo seine Großeltern wohnten, überlegte, sie anzurufen, tat es aber doch nie. Sie beruhigte sich damit, dass sich die Telefonnummer bestimmt geändert habe, vielleicht würde er auch gar nicht mit ihr sprechen wollen. Schließlich erfuhr sie seine Nummer von der Auskunft. Eine Weile probierte sie es, aber es ging nie jemand ran. Seit ein paar Jahren hatte sie ihn auch nicht mehr durch Zufall auf der Straße getroffen. Er war wie ein Mensch aus einem anderen Leben, unwiderruflich weg, hatte irgendwie aufgehört zu existieren. Einmal noch traf sie einen gemeinsamen Bekannten, der ihr eine Handynummer gab. Natürlich funktionierte sie nicht. Der Bekannte hatte zu ihren Fragen über Felix nur vieldeutig gegrinst und orakelt, er habe da sehr merkwürdige Sachen gehört. Felix fahre jetzt übrigens einen großen BMW und sei in komische Dinge verwickelt. Näheres wolle er dazu nicht sagen. Er machte allerlei Andeutungen und ließ sie in dem Glauben zurück, ihr alter Freund sei jetzt ein Auftragskiller.

Heute steht sie in seinem Zimmer und merkt, dass sie sich wieder geirrt hat. Unter dem Regal rechts an der Wand steht ein großer Karton, früher eine Verpackung für Töpfe. Jetzt liegen alte Kalender darin, Adressbücher, Briefe, Fotos, alles durcheinander, manches sehr alt. Unter den Sachen findet sie ihren Entschuldigungsbrief an Felix, weitere Briefe, die sie längst vergessen hat, und Fotos. Es kleben noch Briefmarken der DDR auf den Umschlägen und ihre Schrift wirkt kindlich mit einem Kreis über dem i.

Sie hält die Briefe in den Händen und kann es nicht fassen, dass er sie die ganze Zeit aufgehoben hat. Sie bei jedem Umzug mitschleppte. Sie hatte gedacht, er habe alle aus seinem Leben verstoßen, die nicht mehr dazugehörten. Er konnte ziemlich hart sein, wenn er von jemandem enttäuscht war, und das ging sehr schnell. Dann brach er mit diesem Menschen, sofort. Er akzeptierte keine Erklärungen mehr, sein Vertrauen war missbraucht. Felix wollte alle Freunde ganz, zu hundert Prozent, und die waren davon oft überfordert. Manchmal rief er abends seine Großmutter an und fragte: «Darf ich zum Essen kommen?» Wenn sie müde war, antwortete sie: «Ach weißt du, heute vielleicht nicht.» Dann veränderte sich seine Stimme: «Na gut, dann komme ich nie mehr.» Am Ende gab seine Großmutter immer nach. Felix wollte von allen bedingungslos geliebt werden, jede Sekunde seines Lebens. Weil er im Stillen auch bedingungslos liebte.

In seinem Zimmer merkt sie, wie sehr er an allen, die er einmal mochte, hing, wie sehr er um jeden von ihnen getrauert hatte. So sehr, dass er sich über Jahre nicht von ihren Briefen, Postkarten, Partyeinladungen trennen konnte. Das sind die Momente, in denen für sie plötzlich wieder alles ganz klar ist: warum sie ihn mag, was besonders ist an ihm. Sie ist gerührt von Felix' Briefsammlung vergangener Freunde. Sie erkennt sich selbst darin und ihre Unfähigkeit, sich im Inneren von einmal lieb gewonnenen Menschen zu lösen. Auch sie hebt bis heute alte Briefe auf, von Menschen, die ihr einmal wichtig waren, aber ihr Leben längst verlassen haben.

9

Alles, was nicht mehr in Felix' altes Zimmer hineinpasst, lagert in Kartons verpackt im Keller seiner Großeltern. Sie steht mit seiner Großmutter Jeannette hier unten und betrachtet die übereinander liegenden grauen Kisten und karierten Koffer. Ein Leben.

Einer der Kartons ist bis zum Rand mit Donald-Duck-Heften gefüllt. Er erinnert sie an den ersten Tag ihrer Freundschaft, ihre gemeinsame Liebe zu Donald Duck. Jede Woche kaufte sich Felix das neueste Heft und amüsierte sich anschließend über die etwas beschränkte Verlierer-Ente, der ständig Grausam-Komisches passiert. Es ist eine angenehm unwirkliche Parallelwelt in Entenhausen, alles scheint so harmlos: Wenn Donald schwere Ziegel auf den Kopf fallen, sieht er Sternchen, um kurz darauf wieder fröhlich weiterzuwatscheln. Der böse reiche Dagobert, der arme, herzensgute Donald – hier hat alles noch eine logische Ordnung. Vielleicht hat Felix die Hefte deshalb so gemocht. Genau danach hat er sich immer gesehnt.

Auch seine Großeltern haben sich Ordnung in ihrem Leben gewünscht. Allerdings hatten sie noch diesen Traum von der besseren Gesellschaft, für den es sich zu lohnen schien, ihr bequemes, sicheres Leben zu opfern.

Die Zeit der Razzien begann, kaum waren Jeannette und Arnold von der missglückten Hochzeit aus Lesotho zurückgekehrt. Nachts fuhren Sicherheitspolizisten in den Hof von Jeannettes Eltern in Albertsville, Johannesburg. Die Scheinwerferkegel ihrer Wagen tauchten das Haus in gleißendes Licht. Die Polizisten brüllten: «Wo ist Arnold?» Arnold war nicht da, er musste jeden Tag woanders schlafen, nie konnte er bei Jeannette übernachten. Jeannettes Vater blieb an den Wochenenden auch abends zu Hause, um seiner Tochter beizustehen. Normalerweise ging die ganze Familie freitags in eines der zwei Kinos für Farbige in Johannesburg. Der Vater hatte immer zwei ganze Reihen für die Familie reserviert. Nun harrte er auf der Veranda seines Hauses in einem Sessel und wartete auf die Polizei. Jeannette war in ihrem Zimmer und versuchte zu schlafen. Irgendwann kamen sie dann in ihren Autos, manchmal durchsuchten sie das ganze Haus, warfen Jeannettes Sachen durcheinander und verwüsteten das Wohnzimmer der Familie. Arnold war längst weg. Die Polizei wollte ihn schon lange fassen. Jetzt, da er eine farbige Freundin hatte, sahen sie sich ihrem Ziel nahe.

Arnold war zu diesem Zeitpunkt schon seit fast zwanzig Jahren politisch aktiv. In den dreißiger Jahren war er in die Liga gegen Faschismus und Krieg eingetreten. Viele Juden flüchteten damals von Deutschland nach Südafrika. Arnold lernte einige von ihnen kennen. Sie diskutierten darüber, ob Südafrika bald die Grenzen schließen würde, und darüber, was mit ihnen in Deutschland geschah. «Das war mein politisches Erwachen», sagt Arnold. Er war beeindruckt von den Exildeutschen, vor allem davon, wie schnell sie Englisch lernten. In den Straßen von Johannesburg prügelte er sich für sie mit den Nazis.

Arnold sitzt in Felix' Zimmer auf dem Schreibtischstuhl vor dem Computer und hält sein rechtes Knie mit den Armen umschlossen. Um ihn herum liegen Felix' Bücher, CDs, Bilder. Draußen scheint die Sonne, hier drinnen ist es dunkel. Es dringt nur wenig Licht durchs Fenster. Manchmal setzt Arnold Felix' Basecap auf, das, auf dem *Boxclub* steht. Es ist als würden ihrer beider Leben sich in diesem Zimmer treffen und allmählich ineinander verschwimmen.

Arnolds Eltern beobachteten sein Engagement für die Juden

mit Skepsis und Abneigung. «Was hast du mit den Jidds zu tun?», fragte seine Mutter ihn manchmal. Sie war gläubige Katholikin und Arnold hatte eine sehr religiöse, zum Teil auch antisemitische Erziehung genossen. Er war in Regents Park aufgewachsen, einem Viertel der unteren weißen Mittelschicht am südlichen Rand von Johannesburg. Es war ein neu gebautes, kleines einstöckiges Haus, mit einem Garten davor und der Toilette im Hof. Von seinem Fenster konnte Arnold die in den Himmel ragenden Krater der Goldminen sehen. Bis heute steht ein Foto von diesem Haus in seiner Wohnung in Berlin, es ist eines der ganz wenigen, die Flucht und Exil überdauert haben.

Arnold besuchte in Südafrika meist strenge, nur Weißen vorbehaltene Klosterschulen. In seinen ersten Schuljahren freute er sich jede Woche auf den Sonntag, auf die heilige Kommunion. Jetzt muss Arnold immer lachen, wenn er von seinem einstigen religiösen Eifer erzählt. Es scheint sehr weit weg. Jeannette geht noch in die Kirche, er schon seit Jahrzehnten nicht mehr. An den Sonntagen hatte Arnold als Kind Jesus für sich. «Ich sagte ihm, was in der Woche passiert war, dankte ihm für seinen Beistand bei den Boxkämpfen und bat ihn um Unterstützung bei den Kämpfen in der Zukunft.»

Arnold war ein großer Pausenhofboxer. Noch heute verlässt er seinen Stuhl bei diesem Thema, tänzelt vor und zurück und schlägt mit den Fäusten in die Luft. Damals lernte er aus der Not heraus, sich zu verteidigen. Er musste schon früh eine Brille tragen, wofür er von den anderen Kindern ständig gehänselt wurde. Später sollte sein Spitzname einmal «Dempsey» sein, nach dem berühmten Schwergewichtsboxer Jack Dempsey. Die Geschichten hat er Felix immer gern erzählt.

In den siebziger Jahren schrieb Arnold seine Autobiographie. Felix hat sie nie gelesen, auch sonst keiner. Sie wurde nie veröffentlicht, 17 Verlage lehnten sie ab. Den ersten Teil über seine Kindheit und Jugend in Südafrika zeigt er gern, die beiden anderen Teile über seine späteren Jahre sind ihm jetzt ein wenig peinlich. «Zu stalinistisch», sagt er. Das war auch der Grund für die Absagen, zum Schluss des Buches drängte die Propaganda die Beschreibungen immer mehr in den Hintergrund. «Ich war sehr verbohrt», sagt Arnold traurig. Es klingt, als sinne er noch heute täglich darüber nach, warum er bestimmte Schwächen des kommunistischen Systems nicht schon viel eher erkannt habe. Es gibt nur eine Kopie seines Manuskripts bei ehemaligen Genossen in Schweden. Der erste Teil umfasst 79 maschinengeschriebene Seiten. Darin beschreibt Arnold, wie sein religiöser Eifer allmählich schwindet.

In den höheren Klassen ging Arnold auf ein Internat in Uitenhage, 800 Meilen von Johannesburg entfernt. Am Marist Brothers College führte Arnolds Lehrer Bruder Edwin jede Stunde einen privaten Krieg gegen Judas, der Jesus, den Sohn Gottes, verraten hatte. Er erzählte im Unterricht mit sadistischer Lust vom Kampf zwischen Gut und Böse und den Qualen des Exorzismus. So war Arnolds größte Sorge zu dieser Zeit, dass Satan von seiner Seele Besitz ergreifen würde. Um sie zu schützen, legte er ein Kruzifix neben den Kopf seines Bettes und verspritzte Weihwasser in seinem Schließfach.

Eines Nachts begegnete er im Schlafsaal einem Unbekannten, der ihn nach einem «Bruder» fragte. Arnold war überzeugt, der Fremde sei Satan, er bekreuzigte sich und versuchte verzweifelt, an sein Weihwasser zu gelangen. Der Unbekannte machte nun den Fehler zu fragen, ob Arnold katholisch sei. In panischer Angst warnte Arnold ihn: «Du bist der Teufel, gleich werde ich dir mein Weihwasser entgegenspritzen!» Der Teufel antwortete, er sei der Bruder eines Bruders und nur kurz zu Besuch vorbeigekommen.

Am nächsten Morgen fragte ein erboster Bruder Edwin Arnold: «Wie kommst du dazu, zu denken, deine Seele sei so wundervoll, dass der Teufel sie besitzen möchte?»

Arnold antwortete ahnungslos: «Sie haben uns doch gesagt, dass der Teufel alle Seelen besitzen will.»

Bruder Edwin ordnete daraufhin an, Arnold solle in Zukunft bei diesen Themen die Klasse verlassen, er nehme sie zu ernst, zu persönlich. «Anscheinend glaubte er selbst nicht, was er seinen Schülern erzählte», sagt Arnold. Viele Jahre später sollte er den Glauben der Kommunisten annehmen: «Religion ist Opium für das Volk.» Vielleicht ist es unmöglich, ganz ohne Glauben zu leben.

Irgendwann konnten Arnolds Eltern das Internat nicht mehr bezahlen, er musste nach Johannesburg zurück. Er war nie besonders erfolgreich in der Schule, und als er 1933 durch die sechste Klasse fiel, suchte er sich mit 15 Jahren einen Job. Er interessierte sich bis dahin nicht für Politik, vor allem, weil es seine Eltern nicht taten. In seiner Gegend nannte man Schwarze «Kaffirs», ein Schimpfwort. Seine Mutter ermahnte Arnold, ihnen auf dem Heimweg von der Schule keine Brote abzugeben, was Arnold trotzdem tat. Seine Familie hielt Schwarze für den Weißen unterlegen. Sie hatte mit ihnen, außer sie waren bei ihnen im Haus angestellt, nicht viel Berührung. Arnolds Vater arbeitete mit Schwarzen zusammen in den Goldminen. Er hatte nichts gegen sie und trank manchmal mit ihnen, nahm an den Minenstreiks teil, unterstützte die Gewerkschaft und wählte zeit seines Lebens die Labour-Partei.

Arnold bekam seine ersten Jobs als Botenjunge. Mit dem Fahrrad fuhr er durch sein Viertel und brachte Papiere für verschiedene Firmen und Läden hin und her. Ab und zu baten Schwarze ihn, Schnaps für sie zu besorgen, weil sie in Südafrika keinen Alkohol kaufen durften. Danach ging Arnold immer sofort in die Kirche zur Beichte. «Pater, ich habe Schnaps für die *natives* gekauft.» Der Pfarrer sagte nur: «Die Kirche denkt, das ist keine Sünde. Aber du musst vorsichtig sein, die Unglücklichen vertragen Alkohol nicht so wie wir.» Später arbeitete Arnold wie sein Vater für wenig Geld in den Goldminen von Johannesburg.

Als der Zweite Weltkrieg ausbrach und sich auf Nordafrika ausweitete, meldete sich Arnold mit Anfang zwanzig als Freiwilliger. Wenn sie ihn in Felix' altem Zimmer fragt, warum er in den Krieg ziehen wollte, schüttelt Arnold nur leicht den Kopf, als sei das keine Frage. Er sieht sie an und redet weiter. Vielleicht hat er auf diese Frage keine Antwort. Vielleicht war es für ihn eine logische Konsequenz seines Engagements in der «Liga gegen Faschismus und Krieg». Er kämpfte in Ägypten und Libyen gegen Rommels Truppen. Fast zwei Jahre diente Arnold in einem Sanitätsbataillon. Dann musste er wegen seiner Augen nach Südafrika zurück. Er sah damals schon sehr schlecht, beim Militär hatten sie ihn nur genommen, weil sein Bruder an seiner Stelle zur Augenuntersuchung gegangen war. Durch Sand und Sonne entzündeten seine Augen sich zusätzlich, er konnte kaum noch Farben voneinander unterscheiden.

Sechzig Jahre später wohnt Arnold in Berlin. Gegen manche der alten Männer, die er jeden Tag in Schöneweide auf der Straße oder beim Bäcker trifft, hat er vielleicht einmal gekämpft. Es ist lange her. Er versucht, nicht mehr daran zu denken. Während des Krieges stand er zusammen mit vielen Schwarzen und Farbigen an der Front. Er erlebte ihre Diskriminierung täglich, sie bekamen weniger Sold und durften zu Beginn auch keine Waffen tragen. Arnold setzte sich mit anderen Weißen für sie ein. Warum? Wieder eine dieser Fragen, die er nicht so richtig beantworten kann. Seine Schultern fallen nach unten, er erzählt gern Dinge der Reihenfolge nach, an den großen politischen Ereignissen entlang. Dahinter verschwindet er als Person manchmal völlig, als seien seine Gedanken und Gefühle Nebensache, unwichtig. Es war wohl eine Art diffuser Gerechtigkeitssinn, der Arnold damals antrieb, und noch keine Ideologie, in deren Namen er stritt.

Gleich nach seiner Rückkehr nach Johannesburg begann er immer sonntags zu den Treffen der Kommunistischen Partei zu gehen. «Der entscheidende Auslöser war für mich der Eintritt der Sowjetunion in den Krieg gegen Deutschland», sagt Arnold. Außerdem war die Kommunistische Partei die einzige Partei, die Mitglieder aller Hautfarben aufnahm. Niemand in Arnolds Familie konnte seine neuen Überzeugungen teilen. Die meisten reagierten mit Unverständnis, alles sollte bleiben, wie es war. Arnold selbst hatte nur sehr schwache Vorstellungen vom Kommunismus oder Marxismus. «Mich haben die sozialen Aspekte fasziniert», sagt er. Im fernen Paradies sollten Krankenhäuser und Schulen umsonst sein, es sollte Arbeit für alle geben, und wenn man alt wurde, würde sich jemand unentgeltlich um einen kümmern. Davon war Arnold begeistert.

Auf Fotos von Parteiversammlungen aus dieser Zeit sitzen vorn auf dem Podium ein paar Weiße in Anzügen, in der ersten Reihe davor hören einige Schwarze den Reden zu. Es stehen Blumen neben dem Podium, an der Wand hängt ein Bild von Stalin. Alle sehen sehr ernst aus. Arnold bewunderte diese Menschen, bewunderte ihre Entschlossenheit. Sie hatten studiert und er fühlte sich ihnen immer ein bisschen unterlegen. Aber er war beeindruckt von der Energie, mit der sie ihre Überzeugungen vertraten. Die haben Mut und Prinzipien, dachte er damals. Die Menschen da vorn redeten von Marx, vom Klassenkampf, unverständlichen Theorien, Utopien und von der Befreiung der Schwarzen. Auf Arnold wirkte es anziehend, 1942 trat er offiziell ein.

Da Arnold die Schule noch vor dem Ende der sechsten Klasse verlassen hatte, lernte er erst in der Partei richtig lesen und schreiben, verfasste Artikel, las Bücher, besuchte Seminare. Im Nachhinein erschien ihr seine Geschichte wie eine der Parabeln aus ihrem Staatsbürgerkundeunterricht in der DDR: ein Arbeiterkind, das durch die Partei den sozialen und persönlichen Aufstieg schaffte. Früher hätte sie so eine Erzählung gelangweilt überflogen und für Propaganda gehalten. Sie fragte sich, ob Felix die Geschichte kannte.

Bei den meisten Treffen der Partei verstand Arnold kaum ein Wort. Mit der Zeit eignete er sich die spezifische marxistische Terminologie an und war absolut loyal gegenüber der Sowjetunion. Sie verbrachten viele Stunden auf unterschiedlichen Versammlungen mit Diskussionen über die Lage im Mutterland des Kommunismus. Das ging so weit, dass Arnold, der inzwischen zum ersten Mal geheiratet hatte, seinen Sohn Josef Stalin nennen wollte. Doch seine damalige Frau war dagegen.

Arnold wurde «professioneller Revolutionär», wie er es nennt. Schon drei Jahre nach seinem Eintritt in die Partei war er Gewerkschaftsführer der Textilarbeiter. Er verdiente sehr wenig Geld, führte Streiks, verteilte Flugblätter, schrieb Artikel in kommunistischen Zeitungen. Seine Wohnung wurde zum ersten Mal 1946 durchsucht, dann in immer kürzeren Abständen. Und er kam immer wieder für kurze Zeit ins Gefängnis, was Arnold nicht besonders beeindruckte, zumindest sagt er das heute. Die meisten Mithäftlinge ließen ihn in Ruhe, mit einigen spielte er Bridge. Er hatte sehr gute Verteidiger und das erhebende Gefühl, er sitze für die richtige Sache. Sein Familienleben verschwand immer mehr hinter den politischen Aktivitäten. Arnold war selten zu Hause, seinen kleinen Sohn sah er fast nie und seine erste Frau teilte seine Ansichten überhaupt nicht. Bald darauf ließen sie sich scheiden, seine Anwälte hießen Nelson Mandela und Oliver Tambo. Von da an sah Arnold seinen Sohn kaum noch. «Die Sache ging vor», sagt er.

Später sollten Vater und Sohn sich fast dreißig Jahre lang überhaupt nicht treffen, nicht sprechen. Für den Sohn muss es gewesen sein, als sei sein Vater gestorben, ausgelöscht. Arnold holt ein Foto aus dem Schlafzimmer, darauf hält ein Mann mit dunkelblonden Haaren und Shorts Arnold im Arm. Er sieht ihm ähnlich. Neben ihnen stehen einige jüngere Menschen vor einem Haus: Arnolds andere Enkel. Arnold lächelt, es ist eine Mischung aus Stolz und Trauer. Stolz auf seinen Sohn, der in den Minen arbeitete wie er. Trauer um eine Beziehung, die sie nie hatten und die sie jetzt nach so langer Zeit auch nicht mehr aufbauen konnten. «Er hat mir nie einen Vorwurf gemacht», sagt Arnold. In den letzten Jahren hat Arnold ihn mehrmals in Südafrika besucht, immer nur kurz. Er würde gern mehr Zeit mit ihm verbringen. Als sie Arnold fragt, wie es war mit seinem Sohn, sagt er: «Schön.» Mehr nicht. Er weiß, es ist vorbei.

In den African National Congress (ANC) konnte Arnold damals in den vierziger Jahren nicht eintreten. Er war zu dieser Zeit nur für Nichtweiße offen. Die Kommunistische Partei arbeitete aber mit dem ANC zusammen. Nelson Mandela kannte Arnold «aus dem Kampf», wie er es immer nennt. Um 1948 hatte er das erste Mal seinen Namen im Internationalen Club gehört, einem Club, in dem sich Menschen verschiedener Hautfarben trafen. Dort suchte man damals einen Teilzeit-Sekretär und Arnold bewarb sich. Nachher beim Vorstellungsgespräch sagten die Leiter des Clubs ihm, sie hätten noch eine Bewerbung von einem afrikanischen Studenten. Daraufhin zog Arnold seine sofort zurück. Der Konkurrent war Nelson Mandela.

In den nächsten Jahren kaufte Arnold öfter Brandy für Mandela und seinen Freund und Anwaltskollegen Oliver Tambo, den späteren Präsidenten des ANC. Arnold beschreibt Mandela als «sehr offen und höflich». Oft begleitete Arnold ihn abends nach Hause in Soweto, damit er nicht verhaftet werden würde. Wie sehr sein weiteres Leben mit Nelson Mandela und dem ANC verwoben sein würde, ahnte Arnold damals noch nicht.

Bereits vor 1948 war strikte «Rassentrennung» Wirklichkeit in Südafrika, aber erst mit dem Wahlsieg der Nationalen Partei im selben Jahr wurde sie auch ideologisch festgeschrieben. Jeder Bürger wurde von den Behörden einer bestimmten «Rasse» zugeordnet: Entweder war er weiß, schwarz, farbig oder Inder. Oft war die Zuordnung nur mit den obskursten Methoden möglich. So wurden Menschen Bleistifte ins Haar gesteckt: Wenn der Stift herausfiel, war man weiß, wenn er stecken blieb, war man schwarz oder farbig. Ganze Familien wurden auf diese Weise aufgelöst und auseinander gerissen, weil manche Mitglieder als farbig, andere als weiß oder schwarz eingestuft wurden. Sie durften nicht mehr in denselben Wohnungen oder Vierteln leben, nicht dieselben Schulen besuchen, sich eigentlich gar nicht sehen. Es muss eine gespenstische, bedrückende Atmosphäre geherrscht haben, in der jeder jeden misstrauisch beäugte.

Schwarze durften keine höhere Bildung erlangen, sie sollten nur zu Dienstpersonal ausgebildet werden. Markierungen an den Fußgängerüberwegen schrieben vor, an welcher Stelle welche «Rasse» die Straße überqueren sollte. Restaurants waren für Schwarze verboten und öffentliche Gebäude hatten mehrere verschiedene voneinander getrennte Eingänge. Durch die Einführung von feinen Privilegien für Inder und Farbige schaffte es die Regierung, auch die Nichtweißen gegeneinander aufzubringen. Ihre Schulen waren etwas besser, die Wohngegenden nicht ganz so abgelegen und heruntergekommen. Und, was für Arnold und Jeannette eine große Rolle spielen sollte: Die neue Regierung verbot Mischehen und kriminalisierte Sex zwischen den verschiedenen Bevölkerungsgruppen.

Außerdem hatte die Nationale Partei die Wahl mit dem Versprechen gewonnen, sowohl die aufsässigen Schwarzen als auch die gottlosen Kommunisten schärfer zu verfolgen. Wobei die weißen Kommunisten als Verräter ihrer eigenen «Rasse» angesehen wurden. Nicht nur dass sie gegen den Staat kämpften, sie verbündeten sich sogar mit den Schwarzen, um ihre eigene Vorherrschaft zu zerstören. Für die Hirne des Apartheid-Regimes muss diese Vorstellung monströs gewesen sein. Und es war gefährlich, sich gegen dieses Regime aufzulehnen. Für Arnold und seine Genossen brach eine schlimme Zeit an, die für die meisten von ihnen im Tod, Gefängnis oder Exil enden sollte.

Eines Tages bekam Arnold einen Brief, in dem stand: *Sie sind als Kommunist bekannt. Sie können dem aber noch widersprechen.* Die neue Regierung schickte diesen Brief an alle bekannten und registrierten Kommunisten. Zu dieser Zeit war die Kommunistische Partei noch legal, doch die Regierung wies in diesem Schreiben darauf hin, dass man nicht Mitglied der Kommunistischen Partei oder anderer Anti-Apartheid-Organisationen werden und sich an keiner ihrer politischen Aktivitäten beteiligen dürfe. Damit war die KP inoffiziell verboten.

Arnold hielt den Brief in den Händen und wusste nicht, was er tun sollte. Die Parteilinie war: Man darf niemals seine Mitgliedschaft abstreiten, man muss im Gegenteil stolz darauf sein. Er leugnete nicht. Das bedeutete das Ende seines normalen Lebens.

Arnold sieht sie an. Es ist still im Zimmer, einen Augenblick. Er erzählt immer sehr schnell, ohne Pausen, als hätte er Angst, unterbrochen zu werden und sich dann in seinen Lebenssträngen zu verwirren. Es war eine wichtige Entscheidung damals. Er sagt: «Ich habe an die bessere Gesellschaft geglaubt, an die Gleichberechtigung von Schwarz und Weiß.» Es klingt traurig, als sei manches vergeblich gewesen. Aber ohne diesen Glauben, diese Prinzipien hätte er sein Leben wahrscheinlich gar nicht aushalten können.

Sie bewundert diesen schmalen 83-jährigen Mann mit der Brille und dem Hörgerät, der ihr gegenübersitzt und aufgeregt erzählt, was für Bücher er gerade liest und welche Zeitungsartikel er für bemerkenswert hält. Sie bewundert ihn für seine Stärke und seine Konsequenz, diesen Willen, sein persönliches Glück für etwas Abstraktes zu opfern. Gleichzeitig macht ihr genau das auch Angst. Für die Menschen, die ihm nahe standen, war es vielleicht manchmal grausam. Ab und zu hat Arnold darüber nachgedacht, wie es gewesen wäre, wenn er kein Kommunist gewesen wäre: Dann hätten Jeannette und er Südafrika später nicht verlassen müssen, sie wären nicht in die DDR gekommen und Felix wäre nicht in Ostberlin geboren worden. Es sind unbrauchbare Konjunktive, sie ändern nichts, sie helfen nicht einmal.

Arnold war von 1953 an «geächtet». Das hieß, er durfte sich nicht mit mehr als drei Menschen gleichzeitig treffen, durfte Johannesburg nicht verlassen und nicht an öffentlichen Versammlungen teilnehmen. Die Sicherheitspolizei trat in Arnolds Leben und sollte es für fast 40 Jahre nicht mehr verlassen. Die Kommunistische Partei liquidierte sich im gleichen Jahr selbst und existierte in kleinen Zellen im Untergrund weiter. Arnold führte von nun an zwei Leben – ein sichtbares, legales und ein unsichtbares, illegales.

Die wenigsten Genossen wussten voneinander, ob sie in der Partei waren oder nicht. Es war zu gefährlich. Arnold kannte nur die drei anderen Mitglieder seiner Zelle. Aus Angst vor Spitzeln trug jeder von ihnen einen Geheimnamen. Arnold hieß Matthew, die anderen nannten sich Martin, Luther und John. «Es haben trotzdem alle ‹Genosse Arnold› zu mir gesagt», sagt er. Sie trafen sich in Autos, im Park und mal bei anderen zu Hause. Sie redeten kurz, intensiv, immer in der Furcht, jeden Moment entdeckt zu werden. Wenn er heute davon erzählt, senkt er noch immer etwas die Stimme, als habe er Angst, jemand könnte mithören.

In Arnolds Erinnerung hat diese Zeit einen besonderen Platz, er lacht viel, spricht noch schneller als sonst und seine Hände zerteilen hektisch die Luft. Die ständige Angst, die permanente Flucht vor der Polizei machte sie zur intensivsten Zeit seines Lebens – im Positiven wie im Negativen. «Es war eigentlich ziemlich aufregend, sich immer zu verstecken», sagt er und fügt nach einer kurzen Pause hinzu: «Ich fühlte mich wichtig.»

Praktisch alles, was er tat, war irgendwie verboten, der Feind erschien übermächtig, aber moralisch unterlegen. Durch die Aufmerksamkeit, mit der das Regime schon eine Flugblattaktion bedachte, kamen Arnold und seine Genossen sich enorm einflussreich vor.

Als er 1956 Jeannette kennen lernte, hatte sich seine Situation nicht verändert. Jeannette kann sich noch genau daran erinnern, wie er ihr damals gegenübersaß und verschwörerisch sagte: «Ich denke, du kannst ein Geheimnis für dich behalten, wenn du das nicht kannst, bringst du mich in Gefahr. Ich bin Mitglied der Kommunistischen Partei.»

Jeannette fand das spannend, aber vor allem war sie geschmeichelt von dem Vertrauen, das er ihr entgegenbrachte. Sie nickte und hielt ihr Versprechen. Es muss von Anfang an eine Art instinktives Urvertrauen zwischen den beiden geherrscht haben. Sie würden in ihrem Leben noch sehr oft sehr verschiedener Meinung sein. Bis heute streiten sie so bedingungslos, dass sie, wenn sie die beiden besucht, sich manchmal verlegen an einen anderen Ort wünscht. Erst mit der Zeit merkt sie, dass es nie so ernst gemeint ist. Felix sagte in diesen Momenten zu seiner Großmutter: «Lass doch den alten Mann in Ruhe!», doch es scheint etwas in ihrer Beziehung zu geben, das sie über alle Differenzen zusammenhält.

Jeannette war, bis sie Arnold traf, überhaupt nicht politisch aktiv. Sie hatte eine unglückliche, brutale erste Ehe mit einem Farbigen hinter sich und eine kleine Tochter – Felix' Mutter. Sie arbeitete in einer Textilfabrik und träumte davon, Lehrerin zu werden. Ihrer Familie ging es nicht schlecht, Jeannette spielte sogar Tennis in einem vornehmen Club, natürlich nur mit Farbigen. Arnold wirft ihr ihre «bourgeoise Herkunft» heute noch ab und zu vor. Sie lebte in einer Welt der Farbigen, die anderen kannte sie nicht, sie hatte nichts mit ihnen zu tun. «Wenn ich zurückdenke, war ich Teil der Apartheid. Ich habe damit gelebt und nicht darüber nachgedacht», sagt sie.

Nach ihrer Begegnung mit Arnold, und erst recht nach ihrem missglückten Hochzeitsversuch in Lesotho, war sie «aufgewacht», wie sie es nennt. Sie spürte die Ungerechtigkeit zum ersten Mal am eigenen Leib. Arnold nahm sie daraufhin mit zu den geheimen Untergrundtreffen der Partei. Oft saß Jeannette zwischen den ernsten Männern, die über sowjetische Politik diskutierten, und fragte sich, was Stalin und Chruschtschow mit ihr und Südafrika zu tun hätten. Sie begann Zeitung zu lesen und stellte überall, wohin sie kam, die Frage: «Warum sind wir getrennt?» Es war, als sei sie von einer langen Reise zurückgekehrt und sehe ihr Land nun völlig verändert.

Sie traf sich jetzt auch mit anderen Regimegegnern wie Ahmed Kathrada, dem engen Vertrauten Nelson Mandelas, der später mit ihm zusammen verurteilt wurde und fast dreißig Jahre mit ihm im Gefängnis saß. Ihre Treffen waren sehr konspirativ. «Ich habe ein illegales Dasein geführt», sagt sie. Die Sicherheitspolizei trat nun mit Macht auch in Jeannettes Leben und fragte ihren Chef in der Näherei nach ihr aus. Ihr Exmann denunzierte sie bei den Behörden und versuchte so, das Unterhaltsgeld für ihre gemeinsame Tochter zu sparen. Es genügte, dass er den Verdacht äußerte, sie habe einen weißen Freund: Schon kamen zwei Sozialarbeiterinnen zu Besuch, die die Tochter mitnehmen wollten. Am Ende gewann Jeannette, ihre Tochter blieb bei ihr.

Und sie wurde wegen Arnolds politischer Aktivitäten von der Sicherheitspolizei abgeholt und verhört. «Sie kamen immer mit einem VW», sagt sie. Arnold hatte ihr vorher die Verhaltensregeln erklärt: «Schweigen und sagen, dass du nichts weißt.» Die Männer brachten sie aufs Revier, fragten sie stundenlang nach Arnold, der Partei und geplanten Aktionen aus. Jeannette war Anfang zwanzig und mehr oder weniger zufällig auf die «falsche Seite» geraten. Sie saß vor den Polizisten, dachte an ihre Familie und fürchtete sich, aber sie sagte nichts. Sie ließen sie wieder gehen.

Mehr als vierzig Jahre später klingen diese Sätze wie aus der Zeit gefallen. Jeannette sitzt in Berlin auf dem Sessel im Wohnzimmer, vor ihr steht eine Tasse Kaffee. Ab und zu streicht sie sich mit der Hand übers Gesicht. Die Erinnerung ist mächtig, manchmal treibt sie Jeannette die Tränen in die Augen. Sie wischt sie hastig wieder fort.

Nach einiger Zeit wurde sie selbst Vorsitzende der *Coloured People Organisation* ihres Viertels, eines Ablegers des ANC. An den Wochenenden holte Arnold sie nach der Messe von der Kirche ab und sie fuhren in die schwarzen Townships von Johannesburg. Dort verteilten sie Flugblätter und Zeitungen der Kommunistischen Partei, obwohl Jeannette niemals Mitglied war. Wenn die Menschen nicht lesen konnten, las Jeannette ihnen die Zeitungen vor und versuchte sie so zu überzeugen. Dabei war sie selbst nie eine überzeugte Kommunistin wie Arnold, für sie war es immer eher eine Frage des Anstands und ihres eigenen Gerechtigkeitssinns. Ihre kleine Tochter war immer dabei, beim Zeitungenverkaufen und Flugblätterverteilen. Wahrscheinlich merkte sie, dass um sie herum merkwürdige, gefährliche Dinge vor sich gingen. Sie muss die Anspannung, die Furcht der Erwachsenen gespürt haben. Einen Sinn konnte sie mit ihren sechs, sieben Jahren den Geschehnissen sicher nicht geben.

In Glenn Frankels Buch *Rivonias Children* sagt Joe Slovo, einer der bekanntesten weißen Kommunisten im südafrikanischen Freiheitskampf, er und seine Frau Ruth First hätten wegen der großen Gefahr nie mit ihren Kindern darüber sprechen können, was sie machten und warum. «Von Angst und Verunsicherung abgesehen, müssen unsere Verhaftungen und unsere dauernde Abwesenheit auf unsere Kinder gewirkt haben, als wäre uns das alles wichtiger. Sie müssen sich gefühlt haben, als kämen sie immer erst an zweiter Stelle, nach der Sache.»

10 Es gab da noch ein anderes Leben von Felix: die Tagwelt. Durch die Nachtwelt zog er mit Oliver und den anderen, die Tagwelt gehörte dem Training und David. David hat vieles von Felix geerbt: Mahnbescheide, Rechnungen, Gerichtsbeschlüsse und ein Auto, das es nicht mehr gibt. Aber das ist eine lange Geschichte. Sie begann 1994.

In der ersten Stunde in der neuen Schule sollten sie sich einander vorstellen. David fiel Felix' Name auf, er klang nicht deutsch, und der Beruf «Herrenmaßschneider» passte überhaupt nicht zu dem kleinen Mann mit Basecap und Markenjeans. Es war Anfang 1994, und hier im «Victor-Klemperer-Kolleg» in Marzahn waren all die versammelt, die aus irgendwelchen Gründen in der DDR kein Abitur gemacht hatten. Die Schule lag mitten in einem Neubaugebiet, nicht weit von der Nervenklinik Herzberge entfernt. Drinnen roch es noch süßlich-scharf nach Bohnerwachs, auf dem Boden lag der alte gelb-bräunliche PVC-Belag und die Wände schimmerten blass. Es war wie früher. «Die Stimmung war euphorisch, es hatte was von Aufbruch», sagt David.

David hatte damals blonde lange Haare, die ihm bis zu den Schultern reichten, und war ganz in Schwarz gekleidet. Er war ein «Linker», engagierte sich für die Rote Hilfe. «Felix fiel mir sofort auf, weil er wie ich auch nicht richtig in die Schule passte», sagt er. In den folgenden drei Jahren wollten sie hier das Abitur nachholen. David erinnert sich, dass Felix sich in der ersten Zeit sehr zurückhielt, er meldete sich nie, schwieg die meiste Zeit. Er war etwas verunsichert, niemand interessierte sich für Türen, Schlägereien, Kickboxen. Es war eine andere Welt.

Eines Tages sollten sie im Deutschunterricht ihre Lieblingsbücher vorstellen. Die meisten nannten Werke von Hermann Hesse. Felix verdrehte die Augen zur Decke, was so viel heißen sollte wie «diese Pseudointellektuellen!». Er brachte ein Kriegsbuch von seinem polnischen Lieblingsautor Janusz Piekalkiewicz mit. In der Buchhandlung hatte ein Verkäufer den einmal als «revanchistisch» bezeichnet, was Felix sehr wütend gemacht hatte. Auch in seiner Klasse kam das Buch nicht besonders gut an, die anderen waren irritiert. Felix wurde immer leiser, doch in seiner Reaktion schwang ein wenig Hochmut mit. Er dachte: Ich kenne das richtige Leben, ihr seid doch nur Spinner.

David las Gedichte von Charles Bukowski aus dem Band *Gedichte, die einer schrieb, bevor er im 8. Stockwerk aus dem Fenster sprang* vor. Er schob Felix das Buch in der Stunde hinüber, Felix musste lachen. Er fand es gut. Von da an versorgte David ihn mit Büchern von Bukowski, Remarque, Fried, auch mit ein paar Werken über die Französische Revolution. Die Zeit der Comics und der Kriegsliteratur war damit allerdings nicht vorbei. Es kam nur noch etwas hinzu.

Felix begann sein neues Leben am Tag zu gefallen. Er machte Hausaufgaben, träumte davon, Psychologie oder Geschichte zu studieren. Psychologie war auch eines seiner Leistungsfächer für das Abitur. Er versuchte, mehr über sich zu erfahren, über die Dinge, die er nicht verstand. Und er schwärmte von seinen Lehrern, was bei Felix sehr ungewöhnlich war. Bisher hatte er Lehrer immer nur gehasst. Und sie mochten ihn: «Felix war ein zurückhaltender, sympathischer junger Mann», sagt sein Mathelehrer.

Die Beziehung von David und Felix vertiefte sich auf dem Schulklo. Beide telefonierten dort mit ihren Handys und grinsten einander dabei anerkennend an. Mitte der neunziger Jahre waren Handys noch etwas Außergewöhnliches. Sie trafen sich jetzt auch öfter außerhalb der Schule. «Sie wurden eine Einheit», erzählt ihr Mathelehrer. Durch David fing Felix an, Spanisch zu lernen.

In der Mittagspause fuhren sie zusammen in Felix' Auto ins Übereck, ein Café in Prenzlauer Berg. Das Übereck war eines der ersten Cafés, das nach dem Mauerfall eröffnete. Draußen war es blau angestrichen, im Inneren hatte der Rauch die Wände dunkel gefärbt. Es war ein schmaler langer Raum, rechts die Theke, am Ende hing ein buntes Gemälde, das sich veränderte, wenn man eine Mark in einen Automaten warf. Es war ein Café für Studenten, eher linke Szene, die hier über Stunden riesige Tassen mit Milchkaffee in sich hineinschütteten und zusahen, wie es draußen allmählich dunkel wurde. Das ganze Leben schien verlangsamt, endlos lange Freizeit. Am Abend brauchte man sich nur noch nach Hause ins Bett zu schleppen. Sie kannte das Café gut, ein Freund von ihr hatte hier an der Bar gearbeitet. Eine Zeit lang kam sie jeden Dienstagabend ins Übereck, um Freunde zu treffen. Jahrelang besuchten Felix und sie dasselbe Café, zu anderen Zeiten, mit anderen Freunden. Getroffen haben sie sich nie.

Felix und David teilten sich immer ein großes Frühstück und Felix bestellte einen Earl Grey dazu. Oft saßen sie da und freuten sich darüber, dass sie hier sein konnten, während die anderen arbeiten mussten. Manchmal schwiegen sie auch mehrere Stunden und jeder las Zeitung: Felix den *Spiegel*, David die *taz*. Bald kannten sie die Kellner und Köche und Felix durfte aus der Küche Tüten mit eingefrorenen russischen Pelmeni mit nach Hause nehmen. Er liebte Pelmeni und aß sie immer mit Butter und Ketchup.

Zu Beginn beobachtete Felix die Menschen an den Nebentischen misstrauisch, als keiner ihn weiter beachtete, entspannte er sich. Er fühlte sich trotzdem ab und zu provoziert, aber nicht ganz so oft wie sonst. Es war, als befinde er sich in einem Zustand dauernder Wachsamkeit, jede Sekunde bereit, einen möglichen Gegner niederzuringen. Wenn ihn einer der Gäste etwas länger als notwendig anschaute, bezog er das sofort auf sich, drückte seinen Rücken gerade und fragte David: «Warum guckt der so?»

«Manchmal hatte er etwas Gockelhaftes», sagt David. Felix folgte dem arglosen Provokateur dann bis auf die Toilette, um ihm «eine Ansage zu machen», wie David es nennt. Er fand das lächerlich, sagte aber nichts. «Ich war ja nicht sein Vater.»

Bei einem dieser Frühstücke fing Felix an, von seinem Leben zu erzählen. David wollte nicht in die Szene eingeführt werden. Kickboxen interessierte ihn nur wenig, Türsteher kannte er aus den Clubs, die er besuchte, und von Fußballschlägereien las er in der Zeitung. Er war ein Außenstehender, der nur zuhörte. Felix erzählte von seinen Jobs an den Türen und davon, wie er Leute bewachte, die in Hinterzimmern Glücksspiele spielten, oder von seinem neuen Job an der Tür eines Bordells. Dessen Betreiberin pflegte unaufhörlich auf Felix einzureden und sie trank zu viel, sodass er im Morgengrauen oft mit ihr am Tisch saß und ihr bei der Abrechnung helfen musste. Manche Geschichten klangen witzig, wie die, bei der Felix mit ein paar anderen Geld von einem Autohaus eintreiben sollte: Sie mieteten sich mehrere Mercedes S-Klasse, trugen schwarze Anzüge und Sonnenbrillen und fuhren vor. Obwohl noch gar nichts passiert war, flüchteten die Autohausbesitzer panisch in die Schränke ihres Büros. Felix lachte noch im Nachhinein über «diese Eierkuchen».

Es ging auch viel um Autos. Autos, die es eigentlich gar nicht mehr richtig gab. David begriff das Prinzip aber erst viel später, als Felix schon nicht mehr da war. Felix fuhr zu Schrottplätzen und suchte teure Autos wie Mercedes, BMW oder Audi mit Totalschaden. Diese Wagen waren noch zugelassen. Und Felix kaufte sie direkt vom Schrottplatz mit Papieren und Nummernschildern. Für Schrottautos kosteten sie erstaunlich viel,

Felix bezahlte manchmal 7000 Mark. Im Prinzip kaufte er auch nur die legalen Papiere und die intakten Motorblock- und Fahrgestellnummern. Ein paar junge Hooligans, die sich in der Szene noch beweisen mussten – eine solche Truppe nannte sich die «Abrafaxe», nach dem alten Ost-Comic – klauten daraufhin Wagen desselben Modells. In Werkstätten wurden von den kaputten Autos Motorblock und Fahrgestell mit den legalen Nummern in die geklauten Autos eingebaut. Das alte Auto verschwand wieder im Schrott, das Gestohlene bekam die legale Identität des Schrottautos. Dieses «neue Auto» wurde für 15 000 bis 20 000 Mark weiterverkauft. Bei einer einfachen Überprüfung fiel nichts auf. Manchmal wurden auch nur die Papiere für die geklauten Wagen gefälscht.

Felix telefonierte ständig mit verschiedenen Werkstätten, es gab immer Ärger mit irgendwelchen Käufern, Verkäufern oder Monteuren. Jeder versuchte jeden zu betrügen. Felix fuhr selbst große Wagen, meist BMW. Wenn seine Großmutter ihn fragte, wie er sich den leisten könne, antwortete er kurz: «Das geht dich nichts an.» Ab und zu spendierte sie ihm den Sprit, weil Felix nie Geld hatte. Autos waren wichtig in der Szene, sie symbolisierten Wohlstand, zeigten an, wie gut jemand im Geschäft war, auch wenn sie einem nicht wirklich gehörten.

Die Autogeschichten blieben auch der Polizei nicht gänzlich verborgen. Sie erwischte Felix einmal in einem geklauten Auto. Felix sagte, er wisse von nichts, es sei nur eine Probefahrt, weil er das Auto kaufen wolle. Den Verkäufer konnte er nicht benennen. Die Ermittlungen wurden eingestellt.

Ein anderes Mal klingelte im Unterricht Felix' Handy. Ein Polizist war am Apparat und sagte: «Wir stehen vor Ihrer Tür und wollen Ihre Wohnung durchsuchen.» Felix blieb gelassen. David kannte sich durch seine politische Arbeit gut aus mit solchen Sachen. Er fuhr anstelle von Felix in dessen Wohnung und schrieb alles mit, was die Polizisten dort machten. Die

Beamten waren sauer. Sie fanden nichts und David unterschrieb auch nicht das Durchsuchungsprotokoll. David und Felix hatten sich sogar überlegt, dass David sich beim nächsten Mal als Felix ausgeben sollte. Dazu kam es aber nicht.

David hat Felix viel geholfen. Warum?

«Aus Sympathie», sagt er und zuckt die Achseln. Er hält auch nicht viel von der Polizei. Vielleicht hat er die Konsequenzen unterschätzt. David weiß es nicht so genau. Er dachte damals nicht viel darüber nach. Er mochte Felix, er war ein Freund, also hat er eben geholfen.

Es war eine Freundschaft, in der sie bestimmte Themen lieber nicht berührten. Über Ausländer redeten sie zum Beispiel nicht und selten über den Zweiten Weltkrieg. David wusste, dass Felix Türken nicht mochte, und auch seine Begeisterung für Kriegsliteratur kannte er. Felix verstand, dass sich David für linke politische Gefangene einsetzte. Er fragte kaum nach. Im Grunde mochten sie beide den neuen Staat nicht besonders, wenn auch aus unterschiedlichen Gründen. Felix hätte gern dazugehört, David nicht unbedingt. Sie akzeptierten einander still. Es war, als bewundere jeder den anderen in seinem Anderssein. Sie lebten sehr unterschiedlich mit anderen Freunden und Jobs, sahen sich aber täglich, hörten beide die «Böhsen Onkelz», obwohl die in Davids Umfeld nicht gerade beliebt waren. Und sie wollten zusammen eine Band gründen. «Felix hatte den Hass, ich die Gitarre», sagt David. Es wurde nichts daraus.

David schüttelt den Kopf. «Felix hatte immer viele Pläne.» Er wollte zum Beispiel, dass David sein Leben für ihn aufschrieb. Felix sagte: «Andere sehen einen Film, ich lebe ihn.» Dann sollte Felix einen Burger-King-Laden als Geschäftsführer übernehmen. Ein anderes Mal plante er eine große Reise nach Chile, dann eine in die Heimat seiner Großeltern, Südafrika. Jedem Freund erzählte er einen anderen großen Traum. Am Ende erfüllte sich keiner.

Nur einmal fuhren David und Felix zusammen weg: auf eine Klassenfahrt nach Madrid. Jeden Morgen stand Felix auf und rannte 3000 Meter in einem Park in der Nähe des Hotels. Danach zog er sein Konditionstraining durch wie zu Hause. Auch hier konnte er kaum abschalten. Egal, wo er sich befand, er hielt an seinen Gewohnheiten fest, als drohe sein Leben sonst aus dem Rahmen zu fallen.

Nach dem Morgentraining spazierte er mit David durch Madrid. Es war sehr heiß und sie setzen sich in den Botanischen Garten und lasen Bücher. Für David eine der schönsten Erinnerungen. Es waren ruhige, harmonische Momente in einem Dasein voller Anspannung. Abends besuchten sie ein Konzert, bei dem Beethoven gespielt wurde – nach Bach Felix' liebster Komponist.

Später in der Disko ging es dann wieder los. Jemand warf Felix vermeintlich böse Blicke zu. Felix nahm sofort Kampfposition ein und sagte zu David: «Halt mir den Rücken mit dem Aschenbecher frei.» David hatte dazu keine Lust und Felix ließ die Sache auf sich beruhen.

Am nächsten Tag gingen sie in den Prado. Felix gefielen die Gemälde von Goya, Hieronymus Bosch und Brueghel, schöne, düstere Bilder von Gemetzeln, Wahnsinn und Untergang. Hier kaufte er auch den Druck von Brueghel, der noch heute in seinem Zimmer bei den Großeltern hängt.

Kurz nachdem sie aus Spanien zurückgekommen waren, verliebte sich David in ein Mädchen aus der Schule. Für Felix war das wohl ein Unglück. David setzte ein Jahr Unterricht aus, fuhr mit seiner neuen Freundin um die Welt. Vorher borgte er sich noch 5000 Mark von Felix. Während seiner Reise meldete er sich ab und zu aus fernen Ländern bei seinem Freund.

Felix ging nach Davids Abreise kaum noch zur Schule. Irgendwann kam er gar nicht mehr, bis er hinausgeworfen wurde. Wieder war etwas zu Ende gegangen, wieder etwas, das er mit einem Menschen verbunden hatte. Nichts schien von Dauer. Felix hörte in der 13. Klasse auf, der letzten. Sein Mathelehrer glaubt noch heute: «Er hätte das Abitur geschafft. Sicher.»

Nachdem David von seiner Reise zurückgekehrt war, ging er weiter zur Schule. Felix nicht. Zu Davids Abiturfeier betrat Felix noch einmal seine alte Schule und sprach mit seinem Mathelehrer darüber, wie er wieder einsteigen könnte. Sie stellten fest, dass man Psychologie und Chemie, seine Leistungsfachkombination, nicht mehr gemeinsam wählen konnte. Felix hätte die 12. Klasse noch einmal wiederholen müssen. Er stimmte trotzdem zu. Der Mathelehrer meldete ihn an, Felix kam nicht. David versuchte noch ein paar Mal, Felix zu überreden. Vergeblich.

Als sie David das erste Mal in seiner Küche in Prenzlauer Berg besucht, setzt sie sich auf die Couch. Die Polster geben nach, sodass sie allmählich immer tiefer sinkt. David hockt ihr gegenüber auf dem Stuhl. Die Küchenwände sind mit knittrigem Packpapier tapeziert, im Hinterhaus übt eine Frau Opernarien. David hat inzwischen kurze Haare, bevorzugt immer noch Schwarz und studiert Spanisch. Aus seinem Zimmer holt er vier Aktenordner, jeder einzelne dick wie ein Lexikon. David stellt sie auf das Fensterbrett: Felix' Nachlass.

Er schlägt den ersten Ordner auf und sie blickt auf Mahnbescheide, Rechnungen, Anwaltsbriefe, die sich langsam gelb färben. Oben links, im Feld für die Adresse, steht immer nur Felix' Name. Es sieht aus, als habe er einen Krieg gegen sämtliche Behörden Deutschlands geführt. Tausendmal parkte er das Auto auf dem Bürgersteig vor seinem Haus. Tausendmal bekam er dafür einen Strafzettel. Es war ein Kampf, den er nur verlieren konnte.

David schüttelt langsam den Kopf. Sie ist traurig, es ist so sinnlos. Felix bekam immer mehr Rechnungen und bezahlte immer weniger, bis er sie irgendwann ganz vergaß. Manchmal telefonierte er mit seinem Handy für 350 Mark im Monat, erst kam die Rechnung, dann eine Mahnung nach der anderen, schließlich die Kündigung. Dasselbe passierte mit Versicherungen, Wohnung, Strom und Gas. Sogar seine Anwaltskosten beglich er nur selten. Der Alltag hatte Felix besiegt.

In einem «schwachen Moment» sagte David zu ihm: «Gib den Scheiß rüber.» Von da an erzählte Felix, er habe jetzt einen persönlichen Sekretär. Felix brachte nur noch die Post zu David. Der rechnete alles aus, behielt den Überblick über die Versicherungen und Forderungen. Felix lieferte das nötige Geld in Briefumschlägen bei ihm ab, und David überwies es dann. Er musste Felix oft nach dem Geld fragen oder ihm hinterhertelefonieren. Manchmal wurden die Lieferungen auch dadurch erschwert, dass Felix seine Post erst von verschiedenen Menschen abholen musste, mal von seiner Mutter, mal von seiner Geliebten, mal von den Großeltern. Felix lebte in dem Glauben, wenn er nirgendwo gemeldet sei, würden Gläubiger oder die Polizei ihn nie finden.

Irgendwann war Felix von David abhängig. Es war, als habe er die Verantwortung über sein Leben an ihn abgegeben. Noch kurz vor seiner Festnahme 1999 zog Felix in eine Wohnung in Prenzlauer Berg, die David gemietet hatte. David musste ihn zu Ikea begleiten, ihm helfen, Teppiche auszuwählen, und Gardinen anbringen. «Felix konnte nicht ein Kabel verlegen», sagt David. Und auch Felix' BMW lief auf Davids Namen. Obwohl David ahnte, dass mit dem etwas nicht stimmen konnte. Anfangs bemerkten sie es nicht, doch allmählich verlor ihre Freundschaft das Gleichgewicht.

Sie beobachtet David, während er erzählt, was er alles für Felix getan hat. Kostenlos. Er scheint ihr zu ruhig, zu gleichmütig. Sie kann nicht aufhören zu fragen: Warum?

«Es hatte so einen subversiven Charme», sagt er und lächelt. Vielleicht war es auch spannend, an Felix' Leben teilzuhaben.

Die Faszination des Verbotenen. David überlegt, wie ihre Freundschaft weitergegangen wäre, wenn Felix nicht verschwunden wäre.

Sie sind im Streit auseinander gegangen. Einmal erwartete Felix zu viel von ihm, verlangte zu viel. Felix schickte ihm einen Brief aus dem Gefängnis, den David nie bekam. David meldete sich nicht, für ihn war es mittlerweile auch nicht mehr ganz ungefährlich. Auf allen möglichen Unterlagen stand schließlich sein Name. Jetzt sieht es so aus, als müsse David sich für seine damalige Entscheidung rechtfertigen. Es ist vorbei, er kann nicht mehr mit Felix reden, ihm nichts erklären, kann ihm keine Vorwürfe machen und sich auch für nichts entschuldigen. Er zahlt immer noch für Felix' Wohnung, um die sich nach seiner Verhaftung niemand mehr kümmerte. Und er hat Angst. Wie soll er der Versicherung erklären, dass er keine Ahnung hat, wo Felix' Auto geblieben ist? Der BMW verschwand gleich nach Felix auf mysteriöse Weise.

David sitzt in der Küche, schweigt, trinkt Kaffee. Er sieht auf die Ordner und es wirkt, als wolle er sie gleich vom Tisch stoßen. «Ich will jetzt über was anderes reden. Meine Beziehung zu Felix bestand ja nicht nur aus Akten und dem ganzen Scheiß.» Er wehrt sich gegen das bittere Gefühl, das in manchen Augenblicken alles Schöne dieser Freundschaft zu verdrängen droht. Vielleicht kann er sich deshalb auch nicht von den Ordnern trennen. Sie symbolisieren das Unangenehme, das Unausgewogene ihrer Beziehung. Aber sie sind so etwas wie eine letzte Erinnerung.

Sie hatte ihn nie kämpfen sehen. Dabei war er eigentlich dauernd damit beschäftigt, sich gerade auf einen Kampf vorzubereiten oder sich von einem zu erholen. Felix sagte immer: «Lieber nicht.» Es sei brutal. Sie werde sich gruseln. Wahrscheinlich hatte er Recht. Am Ende wollte er sie einmal mitnehmen. Es kam nicht mehr dazu.

Als er weg war, schaute sie sich ein Video von seinen Kämpfen an. Felix stand in einer Sporthalle im Ring, trug eine rote Hose und einen blauen Kopfschutz. Er sah schmal aus und seine Haut erschien dünn, fast durchsichtig. Sie konnte jeden einzelnen Muskel, jede Ader erkennen. Die letzten Wochen vor dem Kampf musste er sich immer auf Gewicht hungern, unter 60 Kilo bleiben. Vom Gong an befand er sich nur im Vorwärtsgang, schlug Haken, links, rechts, machte ab und zu einen Kick, immer zum Kopf. Er ließ den Gegner kaum in seine Nähe, hielt ihn mit ausgestreckter Faust auf Distanz. Aus dem Hintergrund ertönen Rufe: «Los, ran, Felix! Ja, jetzt auf die Leber. Mach den Sack zu!»

Über drei Runden von jeweils drei Minuten prügelte er auf die Gegner ein, die am Ende wie Mondsuchtige orientierungslos durch den Ring taumelten. Manchmal sanken sie auch schon vorher auf den Boden. K.o. Felix kämpfte immer Vollkontakt. Sie hörte das harte Klatschen der Füße oder Fäuste auf dem Oberkörper des Gegners und erinnerte sich an Felix' alten Trainer, der gesagt hatte, Kickboxen sehe aus wie Boxen mit zusätzlichem Fußeinsatz. Wenn Felix gewann, riss er kurz die Arme in die Luft, umarmte seinen Trainer, danach den Verlierer. Er wirkte ruhig, kontrolliert, als habe er den Sieg erwartet.

Es täuschte. Vor den Kämpfen war er extrem nervös. Ein Freund war 1996 mit ihm in Biedenkopf bei den Deutschen Kickbox-Meisterschaften und schlief im selben Hotelzimmer. Felix war vor Aufregung übel. «Er hatte Angst vor dem Versagen. Das hat er dann in Aggression umgesetzt», sagt der Freund. Felix gewann die Meisterschaft und er war mehrfacher Berliner Meister. Für viele im Kickboxen war er so etwas wie eine Legende.

Er verlor selten. Gegen Matthias ein paar Mal. Felix heulte

danach, konnte es nicht glauben. Aber Matthias war sein Trainer. Felix kannte Matthias schon lange, schon vor der Wende, aus den Karatejournalen, die im Westen erschienen. Matthias war der große Held, er war Weltmeister im Kickboxen. Gleich nach dem Mauerfall stellte sich Felix bei ihm in Westberlin vor. «Felix war unheimlich gelenkig, fast wie ein Balletttänzer», sagt Matthias. Zweimal in der Woche kam er zu ihm. «Seine Kicks waren nervend, mit den Fäusten musste er nachholen. Aber er war ein Riesentalent, hätte Weltmeister werden können.»

Matthias hat Felix gemocht: «Er war sehr bescheiden.» An der Wand seines Büros hängt eine Zeitungsseite aus der *BZ* von 1992. Darauf trägt Felix glücklich lächelnd Matthias nach seinem WM-Sieg auf den Schultern.

Auch Matthias ist Türsteher, seit seinem zwanzigsten Lebensjahr. Davor war er Postbote. «Der schnellste Berlins», fügt er hinzu. Und er ist ein Westler, einer der ganz wenigen, der auch im Osten eine Tür bewacht, im Tollhaus. Ein Freund von Felix sagte mal zu ihm: «Du bist der einzige Westler, der wie ein Ostler ist.» Es war das größte Kompliment. Matthias hat eine Ausnahmestellung in der Szene. Er wird von den meisten respektiert, obwohl er offen mit der Polizei zusammenarbeitet. Deshalb hat er auch ein paar Feinde. «Wer bei mir dealt, fliegt raus», sagt Matthias. Er ist klein, ganz in Schwarz gekleidet, trägt Glatze und sitzt vor ihr im Büro seiner Sicherheitsfirma. Auf seinem Hemdkragen ist ein Monogramm eingestickt und an der linken Seite seiner Hose hängt eine Waffe. «Ich bin eine gefährdete Person in Berlin», sagt er. Einige haben etwas dagegen, dass er mit der Polizei redet. «Wenn jemand was von mir will, nehme ich ihn mit ins Jenseits.» Er lauscht dem Klang seines letzten Satzes nach und ist zufrieden.

Matthias fiel irgendwann auf, dass Felix' Handynummern ständig wechselten, und er fragte Felix ab und zu, was er denn so mache. Felix erwiderte nichts darauf, sah nur zu Boden und schwieg. Matthias meinte, er solle sich von den Boxclub-Leuten fern halten.

«Die sind doch in Ordnung. Ich bin mit denen aufgewachsen», antwortete Felix. Es klang verwundert, als würde Matthias von ihm verlangen, dass er seine Familie verlasse. Ab und zu erzählte Felix seinem Trainer von seinen Erfolgen auf der Straße, den Fußballschlägereien und den ganz normalen Begebenheiten: «Da war so ein großer Breiter und ich habe einen Halbkreiskick zum Kopf gemacht. Der ist sofort umgefallen. Einfach so.»

«Der Respekt in der Szene kam, weil er gute Leute weggehauen hat», sagt Matthias.

Er wollte, dass Felix für ihn arbeitete, in Westberlin. Felix lehnte ab, er könne die ganzen Ausländer nicht ertragen. Da würde er nur ausrasten. Auch Matthias sagt: «Nach Jahren an der Tür mag ich keine Türken mehr.» Erst ganz zum Schluss ist ihm aufgefallen, dass auch Felix nicht völlig weiß war. «Er hatte ja eine richtig schwarze Mutter», wundert er sich noch heute. Felix wechselte später zum Boxclub. Sie hielten trotzdem Kontakt, besuchten sich ab und zu an den Türen.

Felix begann dann selbst Kickboxer auszubilden. Einer von ihnen ist Robert. Er, Felix und David waren zusammen in einer Abiturklasse. Robert träumt noch immer von Felix. In seinen Träumen erscheint Felix in seiner Wohnung, um sich in seinem Badezimmer zu verstecken. Robert soll loslaufen und den anderen vom Boxclub Bescheid sagen. Oder er sieht Felix im Himmel schweben und schimpfen: «Mann, hier kann man nicht mal richtig trainieren.»

Für Robert war Felix immer der Starke, der große Trainer, der ihn schleifte wie kein anderer. Dessen Aufwärmtraining er fürchtete: 65 Kniewechsel pro Bein. Das hieß, Robert musste mit dem Knie den Boden berühren und dann wieder hochschnellen. Danach konnte er kaum noch gehen. «Wenn einer nicht bis zur totalen Erschöpfung ging, war Felix sauer», sagt Robert. Dann stellte er sich wie ein General vor seine Truppe und verlangte mehr Konzentration. «Er war ein absoluter Perfektionist und er ging immer bis an die Grenze.» Am Ende ließ Felix seine Schüler manchmal noch Entengang machen oder drei Runden Hockstrecksprünge. Nicht selten musste Robert kotzen, oder er hörte einfach nicht auf zu schwitzen. Ab und zu wurde ihm auch schwarz vor Augen, an den großen Sandsäcken. Das war besonders anstrengend. Er hieb drei Minuten lang auf den Sack ein, der schwang vor und zurück, und er musste mitgehen und ausweichen. Felix brüllte immer: «Na los, ihr Säcke.» Und er hat niemals Fehler oder Schwäche zugelassen, auch bei sich selbst nicht. «200 Meter Hocksteckssprünge, das macht kein normaler Mensch, das ist zu hart», sagt Robert heute. Damals bewunderte er ihn dafür. Felix erschien beinahe überirdisch, als sei er nicht von dieser Welt. Vielleicht konnte er sich selbst nur noch durch Schmerz spüren.

Robert hätte sich Felix niemals weinend vorstellen können. «Wenn Leute wie er, die so hart sind, gehen, dann hat das alles keinen Sinn», sagt er. Nach Felix' Verschwinden ging er nur noch selten zum Kickboxen. Der Reiz war weg. Zwei Jahre trainierte er bei Felix, von sich selbst hat sein Trainer fast nie etwas erzählt. Robert wusste nur, dass Felix Großeltern hatte, mehr nicht.

Als Robert ihn zum letzten Mal sah, in jener Woche bevor er verschwand, da sah Felix aus wie einer, der viel geweint hatte. Sie saßen im Übereck, tranken Bier und unterhielten sich zum ersten Mal länger. «Felix war völlig verändert», erinnert sich Robert. «Wenn ihn jemand angemacht hätte, es wäre ihm vollkommen gleichgültig gewesen.» Die Härte war plötzlich weg. Felix, sein Held, zeigte sich schwach. Und das konnte Robert kaum ertragen.

II Felix hat es gehasst, auszusehen wie ein «Kanake», ein «Apache» oder ein «Ölauge», wie sie Ausländer in der Szene nennen. Er ist deshalb kaum nach Westberlin gefahren. Es war nicht seine Stadt, die Türken waren dort in der Überzahl. Mit ihnen wollte er nichts zu tun haben. Es muss gewesen sein, als sehe er in einen Spiegel. Das Bild, das ihn anschaute, gefiel ihm nicht.

Er kannte Türken nur als Gäste von Diskotheken, deren Türen er bewachte. Und da drohten sie ihm jede Nacht mehrmals. «Das überlebst du nicht, Alter.» Felix war immer kurz vor dem Ausrasten. Das traute sich sonst keiner. Bei den Türken konnte man bloß nie wissen, ob sie nach einer Provokation in großen Gruppen wiederkehren würden, um Rache zu nehmen. Es war bekannt, dass sie zusammenhielten, mehr noch als die Ostberliner. Manchmal orientierten sich die Ostberliner sogar an ihren Feinden: Sie führten Begrüßungsrituale ein und folgten ihrerseits dem Gesetz des Zusammenhaltes im Clan, das die Türken sehr ernst nahmen.

Felix wurde selbst einmal in der S-Bahn von mehreren Glatzen als «Kanake» beschimpft. Sie verprügelten ihn und brachen ihm die Nase. Als er nach Hause kam, sagte er zu seiner Großmutter: «Wenn das nochmal passiert, bringe ich sie um.» Danach trainierte er noch verbissener, nie wieder wollte er eine solche Demütigung zulassen. Es war ihm unbegreiflich, warum sie ihn hassten. Er selbst sah sich nie als Ausländer. Er war in Ostberlin geboren, wo die Glatzen herkamen, hatte dieselben Schulen wie sie besucht, hatte niemals eine andere Sprache als sie gesprochen und war genauso wütend, voller Hass und Ratlosigkeit wie sie. Doch sie ließen ihn nur in Ruhe, wenn sie ihn kannten. Sobald er sein Umfeld verließ, war er wieder der Fremde. Der Andere.

Felix fühlte sich nie als Südafrikaner. Es war ein Land, das er nie gesehen hatte, aus dem aber zufällig seine Mutter und seine Großeltern stammten. Er kannte nur die wenigen Verwandten, die mal nach Berlin gekommen waren, und lehnte es ab, dorthin zu reisen. «Ich bin Deutscher. Was soll ich da?», sagte er zu seiner Großmutter. Es traf sie, aber sie akzeptierte es still: «Es war wichtig für Felix' Identität.»

Irgendetwas musste es geben, wozu er gehören konnte: wenn schon nicht Ost oder West, Schwarz oder Weiß – dann wenigstens deutsch.

Deshalb verleugnete Felix auch seinen zweiten Vornamen, der afrikanisch war. Sie hatte ihn noch nie gehört, entdeckte ihn erst in Gerichtsakten in Davids Ordnern. Hinter Felix stand *Mkhonto.* Was war das? David hatte Felix gefragt, ob er wisse, was er bedeute. Felix wusste es nicht. *Mkhonto* oder, anders transkribiert, *Umkhonto* heißt «der Speer», und *Umkhonto we Sizwe* heißt «Speer der Nation». Felix trug den Namen des militanten Flügels des ANC.

Im ersten Moment war Felix begeistert. Es war der Name für einen echten Krieger. Aber da war noch ein anderes Gefühl: *Mkhonto* stand in seinem Ausweis und manifestierte seine Andersartigkeit auf ewig. Am liebsten wollte er diesen fremden zweiten Vornamen streichen lassen, seine afrikanische Identität damit auslöschen. «Niemand von meinen Kumpels kann ihn aussprechen», erklärte er seinen Großeltern. Und bei der Polizei habe einer zu ihm gesagt, *Umkhonto* sei eine terroristische Vereinigung gewesen.

Im Regal bei seinen Großeltern liegt das Buch, das er zuletzt immer und immer wieder gelesen hat: *Auf dem Wege der Besserung*, der Bericht über die Heilung eines Krebskranken. Auf der ersten Seite hat Felix ganz unten rechts mit schwarzem Kugelschreiber *F. M.* geschrieben. *Felix Mkhonto.* Vielleicht hat er sich am Ende akzeptiert.

«Für uns ist das ein Name der Ehre», sagen Felix' Großeltern noch heute. Aber es war ihr Name. Sie verbanden damit ihren Kampf, ihre Entbehrungen, ihr Ziel: Gerechtigkeit und Freiheit für Südafrika. Für ihren Enkel war das kein leichtes Erbe. Felix konnte den Namen nicht mit der Bedeutung füllen, die er für seine Großeltern hatte. Er ahnte sie vielleicht, fragte aber nicht nach. Sie haben ihm nie viel über *Umkhonto we Sizwe* erzählt. Für sie war es eine Erinnerung an ein anderes, fernes Leben, an ihre Heimat, die sie aufgeben mussten.

Jeannettes Vater hatte ihnen immer prophezeit: «Eure Liebe ist gefährlich.» Die ersten Jahre sah es so aus, als könnten sie mit der Gefahr leben. Jeannette und Arnold gewöhnten sich an die Überwachung, das ständige Verstecken vor der Sicherheitspolizei, die Durchsuchungen und die Verhöre. Nach dem Aufstand von Sharpeville im Jahr 1960 änderte sich alles. In dem südlichen Vorort von Johannesburg, in dem ausschließlich Schwarze wohnten, demonstrierten mehrere Tausende friedlich gegen eine neues Passgesetz. Polizei rückte an und schoss in die Menge. 69 Menschen starben, 168 wurden verletzt. Daraufhin verhängte die Regierung den Ausnahmezustand.

In der Nacht nach dem Massaker erschien die Sicherheitspolizei bei Jeannettes Familie, sie durchsuchten das ganze Haus und fragten nach Arnold, fanden ihn aber nicht. Jeannettes Vater versuchte ruhig zu bleiben, die Kontrolle über sein Haus zu behalten. Als die Polizei abzog, sah er Jeannette ernst an: «Du musst zu Arnold gehen und ihn warnen. Nur du kannst das. Du darfst nicht telefonieren und es darf dich auch niemand sehen.»

Jeannette weiß nicht mehr, was sie damals gedacht hat. Sie fühlte nichts mehr, sie funktionierte nur noch. Mechanisch weckte sie ihre kleine Tochter und zog sie an. Warum sie ihre Tochter mitnahm, kann sie heute nicht mehr sagen. «Ich weiß, ich habe ihr viel zugemutet. Aber sie hat mir irgendwie Kraft gegeben.»

Durch die Haustür konnten sie nicht verschwinden, überall lauerten Spitzel. Mit ihrer Tochter an der Hand rannte Jeannette drei Kilometer durch die Gärten, kletterte über Zäune, flüchtete vor Hunden. Als es hell wurde, erreichten sie das Haus von Jeannettes Bruder, Arnold schlief hier. Sie rüttelte ihn wach und rief nur: «Du musst weg. Sofort.» Arnold sagte nicht viel, zog sich an und ging. Jeannette lief mit ihrer Tochter allein die drei Kilometer zurück.

Am nächsten Tag stand Arnold plötzlich vor dem Betrieb, in dem Jeannette nähte. «Ich habe kein Geld», sagte er. Sie gab ihm zehn Pfund, mehr hatte sie nicht. Arnold schickte sie zu seinem Gewerkschaftsbüro, um zu fragen, was sie nun machen sollten. Dort rieten sie ihr: «Arnold sollte aus dem Land fliehen und nicht mehr zurückkommen.» Es sah nicht gut aus. Die Polizei verhaftete in den ersten Tagen nach dem Massaker Zehntausende politisch Aktive, viele andere waren auf der Flucht. Kurz darauf wurde auch der ANC verboten.

Es scheint, als hätten Arnold und Jeannette wichtige Entscheidungen in ihrem Leben immer innerhalb weniger Minuten treffen müssen. Sie fragt die beiden, wie das ist, wenn man sein Land verlässt.

«Ich habe mir Sorgen um Jeannette gemacht», sagt er. Arnold erlebte seine Flucht wie in Trance, keine Zeit für Trauer oder Schmerz. Die Polizei hatte schon 600 Pfund Kopfgeld auf ihn ausgesetzt. Die ersten zwanzig Meilen nach Krugersdorp in der Nähe von Johannesburg lief er zu Fuß und bettelte in Kneipen um Geld. Von dort fuhr er ein Stück mit dem Zug Richtung Grenze des heutigen Botswana. Dann kaufte er sich ein Ticket für den Schlafwagen nach Francistown im Norden von Botswana. An der Grenze gab er sich als Mr. Nolan aus. Das war der Name seines Großvaters mütterlicherseits. Einen Pass musste er damals nicht vorzeigen. Er hatte wohl Glück.

In Francistown wohnte Arnold in einem Hotel, das er kaum verlassen durfte. Der südafrikanische Sicherheitsdienst folgte ihm und versuchte gar, ihn zu entführen und zurückzubringen. «Aber sie waren nicht sehr clever», sagt Arnold. Er wusste nicht, wie lange er bleiben konnte, und suchte einen kurzfristigen Job in den Sümpfen: Krokodile schießen. Doch dazu sollte es nicht mehr kommen. Nach einigen Wochen schickte die Regierung von Ghana ein Flugzeug an die Grenze zu Sambia. Arnold und drei andere Kommunisten wurden nach Ghana ausgeflogen.

Die erste Zeit in Accra genoss er. «Es war das erste Mal seit Jahren, dass ich mich wieder frei bewegen konnte», sagt Arnold. Er konnte sprechen und treffen, wen er wollte, er konnte ins Kino gehen und musste nicht jede Minute seine Festnahme befürchten. Obwohl er nun Tausende Kilometer von Südafrika entfernt war, wollte er unbedingt weiter gegen die Apartheid kämpfen. Damals glaubte Arnold noch, sein Exil würde ein paar Monate, höchstens ein paar Jahre dauern. An dreißig Jahre, an ein ganzes Leben dachte niemand. Er machte sich eher Gedanken um Jeannette, die zurückgeblieben war. Über Umwege schickte er ihr Briefe nach Johannesburg, in einem schrieb er schließlich: *Es liegen Tickets für dich und deine Tochter bereit.*

Für Jeannette war das Leben in Südafrika in der Zwischenzeit unerträglich geworden. Sie hatte wegen Arnolds Flucht ihre Arbeit verloren, wurde ständig von der Polizei überwacht und verhört, ob sie nicht wisse, wo er sich aufhalte. Alle ihre Freunde saßen im Gefängnis oder hatten das Land verlassen. «Ich fühlte mich als Last für meine Familie», sagt sie. Jeannette wollte nicht weggehen, es war eine Entscheidung der Vernunft.

Mit mehreren Tricks organisierte Jeannette einen Reisepass

für sich und ihre Tochter. Sie erzählte den Beamten, sie wolle in den Urlaub fahren: Sie brauche Erholung. Danach ging sie nach Hause und fing an, die Koffer zu packen. Sie durfte nur zwei kleine Taschen für sich und ihre Tochter mitnehmen, alles andere wäre verdächtig gewesen. Deshalb hat Jeannette heute kaum Erinnerungsstücke aus ihrem ersten Leben, keine Briefe, keine kleinen überflüssigen Gegenstände, die einen immer an zu Hause denken lassen, und nur wenige Fotos. Sie wurde zu einem Wesen ohne Vergangenheit.

Das Schlimmste war vielleicht, dass Jeannette sich nicht verabschieden durfte. Ihrer Tochter sagte sie, sie würden zwei Wochen in die Ferien fahren. Das Kind hätte sonst alles verraten können. Damals versuchte Jeannette, nicht zu denken; sie mimte die Fröhliche für ihre Tochter, die sich auf die Reise und das Fliegen freute. Sie konnte nicht schwach sein. Nicht jetzt.

Auf dem Flughafen nahm sie still Abschied von ihrer Familie. Sie prägte sich dieses Bild ein, wie sie alle in der Halle standen: ihre Geschwister, ihr Vater, ihre Mutter. Es sollte das letzte Mal sein, dass Jeannette ihre Eltern sah. Sie wandte sich dann rasch ab und lief zu ihrem Flugsteig. Die Sicherheitspolizei hatte einen Tipp bekommen und wollte Jeannette noch aus dem Flugzeug herausholen. Der Kapitän lehnte ab: Sie befinde sich bereits auf internationalem Territorium. Jeannette saß am Fenster der Maschine, spielte mit ihrer Tochter und hoffte, dass sie bald starten würden. Ihr erstes Leben näherte sich dem Ende. Sie war 29, ihre Tochter neun Jahre alt.

Am nächsten Tag stand in den südafrikanischen Zeitungen: *Freundin von Gewerkschaftsführer geflohen.* In Accra wartete Arnold auf sie. Drei Wochen später, am 14. August 1960, heirateten sie. Es ging ein wenig schnell. «Ich hatte kein richtiges Brautkleid und auch keinen Strauß», sagt Jeannette. Es klingt, als bedaure sie das noch heute – wie eine Sehnsucht, die über die Jahre immer stärker wurde, weil sie sich nicht erfüllte. Arnold trug einen geborgten Anzug. Auf dem Hochzeitsfoto sitzen sie beide sehr gerade vor einem schweren Holztisch. Sie wirken angespannt, Jeannette hat schwarze Schatten unter den Augen. Arnold ist etwas fülliger als heute und sieht verunsichert auf die Tischplatte. Neben ihnen steht der Trauzeuge Oliver Tambo, damals noch stellvertretender Vorsitzender des ANC, der ebenfalls nach Ghana geflüchtet war.

Das Bild ging um die Welt. *Weißer Aktivist heiratet Farbige* war die Überschrift. Eine Zeitung nannte ihre Geschichte «Gestohlene Liebe», weil sie sich in Südafrika immer nur heimlich treffen konnten. Sie haben die Artikel aufgehoben und auch das Foto. Sie liegen in ihrem Schrank im Berliner Wohnzimmer, unter den Papieren und Fotos von Felix. Wenn sie die alten Zeitungsausschnitte jetzt betrachten, wirken sie erstaunt, als könnten sie selbst kaum glauben, dass wirklich sie es sind, deren Leben da 1960 irgendwo in Afrika beschrieben wird.

Arnold sagt leise: «Wir haben kein besseres Leben, keinen Wohlstand gesucht. Wir wollten Freiheit für Südafrika.» Es klingt fast wie eine Entschuldigung.

Jeannette und Arnold hatten ihr Leben im Exil nie geplant. Es war so gekommen, wie eine Naturgewalt, schnell und unabänderlich. Nach ihrer Hochzeit versuchten sie, in Ghana zur Ruhe zu kommen, heimisch zu werden. Es gelang nicht. Jeannette hatte keine Arbeit, saß den ganzen Tag im Haus eines Diplomaten, bei dem sie untergekommen waren, und dachte an ihre zurückgelassene Familie. Arnold fing an, für die Gewerkschaft zu arbeiten, und sie zogen zu dritt in ein Zimmer am Rande von Accra. Arnold war selten zu Hause, war immer mit den Männern und Genossen unterwegs und trank ziemlich viel. Jeder lebte allein in seinem Exil. Jeannette nähte hin und wieder Kleider für Bekannte, nicht oft.

«Es war furchtbar», sagt sie heute. Ihre Tochter ging zur Schule und konnte besser Englisch als die Lehrerin. Das Geld reichte zum Essen, mehr nicht. «Ich konnte nur ab und zu arbeiten. Arnold ließ sich nicht viel zu Hause blicken. Ich war eine Großfamilie um mich herum gewöhnt. Und ich war immer unabhängig gewesen. Plötzlich hatte ich nichts mehr.» Es kam ihr vor wie das Ende. Nichts mehr da, wofür es sich zu leben lohnte.

Sie legte sich auf ihr Bett und schluckte eine Überdosis Tabletten. Noch Jahrzehnte später wird Jeannettes Stimme unsicher, wenn sie das erzählt. Sie schaut zu Boden. Es ist noch nicht vorbei. Sie hat nie darüber gesprochen. Damals rettete sie ein Kanadier, der ihrer Tochter privat Englischunterricht gab, und brachte sie ins Krankenhaus. Dort pumpten sie Jeannette den Magen aus. Als sie aufwachte, blickte sie in das Gesicht des Arztes über sich. Der sagte: «Weißt du, du hast ein Kind. Du hast es in die Welt gesetzt und du bist für dieses Kind verantwortlich. Denk immer daran, was mit ihm passiert wäre.»

Wie hat Arnold reagiert? Jeannette hebt ihre Schultern und lässt sie nach unten fallen. Sie schweigt. Wahrscheinlich war er völlig überfordert. Vielleicht begann sie damals, diese seltsame Stille in der Familie, wenn es um Gefühle ging. Nach außen bildeten sie immer das starke Kämpferteam, nach innen blieb jeder für sich. Unerreichbar für den anderen. Sie konnten nicht reden. Dann wäre alles zusammengebrochen.

Als Jeannette ins Leben zurückkehrte, war klar, dass sich etwas ändern musste. Ihr gegenüber wohnte ein Libanese, der ihr einen Job als Lehrerin in seiner Schule anbot. Arnold hatte zwar gesagt, sie solle den Schwarzen nicht die Arbeit wegnehmen. Aber Lehrerin ist okay, dachte Jeannette.

Am ersten Tag in der neuen Schule stellte sie der Direktor als weiße Südafrikanerin vor. Immerhin war sie ja weißer als die Ghanaer. «Nein, ich bin schwarz wie ihr. Deswegen bin ich ja hier», widersprach Jeannette. Der Direktor ärgerte sich über ihren Einspruch, eine weiße Lehrerin hätte für die Schule mehr

Prestige bedeutet. Außerdem war Jeannette Linkshänderin, und das galt in Ghana als schlechtes Omen. Es ging nicht gut. Der Direktor, ein Schwarzer, warf sie wieder hinaus.

Für Jeannette war das wie ein Zeichen: Es sollte nicht sein. Sie musste weg. Mit Arnold sprach sie nicht darüber. Jeannette kaufte ein Ticket für sich und ihre Tochter und sagte zu ihm: «Ich gehe jetzt. Ich fliege mit meinem Kind und einem *one way ticket* nach London.» Arnold habe dazu geschwiegen, sagt sie. Was er wirklich dachte, ist bis heute nicht ganz klar. Er muss sich hintergangen und einsam gefühlt haben. Nach wie vor spricht er selten über «private Dinge». Er lächelt dann immer ein bisschen und wechselt das Thema.

Nach einem Jahr Ghana flogen Jeannette und ihre Tochter über Westdeutschland nach London. Südafrika hatte Arnold und ihnen inzwischen die Staatsbürgerschaft entzogen. Sie waren endgültig zu Flüchtlingen geworden, die staatenlos durch die Welt vagabundierten, auf der Suche nach einer neuen Heimat. In London kamen sie erschöpft an, mit nur zwei Koffern, und wohnten zuerst bei Verwandten. Schließlich ging Jeannette zum Büro der Kommunistischen Partei Südafrikas und bat um Hilfe. «Ist gut. Ich suche euch was», sagte der Leiter, obwohl Jeannette nie Mitglied der Partei war. Er fand wirklich ein Zimmer für sie bei einer Familie.

In Jeannettes Erinnerung war das eine schöne Zeit. Sie nähte, verdiente Geld, ihre Tochter ging zur Schule und nahm Ballettunterricht. Samstags hatten sie frei, putzten ihr Zimmer, danach kauften sie ein und schauten sich einen Film im Kino an. Arnold schickte jeden Monat Geld aus Ghana. «Er hat uns aus Südafrika herausgeholt. Jetzt sollte er auch für uns sorgen», sagt Jeannette. Und das hat er auch immer getan auf seine Weise, ohne viele Worte.

Nach ein paar Monaten kam ein Brief von Arnold in London an, in dem er schrieb, die DDR habe ihn zu einer Augenoperation eingeladen, und fragte, ob sie nicht mitkommen wolle. Warum sie zustimmte, weiß Jeannette bis heute nicht genau. «Ich war ja verheiratet, Arnold war mein Mann und ich wollte eine Familie.» Vielleicht war Arnold für sie so etwas wie die letzte Verbindung zu ihrer alten Heimat, der Letzte, der aus ihrem alten Leben noch geblieben war. Sie waren miteinander verbunden. Für immer.

Die Genossen in London fanden Arnolds Idee gut: «In der DDR ist es schön. Dein Kind bekommt eine gute Ausbildung, du kannst was lernen und Arnolds Augen werden versorgt.» Jeannette ging daraufhin zur Schule ihrer Tochter, meldete sie ab und sagte: «Wir gehen wieder.» Die Lehrerin ihrer Tochter war dagegen: «Das ist falsch. Lassen Sie sie hier. Sie kann bei mir wohnen.» Jeannette lehnte ab, sie konnte doch ihre Tochter nicht zurücklassen. Die Tochter selbst wurde nie gefragt.

Nach einem Jahr Ghana und vier Monaten London landeten sie im November 1961 kurz nach dem Mauerbau in Ostberlin. Arnold und ein paar Leute von der ostdeutschen Gewerkschaft FDGB holten sie ab. Alle waren sehr nett. Viel wusste Jeannette nicht über die DDR. Als sie durch die Stadt zu ihrem Hotel fuhren, fiel ihr auf, «dass alles so unheimlich grau aussah, die Häuser und auch die Menschen». Auch an die Kälte musste sie sich gewöhnen.

Das erste halbe Jahr in der DDR wohnten sie zu dritt in einem Zimmer im Hotel der Gewerkschaft in der Invalidenstraße. Man kümmerte sich um sie und fuhr sie durchs Land. Arnold und Jeannette traten in Fabriken, vor Arbeitern, in Schulen und in Parteiversammlungen auf. Sie erzählten über Südafrika und ihren Kampf gegen die Apartheid. Endlich interessierten sich Menschen für sie und ihre Geschichte.

Arnold war begeistert von dem «antifaschistischen Staat auf deutschem Boden»: «Ich war am Anfang sehr enthusiastisch und nannte mich Internationalist», sagt er. Jeder Einzelne der

Kleinfamilie verband mit einem Leben in der DDR andere Hoffnungen. Arnold wollte wieder politisch arbeiten, von hier aus Hilfe für den Kampf in Südafrika organisieren. Jeannette dachte, sie könne Jura studieren. Was ihre Tochter sich wünschte, wusste zu diesem Zeitpunkt wohl niemand mehr. Wahrscheinlich war sie völlig verwirrt.

Arnold, Jeannette und ihre Tochter waren die ersten Flüchtlinge aus Südafrika in der DDR. Und sie blieben. Wo sollten sie auch sonst hin? In ihre Heimat konnten sie nicht zurück. Hier schienen sie wenigstens willkommen.

12

Wenn sie die Großeltern besucht, hat sie das Gefühl, Felix sei nur kurz spazieren und würde im nächsten Augenblick zurückkehren. Sie lauscht, aber das Treppenhaus bleibt still, keine Schritte. Im Bad wartet unter dem Spiegel sein Rasierzeug – Pinsel, After Shave und sein Parfum: *Issey Miyake*. Kleine Denkmäler der Eitelkeit. Felix konnte stundenlang vor dem Spiegel stehen und seinen Körper anschauen, besonders die feinen Quadrate in seiner Bauchgegend betrachtete er liebevoll. Seinen Bart rasierte er präzise zu einem schmalen Kreis, der sein Kinn umrandete, in der Mitte blieb ein dünner Strich, der von der Unterlippe bis zum Kinn reichte. Die Haare trug er immer ganz kurz, nur ganz oben auf der Schädeldecke waren sie ein paar Zentimeter länger und bildeten auf der Stirn eine Spitze. Seine Brille mit dem Metallgestell setzte er nur in Notfällen auf, er hatte Kontaktlinsen.

Felix ließ sich gern fotografieren. Er hat eine Menge Fotos von sich aufgehoben, meist hat er darauf sehr wenig an, manchmal auch gar nichts. Er posierte für Unterwäsche, Sportzeitschriften. In seinem alten Zimmer hängt ein Bild. Darauf trägt er ein enges schwarzes Latexhemd und sieht herausfordernd von unten in die Kamera. Daneben steht in schwarzen Buchstaben *Blackstyle*. Einmal war er auf dem Titelbild der Schwulenzeitung *Siegessäule*: Sein nackter Oberkörper schaut aus einem Gully. Seit der Kindheit formte er seinen Körper wie ein selbst geschaffenes Kunstwerk – es wirkte, als habe er Jahre ohne Pause im Fitnessstudio verbracht. Anabolika nahm er nie: «Das ist was für Pumper», sagte er immer mit Verachtung in der Stimme. Die würden irgendwann langsam und verfetteten.

Felix machte Keratin-Kuren. Er trank Kirschsaft, weil der

angeblich den Magen schließe, und schluckte Abführpillen, wie magersüchtige Mädchen. Nach 18 Uhr aß er kaum noch etwas, vor allem keine Süßigkeiten. Und er trainierte wie besessen. Er war ständig verletzt und erzählte ihr einmal, dass er sich eine Nadel in die Ferse gerammt und sie dort gelassen hatte. Es war, als füge er sich mit Absicht Schmerz zu, als wolle er sich selbst gegenüber alle Grenzen auflösen. Irgendwann bestand sein Köper nur noch aus Haut und Muskeln.

Frauen fanden Felix «süß». Sie suchten seine Nähe in den Diskos, in denen er an der Tür stand, nach Wettkämpfen und in den Clubs. Es gab wenige, die er wirklich mochte. Seine Großmutter erinnert sich an eine Reihe von Frauen mit langen, bis zum Po reichenden blonden Haaren, puppengleichen Gesichtern, langen Fingernägeln und schlanken Körpern, die auf ihrem Sofa saßen und nichts sagten. Sie sahen sich alle ein bisschen ähnlich. Felix bevorzugte Blondinen mit Modelfigur und möglichst großen Brüsten. Die Frauen an seiner Seite sollten ihn in der Szene schmücken und die Kumpels neidisch machen. Unterhalten konnte man sich mit ihnen leider kaum. Deshalb war es oft auch bald vorbei. Seine längste Beziehung dauerte zwei Jahre, ihr hat er immer nachgetrauert. Sie trainierte genauso hart wie er, Aerobic. Mit ihr war er zusammen in den Zeiten, als die Schlägereien begannen, beim Fußball und in Brandenburg. Was hat sie wohl darüber gedacht? Sie will heute nicht mehr über Felix reden. Nachdem sie sich von ihm trennte, ist er fast durchgedreht.

Dann gab es da noch Maria. Sie trifft sie im Venezia, einem Italiener am Alexanderplatz. Vor dem Restaurant steht eine Gondel, drinnen sind die Stühle mit buntem Stoff bezogen, auf den Tischen stehen Kunstblumen und aus den Boxen dringt «Do you really want to hurt me», der Hit von *Culture Club*, nach dem sie alle in den achtziger Jahren getanzt haben. Maria und Felix sind oft hierher gegangen. Maria hat ihre langen blonden

Haare nach oben zu einem Knoten gesteckt und trägt einen weißen Wollpullover; ihre Augen sehen geschwollen aus. Sie weint zwischendurch. Dann tupft sie sich die Tränen mit einem Tempo ab, das sie die ganze Zeit über zerknüllt in ihrer Rechten hält.

Maria war das Mädchen von einem anderen Türsteher, von einem der Rahnsdorfer. Er war ihre große Liebe, kümmerte sich aber mehr um seine Kumpel als um sie. Maria wollte konsequent sein und machte Schluss. Felix war wohl so etwas wie der Tröster in der Not. Sie kannten sich schon eine Weile aus dem Club Golzen, Maria arbeitete dort an der Bar, Felix und Oliver an der Tür. Sie sahen sich oft, redeten ab und zu kurz miteinander, sie nannte Felix immer den «kleinen Süßen». Damals war sie noch mit ihrem alten Freund zusammen. Sie trafen sich wieder, als Maria ihren Freund verlassen hatte. Maria wollte Felix eigentlich mit ihrer Freundin verkuppeln. Felix sagte: «Ich würde gern ins Kino gehen, aber mit dir», und steckte ihr seine Telefonnummer zu.

Kurz darauf verabredeten sie sich im al dente in der Greifswalder Straße, einem kleinen italienischen Restaurant, in das Felix oft ging. Maria trauerte um ihre verlorene Liebe, Felix hörte zu und beruhigte sie. Danach fuhren sie zu seiner Wohnung am Ostkreuz, saßen die ganze Nacht bis sieben Uhr morgens auf Felix' Teppich, tranken den Sherry seiner Großmutter aus und redeten. «Es war wie mit 16, Händchen halten und ewig quatschen», sagt Maria. Felix hockte ihr gegenüber, locker zurückgelehnt, die Augen ein bisschen zusammengekniffen, als müsse er ein Lächeln unterdrücken, und machte nur kurze Bemerkungen zu ihren Geschichten.

«Felix ist der einzige Mann, dem ich begegnet bin, der richtig zuhören konnte», schwärmt Maria noch heute. Wenn Felix jemanden mochte, nahm er alles, was dieser äußerte, extrem ernst. Er sah sein Gegenüber konzentriert an, nickte, schwieg, ging auf das Gesagte ein, nur kurz. Das reichte. Es wirkte, als eigne er sich die Probleme anderer an, lebe in ihnen, als gehe es um ihn selbst. Dabei gab er dem anderen das Gefühl, er sei der absolute Mittelpunkt für ihn, in diesem Moment.

Maria hat seine Aufmerksamkeit genossen. Sie schaut weg, wie abwesend, wenn sie von den langen Gesprächen mit Felix erzählt – als liege das alles sehr weit zurück in einer anderen Zeit und koste sie Anstrengung, sich daran zu erinnern. Sie klingt ein bisschen melancholisch, als trauere sie um etwas, das sie einmal hatte, nicht so recht zu schätzen wusste und schließlich verlor. Mit Felix unterhielt sie sich stundenlang über ihren Vater, ihre Kindheit. Felix sagte fast nie: «Hör auf», oder: «Das interessiert mich nicht.» Er stellte nur hin und wieder eine Frage. Maria hatte während ihrer Friseurausbildung eine Allergie an den Händen bekommen. «Felix erklärte mir, dass der Körper ein Spiegel der Seele ist und Krankheiten viel mit der Psyche zu tun haben.»

Die intensive Beschäftigung mit den Problemen anderer lenkte ihn von sich selbst ab, bewahrte ihn davor, von sich erzählen zu müssen. Felix mochte es, der Helfer zu sein, es gab ihm ein gutes Gefühl: das Gefühl, gebraucht zu werden und dabei zugleich unerreichbar, unantastbar zu bleiben. Er selbst verstummte dabei immer mehr.

Maria und Felix zogen 1998 zusammen an den Rand der Stadt nach Köpenick, weit weg von allen Freunden. Es ging sehr schnell, keiner verstand es so richtig. Vielleicht wollten sie sich beide von etwas überzeugen, von dem sie wussten, dass es nicht wirklich funktionieren würde. «Nichts hat sich Felix mehr gewünscht als eine Frau, die absolut zu ihm hält», sagt Maria. Es klingt ein wenig pathetisch, aber es passt gut zu Felix. Und sie fügt leise hinzu: «Ich konnte das nicht.» Ihr ehemaliger Freund, ihre große Liebe, wartete die ganze Zeit im Hintergrund.

Am Anfang verlief ihr Zusammenleben sehr harmonisch. Morgens joggten sie gemeinsam mehrere Kilometer. Maria hatte eine Personenschutz-Ausbildung gemacht und trainierte Aerobic. Morgens frühstückten sie lange, er fuhr dann zum Training, kam wieder, meditierte im Wohnzimmer, trank Tee, las Bücher. Um 19 Uhr schaute er *Die Simpsons*, jeden Tag. Das war ein fester Termin in seinem Leben, egal, was passierte. Bis er ging, sah er immer *Die Simpsons*, auch noch im Gefängnis. Abends fuhr er noch einmal zum Training. An der Tür arbeitete er nur an den Wochenenden.

Den Massagesalon und das Abitur hatte er längst aufgegeben. Er bekam noch Bafög und verdiente Geld mit den Autos. «Felix wollte immer viel Geld haben, um seine Bücher zu lesen und in Cafés zu sitzen. Aber er wollte möglichst nicht dafür arbeiten. Er hat immer von absoluter materieller Enthaltsamkeit geschwärmt und davon gesprochen, dass er am liebsten als Mönch in ein Kloster nach China gehen würde. Aber es war ihm extrem wichtig, was er anhatte, welches Auto er fuhr und dass es teuer war. Es passte alles nicht zusammen», sagt Maria.

Am 31. März 1998, Maria weiß das Datum noch ganz genau, machte Felix ihr hier im Venezia, wo sie jetzt sitzen, einen Heiratsantrag. Maria stimmte zu, und sie verlobten sich. Es kommt ihr seltsam vor, dass sie in demselben Restaurant sitzen wie die beiden damals. Maria hatte es vorgeschlagen. Sie hat das Gefühl, dass die Vergangenheit sich wie ein Schleier über die Gegenwart legt. Sie kann sich vorstellen, wie die beiden an einem der Nebentische einmal Händchen hielten und sich wahrscheinlich ewige Liebe versprachen. Maria weint leise.

Irgendwann kam die große Wende in ihrer Beziehung. Felix hatte sein ganzes Geld in ein ominöses Projekt gesteckt. Es hatte etwas mit Autos und einem Autohaus zu tun. Maria weiß es nicht genau. Sein Partner soll ihn abgezockt haben und Felix verlor sein Erspartes. Außerdem wurde Marco verhaftet und

Felix fürchtete, dass er gegen ihn aussagen würde. In dieser Zeit rastete er immer häufiger aus, schleuderte Teetassen gegen die Wand, trat die Wohnungstür ein. Die Wutausbrüche, das Cholerische erinnerten Maria an ihren Vater. Er schaute sie immer häufiger von der Seite an und sie erkannte Hass in seinen Augen. Maria bekam Angst.

Zudem musste Felix wieder mehr arbeiten, auch während der Woche an den Türen stehen. «Felix hat das angekotzt. Er hat gesagt, dass er die ganze Szene nicht mehr ertragen kann, die ganze Oberflächlichkeit. Andererseits brauchte er Geld.»

Felix konnte nicht aussteigen, er wollte es wahrscheinlich auch nicht wirklich. Nachdem er die Schule abgebrochen hatte, blieben Kampfsport, Türen, Menschen, Häuser bewachen, mit Autos handeln und Geld eintreiben alles, was er in den letzten zehn Jahren gemacht hatte und womit er schnell Geld verdienen konnte. Es war die einzige Szene, die er kannte und in der er etwas darstellte.

Felix wurde immer häufiger krank: Asthma, eine Erkältung nach der anderen. Er vertrug keine Zugluft mehr und legte sich meist einen Pullover um die Schultern. Oft lag er im Bett, schwieg und starrte an Maria vorbei an die Decke. Manchmal kam sein Mutter und brachte ihm selbst gekochte Suppe mit. Marias Bild von Felix zerbrach in dieser Zeit, als sie ihn schwach sah. «Einerseits war er der harte Kickboxer, auf der anderen Seite lag er im Bett und Mama kam», sagt sie. Felix entfernte sich immer mehr von der Männerrolle, nach der er der Starke sein sollte, bei dem sie sich anlehnen konnte, und nicht umgekehrt. Felix war unzufrieden, verbrachte den ganzen Tag vor dem Computer, spielte und stritt sich mit ihr. Seine Träume vom Abitur und dem Psychologiestudium waren verflogen. Maria fing an, sich wieder mit ihrem alten Freund zu treffen. «Es ging dann nicht mehr», sagt sie. Sie wollte ausziehen.

Etwa in dieser Zeit, als Marco verhaftet wurde und Maria

ausziehen wollte, traf sie Felix nach Jahren des Schweigens wieder. Es war schon kalt draußen, Ende Oktober 1998. Sie kaufte mit ihrem Freund im Supermarkt ein, schichtete Milchtüten, Schokoladentafeln und Mohrrüben in ihren Einkaufswagen. Plötzlich rief jemand von hinten leise fragend ihren Namen. Sie drehte sich um, und da stand ihr alter Freund Felix, den sie so lange nicht gesehen, den sie inzwischen für endgültig verschwunden gehalten hatte, mitten im *Kaisers*-Markt in Prenzlauer Berg. Er lächelte, sah irgendwie aus wie immer, trug nur einen Bart und einen goldenen Ohrring. Sein Korb war gefüllt mit Kuchen zum Aufbacken, Keksen und Tee. Sie wusste, dass er in ein paar Tagen Geburtstag hatte. Komisch, was man sich merkt über Jahre. Seine Familie wolle ihn besuchen, sagte er.

Felix stand zwischen den Regalen mit Ariel, Meister Proper und Odol und wirkte ein wenig wie ein Geist aus ihrer Vergangenheit, der direkt in der Neuzeit ausgerechnet im Tempel der kapitalistischen Lustentfaltung gelandet war. Es ging ihr manchmal so, wenn sie Freunde von früher aus dem untergegangenen Land traf, die sie lange nicht gesehen hatte. Sie waren wie Erscheinungen aus dem Jenseits, aufgetaucht aus einem anderen Leben, das sie alle hinter sich gelassen hatten. Es war fast, als wundere sie sich, dass sie tatsächlich noch existierten. Felix und sie grinsten sich an, fragten einander, was sie so machten. «Mensch, ich dachte, du wohnst nicht mehr in Berlin, bist ausgewandert oder so. Ich habe so oft versucht, dich zu erreichen», sagte sie.

Felix erwiderte etwas von Umzug, und nein, er sei die ganze Zeit über in der Stadt gewesen. Und sie stellten fest, dass sie jahrelang im selben Supermarkt eingekauft, sich wahrscheinlich hundertmal knapp verfehlt hatten.

Es war jetzt leichter, sich zu unterhalten. Das merkwürdige Misstrauen und Abtasten aus der Zwischenzeit war verschwunden. Sie konnten wieder reden, tauschten ihre Telefonnummern und versprachen anzurufen. Ein paar Tage später wählte sie tatsächlich Felix' Nummer. Insgeheim fürchtete sie, er hätte ihr die falsche gegeben. Er meldete sich, sie gratulierte ihm, er freute sich. Sie hatte vier Tage nach ihm Geburtstag, da rief er an, und sie verabredeten sich. Dass sie beide Skorpione waren, darüber machten sie sich bis zum Schluss lustig, zogen sich gegenseitig mit ihrem angeblich «rachsüchtigen, düsteren, eifersüchtigen» Charakter auf.

Kurz darauf trafen sie sich im Übereck, das sie beide über Jahre unabhängig voneinander besucht hatten. Sie saßen an einem Tisch am Fenster und blickten auf die regennasse Prenzlauer Allee. Sie trank Wein, Felix bestellte Saft, wie immer. Sie erzählten sich gegenseitig, womit sie die vergangenen sechs Jahre verbracht hatten. Er erzählte von seinem Abitur und sagte: «Ich habe aufgehört, weil ich Geld brauchte.» Sie fragte, ob er es sich nicht von jemandem borgen könnte. Felix schüttelte den Kopf, bestimmt, und sagte: «Nein, das hat doch keinen Sinn. Das reicht nicht. Ich bin fast 30. Ich muss Geld verdienen.» Es klang zu heftig, als müsse er sich selbst davon überzeugen. Sie fragte nicht weiter.

Er trainierte wie immer, und seine Geschichten aus der Welt der Zerrungen, Dehnungen und Brüche erinnerten sie an früher, als wäre die Zeit stehen geblieben und sie lebten noch immer in Johannisthal. Nur sie hatte inzwischen aufgehört zu tanzen, hatte den körperlichen Schmerzen abgeschworen. Während sie es Felix sagte, hatte sie fast ein schlechtes Gewissen, als sei sie zu schwach gewesen, durchzuhalten, hätte zu früh aufgegeben – während er von Kind an seinem Weg, seinem «Do» folgte. Er sah sie an, streng: «Willst du denn nicht wieder anfangen?»

«Ich würde schon gerne, aber ich habe keine Zeit», wand sie sich. Sie hatte nicht den Mut, zu sagen, dass diese Zeit für sie wohl irgendwie vorbei war.

Sie schrieb jetzt Geschichten für Zeitungen. Felix nickte zustimmend, obwohl er der Meinung war, die würden viel Mist berichten. Und er sprach dann sehr zart von seinem Großvater Arnold, der auch viele Jahre als Journalist in der DDR gearbeitet hatte, und wie schlecht der «alte Kämpfer» den Zusammenbruch seines Systems verkraftet habe. «Er war doch Kommunist», sagte Felix und es klang sehr traurig, so als lebe sein Großvater gar nicht mehr. Damals hatte sie kurz überlegt, was wohl in Felix' Familie in den letzten Jahren vor sich gegangen war, wie seine Großeltern mit ihren enttäuschten Hoffnungen weiterlebten.

An jenem Abend bekam sie keine Antwort auf diese Fragen. Sie waren irgendwie vom Thema abgekommen und redeten lange über Schicksalsschläge in ihrer Familie. Beinahe kam es ihr vor, als säßen zwei ältere Menschen zusammen, die sich gegenseitig ihr Leben beichteten. Die wenigen Jahre nach dem Mauerfall waren so angefüllt mit Ereignissen, Veränderungen, dass sie wie künstlich verlängert wirkten: Statt sechs Jahren hätten seit ihrem letzten Treffen auch zwölf vergangen sein können.

Felix bestellte dann noch einen Saft, und sie begannen, über gemeinsame Erinnerungen zu lachen, wie es immer ist, wenn man mit Menschen zusammenkommt, mit denen man nur die Vergangenheit teilt. Sie kicherten über Felix' Sprung aus dem Badezimmerfenster in jenem katastrophalen Ostseeurlaub. Er war auf der Flucht vor ihrer Mutter, die sie beide nicht unter der Dusche erwischen sollte. Natürlich ging es schief. Ihre Mutter öffnete instinktiv dem unbekleideten und frierenden Felix die Haustür. Peinlich. Und Felix musste grinsen, als sie ihm offenbarte, dass sie Russisch studiert hatte. Er konnte sich noch gut daran erinnern, wie sie dieses Fach früher gehasst hatte.

Sie hatte ein Jahr in London gelebt, war viel in Moskau und auch sonst sehr neugierig auf die neue Welt gewesen. Ihr fiel auf, dass Felix dazu schwieg. Er schien die ganzen Jahre nie das Land verlassen zu haben. Sie ahnte, dass sie die letzten Jahre in sehr unterschiedlichen Welten mit sehr unterschiedlichen Möglichkeiten gelebt hatten. Er erzählte von seinem Meistertitel im Kickboxen, den Jobs als Türsteher und den vielen Leuten, die er dadurch getroffen hatte, und von der Geldeintreiberei: Er sammele zuerst Informationen über seine Opfer, wo sie wohnten, ob sie Familie hätten. Dann jage er ihnen Angst ein, vielleicht fiel der Computer zufällig runter. Zehn bis fünfzig Prozent der eingetriebenen Forderungen konnte Felix danach behalten.

Sie fragte, ob er kein Mitleid mit den Schuldnern habe.

«Die haben nicht gezahlt, dann müssen sie damit rechnen», sagte Felix. Die Schlägereien erwähnte er nur ganz knapp, wie um ihre Reaktion zu testen. Sie konnte das, was er sagte, nur schwer damit vereinbaren, wie sie ihn erlebte. Felix, der ihr da gegenübersaß, wie immer die Schultern nach vorn geklappt, den Kopf etwas eingezogen, und er lächelte wie früher, wobei er die Oberlippe etwas über die Unterlippe schob. Nur wenn sie genauer nachfragte, was er so mache und mit wem, wirkte er manchmal ein wenig angespannt. Es kam ihr vor, als richte sich sein ganzer Körper auf, bereit zur Abwehr. Felix antwortete dann sehr kurz, abweisend, als fürchte er sich vor etwas. Damals wusste sie nichts von Marco und dass er einen Monat vor ihrem Treffen verhaftet worden war.

Sie wunderte sich ein wenig über Felix' Verhalten, aber es änderte nichts. Felix war ihr erster Freund, ihr erste Liebe gewesen. Sie kannten sich einfach zu lange, hatten zu viele Gespräche geführt, die über Jahre in ihrem Gedächtnis geblieben waren. Sie waren zusammen aufgewachsen, in Johannisthal, einem Ort, den es eigentlich nicht mehr gab. Nur die Häuser, die Ruinen ihrer versunkenen Kindheit und Jugend, standen noch. Alles andere hatte sich verändert: Die Atmosphäre, die

Autos, die Straßenlaternen, die alten Läden hatten zugemacht und in den neuen Schaufenstern würden nie mehr die Produkte ihrer Kindheit liegen. Die Büste von Dr. Richard Sorge an ihrer Schule war verschwunden und auch Felix' Schule hieß nicht mehr Paul Wieczorek. Sie trauerten nicht, dazu hatten sie ihr Land zu sehr verabscheut. Es gab nur eine unbestimmte Sehnsucht, nach Menschen, mit denen man die verschwundenen Erinnerungen teilen konnte, die mit PW, Cola Wodka, Spaniens Himmel, Ernst Thälmann, Eiscreme mit Grießklümpchen und Major Mendel dasselbe verbanden wie sie. Denen sie nichts erklären mussten und die nichts «seltsam» oder «exotisch» fanden. Felix war einer dieser wenigen. Im Prinzip war sie da wohl ganz ähnlich wie er, der nie lassen konnte von Ostberlin und den alten Freunden. Die Nähe war stärker. Sie hatte nur andere Menschen getroffen als er, hatte sie sich vielleicht auch gesucht.

Sie redeten an jenem Abend auch über Beziehungen. Sie grüßte Felix von ihrem Freund, den Felix auch noch aus Jojo-Zeiten kannte. Felix erzählte von Maria, mit der er zusammenlebe, und schwärmte von dem Wald in der Nähe seiner Wohnung. Von Schwierigkeiten sagte er nichts. Am Ende fragte sie ihn, warum er damals so wütend auf sie gewesen sei und einfach die Freundschaft abgebrochen habe.

«Weiß ich nicht mehr», sagte Felix und schaute weg.

Sie glaubte ihm nicht. Sie verließen dann das Café und Felix zeigte ihr sein Auto, einen großen dunklen BMW mit Ledersitzen, der sehr neu aussah. Sie hatte keine Ahnung, wie er sich den Wagen leisten konnte.

«Woher hast du den denn?», fragte sie. Sie ist nicht mehr sicher, was er erwiderte – irgendetwas von Sponsoren, die seinen Sport förderten. Es schien ihr plausibel. Sie umarmten sich und er fuhr sie durch den Regen nach Hause.

Von da an trafen sie sich wieder öfter. Es war jetzt anders, nicht wie vor Jahren, als die Unterschiede erstmals sichtbar geworden waren und jeder auf seiner Art zu leben beharrt hatte. Sie konnten nun wieder ihre Ähnlichkeiten und Verschiedenheiten akzeptieren.

Felix' Beziehung mit Maria näherte sich dem Ende. Sie wollte ein Nagelstudio eröffnen. Ihr Exfreund bot an, ihr dabei zu helfen, auch finanziell. Felix konnte nichts beitragen, er war pleite. Felix versuchte sich zu überzeugen, dass es so besser sei. Als sie sich einmal im Café trafen, nach dem Abend im Übereck, meinte er, mit Maria funktioniere es nicht mehr, er sei nur noch «ihr Psychologe». Er wirkte hart, entschlossen, als wolle er sich von ihr trennen. In sein Tagebuch schrieb er: *Es tut ziemlich weh. Es fehlt eben jemand.* Und Felix machte sich Sorgen darüber, wie er seinen Kumpels gegenüber dastehe. Verletzter Stolz.

Maria zog bald darauf aus, nach Schöneweide, in die Nähe seiner Großeltern. Und sie kehrte wieder zu ihrem Exfreund, dem Rahnsdorfer, zurück. Das traf Felix besonders. Er war einer aus der Szene. Alle sahen es, alle wussten es und alle redeten darüber. Und es wirkte, als sei Felix nur eine kurze Zwischenlösung gewesen. Maria wehrt sich dagegen: «Die Zeit mit Felix war die intensivste Zeit meines Lebens», beteuert sie und fügt etwas theatralisch hinzu: «Ich bin dankbar dafür.» Mit ihrem neuen alten Freund führt sie keine Gespräche über Kindheit, Vater, Psychologie. Sie ist froh, wenn er lebend von seinen Türjobs nach Hause kommt. Maria ist jetzt verheiratet und Mutter.

Nach der Trennung, im Jahr 1999, zog Felix in Davids Wohnung in Prenzlauer Berg. Er wohnte an der Schönhauser Allee, einer der großen Straßen des Bezirks. Wenn Felix die schwere Haustür aufdrückte, fiel sein Blick rechts auf ein rotes Neonherz, das zu jeder Tageszeit im Vorderhaus blinkte, in den Fenstern daneben hingen pinkfarbene Leuchtketten. Felix lebte im Seitenflügel rechts, zwei Treppen hoch, in einer Zweizimmerwohnung. Von dem Fenster seines Schlafzimmers konnte er auf einen mit Gras bewachsenen Vorsprung klettern. Er nannte ihn seinen «Dachgarten» und plante, im Sommer Stühle und einen Tisch hinauszustellen.

Jetzt wohnten sie wieder nur ein paar Häuser voneinander entfernt, wie in ihrer Kindheit. Sie gingen öfter zusammen Kaffee trinken oder ins Kino. Das war ihre gemeinsame Leidenschaft. Felix liebte *Im Rausch der Tiefe* und erzählte ihr ganz begeistert von *Idioten*, einem dänischen *Dogma*-Film, in den er mit einem Freund durch Zufall geraten war. Darin simuliert eine Gruppe junger Leute, dass sie geistig behindert sind. Sie wollen damit die Reaktionen und die Toleranz der Bevölkerung auf die Probe stellen. Moralkonventionen gelten nicht mehr für sie. Ihre Radikalität geht zu weit, die Gruppe zerstört sich am Ende selbst. Felix war davon fasziniert, aber auch etwas verstört. Sonst sah er mit seinen Freunden meist amerikanische Massenware im Kino.

Zwischendurch renovierte Felix seine Wohnung und sprach wütend über den «Typen», der ihn mit einem Autohaus abgezockt habe und ihm nun sehr viel Geld schulde. Wenn er dem begegne, müssten wohl ein paar Schläge sein, meinte er. Sie hörte zu und sagte nichts weiter. So richtig ernst nahm sie es nicht. Sie konnte sich in seine Welt mit den ganzen Türstehern, Verhaltensregeln, Kämpfen und kleinen Geschäften nicht richtig hineinversetzen; in ihrem Inneren wollten dazu keine Bilder entstehen. Felix ging es umgekehrt wahrscheinlich genauso. Sie gab ihm einmal einen Artikel, den sie über ihren gemeinsamen Wehrerziehungslehrer, Major Mendel, geschrieben hatte. Er nickte anerkennend, steckte ihn ein und sagte nie wieder etwas dazu.

Eines Tages, im Frühjahr 1999, verschwand Felix dann wieder. Er rief sie an und sagte: «Ich fahre für eine Weile nach Holland. Zum Trainieren.» Nein, er wisse noch nicht, wann er zurückkomme. Sie wunderte sich dann, dass sein Handy nicht funktionierte, und dachte schon, Felix sei jetzt wieder für ein paar Jahre unauffindbar. Aber nach einem Monat meldete er sich zurück. Er schien gut gelaunt. Holland sei gut gewesen, gutes Training, sagte er.

In Wirklichkeit war er woanders gewesen. Aber das erfuhr sie erst viel später.

13

Im Keller bei den Großeltern liegen Felix' alte Bücher, behutsam in Kisten verpackt. Leise spricht sie die Titel vor sich hin: *Krieg der Panzer, Ziel Paris, Rommel,* alle von Felix' Lieblingsautor Janusz Piekalkiewicz, alle aus demselben Verlag. Zwei Hitler-Biographien, dick wie Duden, ruhen ganz unten in einer Kiste. Dazwischen klemmen *Die Welt der Indianer,* Bücher von Remarque, Nadine Gordimer. Felix hat auch Videos gesammelt: Guido Knopps Dokumentation *Hitlers Helfer* und viele andere, auf denen vorn in schwarzen Buchstaben *Time Life* steht.

Hier im Keller erinnert sie sich, wie ihr Felix einmal erzählt hatte, dass er in Olivers Firma einen Vortrag über den Zweiten Weltkrieg halten solle. Der Termin war erst in einem halben Jahr. Felix redete damals schon aufgeregt davon, bis dahin wollte er noch viel vorbereiten. Dabei kannte sie niemanden, der mehr über den Zweiten Weltkrieg gelesen hatte als er.

Und sie erinnert sich wieder an eines ihrer Gespräche, 1999, in einem Café am Kollwitzplatz, wo sie einen ganzen Nachmittag lang über den Zweiten Weltkrieg gestritten hatten, über Erwin Rommel, den Führer des deutschen Afrikakorps, der wegen Widerstands gegen Hitler später zum Selbstmord gezwungen wurde, und über Tugenden wie Ehre, Kameradschaft und Pflichterfüllung. Felix wusste genau, wo wann welche Front eröffnet, mit welchen Geschützen und Panzern gekämpft wurde und wie viele Tote es bei welcher Schlacht gab. Er bewunderte die deutschen Soldaten, die sich im Zweiten Weltkrieg bei minus 50 Grad durch den Schnee geschleppt hatten. Er kannte sich fast schon beängstigend gut aus in Technik und Taktik.

Ihr kam es vor, als sei er unfähig, das politische System,

den Faschismus, der dahinter stand, wahrzunehmen. Bei ihm schien alles nur eine Frage des Materials, der Opferbereitschaft und des richtigen Kriegsplanes. Felix beugte sich dann über den Holztisch: «Rommel war ein Kriegsheld», sagte er und schaute sie herausfordernd an.

«Und was hatte er in Afrika zu suchen?», fragte sie. Es ging so weiter, hin und her. Es war absurd. Als eine Kaserne, die Rommels Namen trug, umbenannt werden sollte, wollte Felix dagegen demonstrieren. Sie konnte es nicht fassen, stürzte einen Kaffee nach dem anderen hinunter.

Sie überlegte, wie ausgerechnet Felix zu diesen Überzeugungen gelangt war, dessen Großeltern Kommunisten waren und aus Afrika stammten. Die ihre Heimat verlassen hatten, um für Dinge zu kämpfen, die sie im Zweiten Weltkrieg wahrscheinlich das Leben gekostet hätten. Und Felix selbst hätte mit seiner Hautfarbe unter Hitler wohl nicht lange existiert. Sie sagte das auch laut. Felix ging darüber hinweg, als hätte er es nicht gehört, und schwärmte von seinem anderen, seinem deutschen Großvater, dem Vater seines Vaters, der unter Rommel gedient hatte. Felix war stolz auf seinen deutschen Großvater, den er in seinem Leben nur sehr selten gesehen hatte. Sie hatte diesen Großvater nie getroffen, eigentlich hörte sie an jenem Nachmittag das erste Mal von ihm.

Felix hatte immer weiter geredet, sehr eindringlich. Sie wünschte sich eine Pause, sie hatte keine Ahnung, was sie noch sagen sollte: Es hatte keinen Sinn, es war, als stünden sie auf zwei völlig unterschiedlichen Seiten und nur ab und zu dringe ein Wort des anderen hinüber. Irgendwann sagte er dann noch: «Ich will mich nicht mehr schuldig fühlen. Ich will auch stolz sein auf mein Land.» Einerseits gab sie ihm Recht: Auch sie fühlte keine Schuld für die Verbrechen, die ihre Vorfahren begangen hatten, als sie noch nicht geboren war. Doch Stolz konnte und wollte sie für ein Land mit dieser Vergangenheit auch nicht empfinden. Es war ihr aber auch nicht so wichtig, diese Frage nahm keinen zentralen Platz in ihrem Leben ein.

Für Felix schien es ein lebenswichtiges Thema zu sein. Es ging um seine Identität. Er war immer zerrissen zwischen den verschiedenen Geschichten seiner Familie: auf der einen Seite seine geliebten Großeltern aus Afrika, deren Ideale zerbrochen waren. Auf der anderen Seite sein Geburtsland, das untergegangen war, und das neue Deutschland, das er «satt und verlogen» fand. Vielleicht blieb da nur die Identifikation mit der Nation und «deutschen Tugenden». Er bestand darauf, dass Vertrauen, Ehre, Mut und Ehrlichkeit lebensnotwendig und erstrebenswert seien. Felix schien etwas zu brauchen, das sein Leben ordnete, ihm eine Struktur gab, das ihm klar zeigte, was gut und richtig war und was nicht.

Die meisten anderen Gäste hatten das Café schon verlassen. Sie saßen seit Stunden hier, redeten sehr ruhig aufeinander ein. Sie waren nicht laut geworden, aber es hatte auch niemand den anderen überzeugt. Schließlich ging sie mit dem Gefühl nach Hause, dass ihre Ansichten und Welten absolut unvereinbar seien. Zu ihrem Freund sagte sie nach dem Gespräch über Rommel, sie wisse nicht, ob sie jemanden mit diesen Ansichten weiterhin treffen wolle. Im Nachhinein schämte sie sich ein wenig dafür.

Felix rief dann wieder an. Von da an akzeptierten sie sich still in ihrer Verschiedenartigkeit. Wie es nur mit Menschen geht, die man schon sehr lange kennt und mag.

Im Hintergrund harrte der Streit auf Fortsetzung. Ab und zu machten sie sich darüber lustig. Sie zog ihn mit seiner «Tugendhaftigkeit» auf und sie schenkten sich gegenseitig Bücher, von denen sie hofften, sie könnten dem anderen die eigene Meinung näher bringen. Sie schenkte ihm *Die Asche meiner Mutter* von Frank McCourt, schickte ihm noch ins Gefängnis *Das Geisterhaus* von Isabel Allende, *Selim oder Die Gabe der Rede* von Sten Nadolny, ein Buch über einen türkischen Gastarbeiter in Deutschland, und John Irvings *Owen Meany*. Felix brachte zu ihrem Geburtstag 1999 eines seiner Lieblingsbücher mit, *Stalingrad* von Theodor Plievier. Ganz vorn auf die erste Seite hatte er mit schwarzem Kugelschreiber geschrieben: *Dieses Buch kann dazu beitragen, dass du meine Ansichten besser verstehst.* Sie stellte es erst mal in ihr Regal.

Ein Jahr nachdem er verschwunden war, stand es noch ungelesen dort. Immer wieder umkreiste sie das Buch. Manchmal nahm sie es in die Hand, schlug es auf und versuchte, die erste Seite zu lesen. Sie schaffte es nur bis zum zweiten Absatz. Sie hatte Angst vor diesem Buch, davor, dass darin etwas stehen könnte, was sie einfach nicht aushalten könnte, irgendeine Kriegsverherrlichung. Sie hielt es dann für eine gute Idee, mit dem Klappentext und dem Nachwort zu beginnen, um herauszufinden, in welche Richtung *Stalingrad* führen würde. Sie las, dass Plievier eine Art linksgerichteter Anarchist gewesen war, der 1933 in die Sowjetunion emigrierte und nach dem Krieg in die amerikanische Zone Deutschlands floh. Er war einer, der nirgendwo hinzupassen schien, und auch sein Buch wurde in keinem System wirklich geschätzt. In Westdeutschland wurde es als zu kommunistisch abgelehnt, der DDR-Kritik war es in seinen Zukunftsvorstellungen zu kleinbürgerlich. Felix hatte sich ein Buch ausgesucht, das sich nirgendwo einordnen ließ. Und sie war etwas erleichtert.

Als sie schließlich begann, las sie es in zwei Tagen durch. Sie musste zugeben, das Buch hatte Kraft. Es gab darin keine Hauptfigur, keinen Helden, nur endlose austauschbare Namen von Soldaten der Sechsten Armee, die vor, um und in Stalingrad kämpfte. Es schilderte einige Monate im Winter 1942/43, wo diese Sechste Armee erst fast völlig aufgerieben wurde und schließlich kapitulierte. Und es war eine Aneinanderreihung apokalyptischer Beschreibungen des Untergangs dieser Armee – Beschreibungen von abgefrorenen Gliedern, Leichenbergen, die nur noch irgendwo hingeschüttet wurden, von vor Hunger und Grauen völlig apathischen, paralysierten Männern. Die Genauigkeit, mit der Plievier die Qualen und Grausamkeiten beschrieb, schreckte ab. In diesem Sinne war es ein Antikriegsbuch.

Zwischendurch versuchte Plievier immer wieder, die deutschen Soldaten von jeder Schuld freizusprechen: *Der Sommerfeldzug 1942 war zu Ende, und mit bangem Herzen, aber treu und tapfer, marschierte der deutsche Soldat in das weite fremde Land, gegen Osten, dem Winter entgegen. Er marschierte in blindem Vertrauen auf Hitler.* Und an anderer Stelle heißt es: *Der Stalingrad-Soldat, seine Genügsamkeit, Anpassungsfähigkeit, Zähigkeit, Ausdauer, seine Leidensfähigkeit, stummes Ertragen von Qualen, seine pünktliche Pflichterfüllung, sein Ausharren und Kämpfen bis zum Letzten, welche Höhe an unpathetischem und stummbleibendem Kämpfertum!*

Während sie diese Zeilen las, sah sie Felix vor sich, glaubte fast seine Stimme zu hören. Ihm zuliebe hielt sie bis zum Ende des Buches durch, versuchte dabei, seine Gedanken zu ergründen. Es half nicht viel. Als sie fertig war, stellte sie es wieder in ihr Regal. Es würde nicht ihr Lieblingsbuch werden, aber es hatte eine besondere Bedeutung. Es blieb.

Felix sah sich immer als «Krieger». Vor dem Mauerfall musste seine Großmutter *Rambo*-Videos aus dem Westen mitbringen. Der Botschafter von Ghana in der DDR besaß ein Videogerät. Bei ihm zu Hause hockten sie dann auf der Couch, Felix, ein Freund und Jeannette, und sahen Sylvester Stallone dabei zu, wie er Russen und Vietnamesen ins Jenseits beförderte. Ironischerweise war Felix' Verehrung für das Militär immer theoretischer Natur. Er diente nie in einer Armee. Wegen seines Asthmas wurde er ausgemustert und musste nicht einmal Zivildienst leisten.

Den Krieg kannte Felix aus Büchern, Filmen und aus den Erzählungen seiner Großväter, die beide im Zweiten Weltkrieg gekämpft hatten, beide in Afrika, allerdings auf verschiedenen Seiten. Arnold redete nie viel über seine Vergangenheit, nicht über die Kämpfe, auch weil er nicht so gut Deutsch und Felix nicht so gut Englisch konnte. Der andere Großvater dagegen sprach viel über seine Kriegserlebnisse. Felix hörte genau zu, wenn er über Rommel berichtete, den der Großvater einmal persönlich getroffen hatte und von dem er tief beeindruckt war. Er fand ihn offen und loyal und «gar nicht wie einen typischen Vorgesetzten».

Die beiden Großväter trafen sich später öfter, saßen zusammen auf dem Sofa im Wohnzimmer von Felix' Großeltern in Schöneweide und scherzten darüber, dass sie vielleicht einmal aufeinander geschossen, sich vielleicht beinahe umgebracht hätten.

Nachdem Felix gegangen war, wollte sie seine deutschen Großeltern kennen lernen, die sie nie gesehen hatte. Im Frühjahr 2001 fährt sie nach Meißen. Der Großvater ist 1990 gestorben. Seine Frau, Felix' Großmutter Gerda, wohnt noch immer am Rand der Kleinstadt in einem vierstöckigen Neubau. Sie ist über 80 und sieht aus wie 60, mit einem fast faltenlosen Gesicht und blond gefärbten Locken. Im Wohnzimmer steht eine braune Schrankwand, auf dem Tisch liegen weiße Spitzendeckchen.

Gerda sitzt sehr aufrecht in ihrem Sessel, ganz vorn an der Kante, und hält die Hände ineinander gefaltet. «Ich habe meinen Mann kurz nach dem Krieg geheiratet. Mein erster Mann, meine große Liebe, war gefallen», sagt sie und es klingt, als trauere sie noch immer um ihn. Die zweite Ehe sei eher eine Vernunftehe gewesen. Ganz einfach war das Leben wohl nicht mit Felix' Großvater. «Er war keiner, der Gefühle zeigen konnte», sagt Gerda. Auf Fotos blickt er streng in die Kamera. Er ist hager, hat die Haare glatt zum Scheitel gekämmt und hält die

Lippen schmal aufeinander gepresst. Sie bildeten eine ziemlich typische deutsche Familie. «Wir haben zu Anfang an Hitler geglaubt, weil er etwas für die Deutschen tat, weil er die Arbeitslosenzahlen senkte», sagt Gerda. Danach versuchten sie, nicht mehr daran zu denken. Fortan hielten sie sich heraus, traten nicht in die Partei ein und protestierten im Privaten: «Wir waren gegen die Politik der DDR.» Sie arbeiteten beide ihr ganzes Leben für die berühmte Meißener Porzellanmanufaktur. Der Großvater als Leiter des Lehrlingswohnheims, sie in der Verwaltung.

Ihr Sohn, Felix' Vater, ging mit 19 von zu Hause fort, zog nach Weimar zum Architekturstudium. Und eines Tages brachte er seine Freundin mit nach Hause, Felix' Mutter. Er hatte vergessen anzukündigen, dass sie schwarz ist. Seine Eltern erschraken. «Er hätte doch wirklich vorher etwas sagen können», sagt Gerda noch heute. Eine Schwarze in den sechziger Jahren in einer ostdeutschen Kleinstadt, da redeten alle Nachbarn. Sie gewöhnten sich daran. Bis zur Trennung der beiden hatten sie ein ganz gutes Verhältnis zu ihrer Schwiegertochter und ihrem Enkelsohn. «Felix war ein ganz liebes Kind, ruhig und folgsam.»

Nach der Trennung zerstritten sich Felix' Mutter und Vater, und die Großeltern aus Meißen sahen Felix kaum noch. Nur zu den alljährlichen Familienfeiern trafen sie sich, und zu Felix' Geburtstag schickten sie Geld nach Berlin. «Mir tat es Leid, dass unser Kontakt immer seltener wurde», sagt Gerda, hebt die Schultern und lässt sie nach unten fallen. Wirklich etwas dagegen unternommen hat sie nicht. Sie wusste nicht wie. Einmal hat sie Felix 5000 Mark geschenkt für seine Wohnung und weil das alle ihre Enkel bekamen. Er rief an und bedankte sich. Sie lehnt sich in ihren Sessel zurück. Von dort kann sie rechts auf die Familienfotos blicken, auf ihren Sohn, seine jetzige Frau und die beiden Töchter. Ein Bild von Felix hängt im Nebenzimmer.

Das letzte Mal sah Gerda ihren Enkel vor ein paar Jahren in Berlin zum Geburtstag von Felix' Vater. Felix sagte ihr, dass er sich als Deutscher fühle, nicht als Afrikaner, betonte, wie stolz er auf seinen Großvater sei, und schwärmte von Rommel, «dem begnadeten Feldherrn». Die Frau seines Vaters schrie ihn an: «Du bist wohl ein Nazi.» Rommel sei ein Kriegsverbrecher. Ihre Eltern hatten Deutschland damals verlassen. Sie waren Juden. Felix und die Frau des Vaters gerieten heftig aneinander. Die Großmutter saß daneben und schwieg. Irgendwann vertrugen die beiden sich wieder, so halb. Das war ihr letztes Zusammentreffen.

Danach legte Gerda ein Buch über Rommel für Felix beiseite. Es hatte seinem Großvater gehört und sie wollte es ihm schenken. Dazu kam es nicht mehr. Sie drückt sich aus ihrem Sessel, geht ins Nebenzimmer zum Bücherregal, sucht. Sie kann es nicht finden.

Jeannette steht in Felix' altem Zimmer. Sie kommt jeden Tag hierher, zündet neue Kerzen an, setzt sich auf das Bett, streicht mit ihren Händen die Decke darauf glatt, betrachtet seine Sachen und spricht mit ihm. Sie erinnert sich an seine Kindheit, als Felix nachts in seinem Zimmer Schritte zu hören glaubte. Jeannette tröstete ihn: «Das ist Otto.» Ein alter Soldat, der einmal in dem Haus wohnte und dessen Geist nun jede Nacht zurückkehrte. Von da an ließ Felix seine Zimmertür offen, damit Otto hereinkonnte, und schlief einfach weiter. Sie muss lachen.

Jeannette fragt sich oft, warum Felix gegangen ist. Diese innere Stimme, immer ein bisschen anklagend, bleibt, wie ein Radio, das nicht mehr abzustellen ist. Mal ist sie etwas leiser, dann wieder ganz laut. Sie wiederholt immer dieselbe Frage: Was hätte ich tun können? Das Leben im Konjunktiv hilft nicht, Jeannette weiß es. Trotzdem hört die Stimme in ihrem Inneren nicht auf zu fragen. Ganz wird sie sicher niemals verstummen. Die zurückbleiben, sind dazu verurteilt, sich langsam zu zermürben, in ihren Köpfen spielen sie immer wieder dieselben Szenen durch, in denen man sich vielleicht anders hätte verhalten sollen. Oder doch nicht? Es ist wie ein Selbstgespräch ohne Ende. Manchmal wird Felix' Großmutter wütend, manchmal drängt sie es weg. Meistens ist sie nur traurig. Es ist eine Trauer, die sich in ihr Leben gegraben hat wie eine unheilbare Krankheit, mit der sie nun täglich leben muss, weil nichts mehr zu ändern ist.

Ab und zu sitzen Arnold und Jeannette zusammen in dem kleinen Zimmer und denken an ihren verschwundenen Enkel. Manchmal können sie über ihre Selbstvorwürfe, ihre Trauer sprechen. Oft bleiben beide gemeinsam stumm in ihrem Schmerz. Sie schauen auf Felix' Bücher, seine CDs, seine Kleidung – alles sieht aus wie konserviert. Ein Jahr lang muss alles so bleiben, wie es ist. Das ist afrikanische Tradition. Im Stillen hoffen sie, dass eines Tages ihre Tochter vorbeikommen und sehen wird, dass sie Felix' Sachen sorgfältig aufgehoben haben. Dass sie sich zu ihnen setzt und sie reden könnten über ihn, über sich, über sie. Es kann sein, dass sie niemals kommt. Alle Fragen bleiben in diesem Zimmer eingeschlossen. Unbeantwortet.

Jeannette und Arnold blicken jeden Tag auf den weißen Kissenbezug, der links an der Wand über einem schwarzen Korbstuhl liegt. Felix hatte ihn in seiner Zelle über das Bett gehängt. Auf den Kissenbezug ist ein Foto gedruckt. Ein schlankes Mädchen mit langen braunen Haaren steht an einem Strand. Sie trägt einen kurzen schwarzen Rock und ein helles ärmelloses T-Shirt, das ihr bis zum Bauchnabel reicht. Sie wendet dem Fotografen den Rücken zu, dreht nur ihr Gesicht zur Kamera. Tina. Felix' letzte große Liebe.

Felix und Tina lernten sich Ende 1999 bei einem gemeinsamen Freund kennen. Sie hatte seit Jahren Geschichten über ihn gehört, gesehen hatte sie ihn bis dahin nie. Ihr Zusammentreffen war Zufall. Sie besuchte den Freund, als auch Felix gerade bei ihm war. In der Hand hielt Felix eine Liste mit verbotenen Filmen, die er aus irgendwelchen Videotheken besorgen konnte. Sie schauten sich an. «Er sah einfach verdammt gut aus. Es war eigentlich gleich alles klar», sagt Tina. Das Problem war nur, Tina hatte schon einen Freund. Felix wusste das und strengte sich an, zeigte ihr sein Auto, seinen BMW, und fragte, ob sie nicht noch etwas zusammen trinken wollten. Tina sah sich sein Auto zwar an, verschwand dann aber lieber schnell. Vom ersten Tag an floh sie auch immer ein wenig vor ihm. Sie telefonierten danach trotzdem ziemlich oft. Ihr Freund blieb dabei immer in Tinas Gedächtnis, und auch der gemeinsame Freund, bei dem sie sich kennen gelernt hatten, war gegen diese Beziehung. Felix sei ein «Durchgeknallter», sagte er zu ihr. Sie solle die Finger von ihm lassen. Das hat ihm Felix nicht verziehen, bis zum Schluss nicht.

Tina arbeitete zu der Zeit ein- bis zweimal die Woche als Managerin für Veranstaltungen des Kit-Kat-Clubs. Der Kit-Kat-Club ist in Berlin berühmt für seine freizügigen Sexpartys und dafür, dass Gäste oft nur in Dessous oder Unterhosen hereingelassen werden. Tina hatte Probleme mit ein paar Hooligans, die sich ständig in ihrem Club aufhielten, die anderen Gäste anpöbelten und vertrieben. Sie engagierte Felix und noch ein paar andere aus Olivers Gruppe als Türsteher.

«Felix kam dann an einem Abend. Als er den Raum betrat, haben die großen Glatzen nur kurz den Kopf gesenkt und genickt. Alle kannten ihn. Felix hat sich vor sie gestellt und gesagt: ‹Wo diese Frau arbeitet, gibt es keinen Ärger›», sagt Tina. Danach hätten sie die Köpfe aneinander gelegt und sich kurz umarmt. Tina stand daneben und konnte es nicht fassen. Es wirkte wie die Mafia bei einem Auswärtstreffen. Von da an gab es keine Probleme mehr mit Hooligans.

Felix und Tina verabredeten sich jetzt öfter. Sie trafen sich ein paar Mal im Fridays, in dem Burger auf Tellern serviert wurden, im ehemaligen Radisson Plaza Hotel. Ihrem Freund erzählte sie davon nichts. Einmal besuchte Tina Felix zum Frühstück in seiner Wohnung, sie saßen im Wohnzimmer und diskutierten. Er sagte, sie komme genau richtig. Er habe «Scheiße gebaut» und wolle raus aus allem. Felix redete über Fußball- und andere Prügeleien. Und er wollte Tina nicht in Schöneberg besuchen, wo sie wohnte: «Die ganzen Kanaken, die will ich nur tothauen.»

Guck mal in den Spiegel, dachte Tina. Sie hörte zu und hielt dagegen, er habe keinen Respekt vor dem Leben. Felix gefiel ihr Widerspruch. «Mit den anderen diskutiere ich nicht. Wenn ich denen sage, der Himmel ist schwarz, dann ist er schwarz.» Sie saßen da bis zum Abend. Tina dachte, sie habe endlich einen Mann gefunden, der für sich sorgen könne, der eine eigene Wohnung, einen Job und ein Auto habe. «Endlich mal jemand, dem ich nicht helfen musste», sagt sie heute. Sie hatte eine Zeit lang auf dem Sozialamt gearbeitet und merkte, dass sie keinen Abstand zu «ihren Fällen» halten konnte. Sie sorgte sich in ihrer Freizeit weiter um sie, besuchte Junkies im Knast, litt mit ihnen. Tina konnte nie sagen, wann Schluss war, wann sie die Probleme der anderen selbst nicht mehr aushielt. Ähnlich wie Felix hörte sie zu, um sich selbst nicht hören zu müssen.

Tina redete an jenem Tag auch über ihre Kindheit, über ihre Mutter, die Alkoholikerin gewesen war und sich zu Tode gesoffen hatte. Darüber, dass sich ihr Vater nicht viel um sie gekümmert habe, sie eigentlich immer allein gewesen sei. Und einmal war sie ausgerastet: als sie ihren Exfreund in ihrem Bett mit einer anderen Frau erwischte. Tina verwüstete ihre eigene Wohnung, zerkratzte der anderen Frau das Gesicht, bis es blutete.

«Sie hat jetzt noch Narben», sagt Tina. Es gab eine Anzeige und Tina bekam Bewährung. In ihrem ständigen Wechsel zwischen Extremität und Liebenswürdigkeit muss Felix sich selbst wieder erkannt haben. «Ich habe endlich mein weibliches Gegenstück gefunden», sagte er zu seinen Großeltern.

Zu seinem 29. Geburtstag im Oktober 1999 lud er Tina ein, seine Großeltern, seine Mutter, seinen Stiefvater und sie. Sie hatte sich über Felix' Einladung gefreut, sie hatte seine Familie seit Jahren nicht mehr gesehen. Außerdem wollte Felix seine frisch renovierte Wohnung zeigen. Sie kam als Letzte, die anderen saßen schon in Felix' Wohnzimmer um einen Glastisch und aßen Kuchen. Seine Wohnung bestand aus zwei Durchgangszimmern. Aus dem Fenster blickte man in den kahlen Hinterhof direkt auf die nächste Hauswand, sodass es drinnen auch am Tag nie richtig hell wurde. An den Wänden hingen die Drucke von Brueghel, Dalí, El Bosco.

Felix hockte auf einem schwarzen Ledersessel, hielt Tina auf seinem Schoß und wirkte sehr zufrieden. Sie begegnete Tina zum ersten Mal, sie war eine der wenigen, die sie vor Felix' Verschwinden kennen lernte. Tina hatte schöne glänzende lange Haare, lächelte etwas unsicher und beobachtete alle schüchtern, aber aufmerksam. Sie waren erst ein paar Wochen zusammen, doch Tina wurde schon der Familie vorgestellt und ausgefragt. «Ich arbeite als Sekretärin», sagte sie. Den Kit-Kat-Club verschwieg sie hier lieber, zu viele Erklärungen. Tina hatte Felix einen Kuchen gebacken. Felix war sehr gerührt darüber, das konnte sie sehen. Sie mochte Tina sofort.

Dass Felix' Großmutter und Mutter an diesem Geburtstag kein Wort miteinander redeten, fiel ihr erst im Nachhinein auf. Sie betrachtete Felix' Bücherregal und bewunderte die goldenen Pokale, die darauf standen. Felix holte sie später herunter und erklärte ihr jeden einzelnen: Deutsche Meisterschaft, Berliner Meisterschaft. Es waren viele, vielleicht zwanzig, alle irgendwo erkämpft. Sie merkte, dass Felix es genoss, ihr seine Trophäen vorzuführen. Er fuhr mit dem Finger behutsam über seinen eingravierten Namen und passte ängstlich auf, dass sie ihr nicht aus der Hand fielen. Im Café hatte Felix ihr einige Wochen vorher erzählt, er sei enttäuscht über seine sportlichen Erfolge. «Ich dachte, ich komme weiter und werde Weltmeister.» In Anbetracht der vielen Preise fand sie das jetzt etwas kokett.

Irgendwann an diesem Nachmittag fragte sie Felix, warum er nicht sein Abitur beende. Felix nickte nur und sagte: «Ich würde gern studieren, Psychologie oder Geschichte.» Jede Woche besuche er mit David eine Geschichtsvorlesung an der Uni: *Die Theorie des Krieges.* Sie hatte den Eindruck, er denke wirklich darüber nach, wieder zur Schule zu gehen. Sie hörten dann auf, darüber zu reden. Felix wirkte glücklich, er ließ Tinas Hand nicht los. Und er lächelte viel, die Augen dabei wie immer ein wenig zusammengekniffen, sodass sie nur noch aus langen schwarzen Wimpern zu bestehen schienen.

Als sie sich schließlich verabschiedete, sagte sie ihm vor der Tür, sie finde Tina sympathisch.

«Ja, ich weiß aber noch nicht, was daraus wird», sagte er. Es kam ihr vor, als gebe er sich unsicher. Um sich zu schützen, falls es schief gehen würde.

Tina und Felix sollten nicht viel Zeit miteinander haben. In sechs gemeinsamen Wochen waren sie glücklich, wenn auch nie ganz unbeschwert. Tinas Freund blieb immer im Hintergrund. An Felix' Geburtstag waren Haft- und Durchsuchungsbefehl schon beantragt.

14

Sie kamen gegen sechs Uhr morgens. Sie traten die Wohnungstür der Großeltern in Schöneweide ein. Es war der 16. November 1999. Jeannette war schon zur Arbeit gegangen, putzen im Büro einer Farbenfabrik. Arnold stand gerade im Bad vor dem Spiegel und rasierte sich. Er hörte ein lautes Krachen aus dem Flur und rief: «What's that?» Dann versuchte der 81-Jährige, einem Beamten einen Kinnhaken zu verpassen. «Ich war einfach so erschrocken», sagt Arnold heute.

Felix war bei seinen Großeltern polizeilich gemeldet, also suchte die Polizei ihn zuerst bei ihnen. Als sie sahen, dass er nicht da war, verzichteten sie auf die Durchsuchung. Die Beamten setzten sich mit Arnold auf das Sofa im Wohnzimmer und fragten ihn, ob er wisse, wo sein Enkelsohn wohne. Arnold verneinte.

Natürlich durfte er auch niemanden anrufen. «Was werfen Sie Felix vor?», fragte er die Polizisten. Sie antworteten: «Verstoß gegen BTM.» Gegen das Betäubungsmittelgesetz. Drogen.

Arnold schüttete langsam den Kopf. «Das kann nicht sein. Er hat nie Geld und ist Sportler», wiederholte er immer wieder.

Gegen neun kam Jeannette nach Hause. Als sie im Hausflur die zertrümmerte Tür sah, fing sie an zu zittern. Sie dachte, es sei etwas mit Arnold, mit seinem Herzen. Sie fand ihn mit den Beamten im Wohnzimmer. Wie unter Zwang begann Jeannette, von ihren eigenen Verhören in Südafrika und ihrer Fluchtgeschichte zu erzählen. Sie redete sonst nie darüber, jetzt konnte sie nicht mehr aufhören.

Am späten Vormittag kam dann der Anruf der Kollegen. Jeannette und Arnold hörten : «Wir haben ihn.» Die Polizisten verschwanden, die Großeltern blieben allein im Wohnzimmer zurück.

Am selben Morgen hatten die Beamten auch die Tür von Felix' Exfreundin Maria eingetreten, weil er dorthin noch Post bekam. Maria war nicht da. Bei ihr durchsuchten sie alles. Maria fand später ihre Fotos von Felix verteilt über die ganze Wohnung. Ihr Vater beschwerte sich bei der Polizei über die psychischen Schäden, die die Durchsuchung bei seiner Tochter hinterlassen hätte. Maria übernachtete nie wieder dort.

Wie die Polizisten schließlich an die richtige Adresse von Felix gelangten, möchten sie auch heute noch nicht preisgeben. Verrat sei es nicht gewesen. Gegen 9 Uhr 30 öffneten sie an jenem Morgen Felix' Wohnungstür mit einer Ramme. Mehrere Beamte stürmten in seine Wohnung in Prenzlauer Berg und fanden Felix in seinem Schlafzimmer im Bett. Sie brachten ihn mit einem «Fußfeger» zu Boden, sie schlugen ihm die Beine weg. Beim Anlegen der Fessel soll er mit der rechten Gesichtshälfte über den Boden gerutscht sein und sich Schürfwunden zugezogen haben. Einen Arzt habe Felix aber abgelehnt. Felix sagte später zu Freunden, sie hätten ihn geschlagen. Sie durchsuchten dann seine Wohnung, rissen seine Kleider aus den Schränken, verteilten sie auf dem Boden, schnitten die Mehl- und Zuckertüten in der Küche auf, nahmen Computer und Fernseher mit. Sie fanden 5790 Mark Bargeld, ein Foto von ihm und Marco und einen Kalender, rot, mit Telefonnummern, die ihn als «zur Hooligan- und Türsteherszene gehörig» auswiesen. Anschließend durchsuchten sie sein Auto mit einem Hund und sein Schließfach im Boxclub. Ohne Erfolg. Den BMW beschlagnahmten sie nicht, weil er David gehörte. Später wollten sie den Wagen noch einmal untersuchen. Doch da war er verschwunden.

Dann führten sie Felix dem Polizeigewahrsam Tempelhof zu, wie das auf Polizeideutsch heißt. Felix rief Tina an, sie solle sich um einen Anwalt kümmern. Und er unterschrieb eine Erklärung, das gefundene Geld sei sein Erspartes und den BMW habe er sich mit David zusammen gekauft. David schickte er eine Nachricht von seiner Festnahme und bat ihn um Asthmaspray und Hautcreme. David bekam diese Nachricht nie.

Elf Beamte und zwei Diensthundeführer waren an dem Einsatz beteiligt. Später werteten sie Felix' letzte Anrufe aus. Sieben Namen standen untereinander. Es war Routine. Auf dem Papier wirkte es, als würde er nie wieder telefonieren. Als sei er an jenem Tag im November gestorben.

Marco fing mit kleinen Mengen Kokain an. Er hatte die Kontakte seit Jahren. Dann wurden es immer mehr. Er hatte eine gute Quelle gefunden.

Horst kannte Marco schon lange von diversen Geschäften. In der Nähe von Berlin betrieb er eine Bar namens Petite Fleur und flog öfter nach Kuba. Anfang 1996 reiste Marco mit, um «Personal» für Ostberliner Nachtclubs zu suchen. Es ging um Frauen. Zu Beginn lief es gut. Bis Fidel Castro seiner Geschäftsidee ein frühes Ende bereitete: Um die Prostitution auf seiner Insel zu bekämpfen, gab er die Weisung, alle Frauen, die sich in Urlaubsorten aufhielten, ohne dort wirklich zu wohnen oder gemeldet zu sein, sollten in ihre Heimatorte zurückkehren. Marco sah zu, wie die Frauen, die er schon fest nach Deutschland gebucht hatte, auf LKWs davonfuhren. Sie verschwanden in kleinen Dörfern, verteilt über das ganze Land. Es war sinnlos, sie zu suchen. Der Aufwand war zu groß für dieses Geschäft. Marco gab auf und flog nach Venezuela zu Ronny, einem alten Bekannten aus Ostberlin.

Ronny war 1995 von Ostberlin nach Venezuela geflüchtet. In Deutschland wurde er mit sechs Haftbefehlen gesucht. Sie reichten vom Verdacht auf schwere Körperverletzung bis zum

Verdacht «auf Bildung eines bewaffneten Haufens». Ronny war ebenfalls in Ostberlin aufgewachsen, hatte Autoschlosser gelernt, nach dem Mauerfall seinen Job verloren und war 1991 Türsteher im Kontrast am Strandbad Müggelsee geworden. Er gehörte zu der Gruppe der Rahnsdorfer, die sich rund um das Kontrast gebildet hatte. Marco kannte er als Einlasser der Disko Venus, wo er auch Felix ein paar Mal sah, nur flüchtig. Als sich die Haftbefehle gegen Ronny häuften, sammelten seine Türsteher-Kumpels Geld für seine Flucht und er setzte sich nach Südamerika ab. Etwa ein Jahr später besuchten Marco, aus Kuba kommend, und einige andere Ostberliner Ronny in Venezuela. Sie «feierten». Das hieß, auf dem Tisch lagen kleine Häufchen aus weißem Pulver, das sie sich durch ein Röhrchen in die Nase zogen.

Marco verbrachte die Tage im Delirium. Alles schien so einfach. Ronny sollte das Kokain besorgen, er würde es in Deutschland verkaufen. Ronny stimmte zu. Er war damals Tellerwäscher, brauchte dringend Geld und hatte sowieso gerade nichts anderes vor. Vielleicht dachten sie darüber nach, was dieser Entschluss bedeutete, vielleicht auch nicht. Er würde ihr weiteres Leben bestimmen. Und auch Felix sollte er betreffen.

Von da an flog Marco zuweilen zweimal in der Woche nach Venezuela. Mal flog er von Frankfurt, mal von Düsseldorf, dort waren die Kontrollen nicht so streng. Oft wusste er nicht mehr, wo er sich gerade befand und wer er gerade war: Marco reiste unter falschen Namen und mit gefälschten Pässen. Er kaufte sie für 5000 Mark in der Szene, zum Großteil stammten sie aus einem Diebstahl von Blankopässen im Einwohnermeldeamt von Ludwigsfelde. Nichts war mehr unmöglich, alles konnte für Geld beschafft werden. Marco muss das Gefühl gehabt haben, ihm gehöre die Welt. Er nahm selbst Koks, bekam davon aber Wahnvorstellungen und nahm es fortan nur noch selten.

Er transportierte das Kokain nie persönlich. Das Risiko war

ihm zu hoch. Seine Aufgabe war, sich so viele Goldketten wie möglich umzuhängen und die Zollbeamten von seinen Kurieren abzulenken. Die Kuriere trugen den Stoff am Körper oder in präparierten Koffern, in deren Hüllen er eingearbeitet war. Ein Kilo Kokain konnte Marco in Berlin für 40 000 bis 60 000 Mark verkaufen. Gekauft hatte er es in Venezuela von Ronny für 6000 bis 8000 Dollar das Kilo. Die präparierten Koffer waren teurer, sie kosteten so um die 10 000 bis 12 000 Dollar.

Anfangs ging alles gut. Die Kuriere aus Berlin tauschten in Venezuela Geld gegen Ware. In ihren Hotelzimmern verschwanden die Kuriere im Bad und ließen das Geld auf dem Bett zurück. Dann erschienen Ronny oder Marco, nahmen das Geld und ließen das Kokain da. Die Kuriere verdienten 10 000 Mark pro Tour. Insgesamt sollen sie auf diese Weise fast 25 Kilo Kokain nach Deutschland gebracht haben, einige Schmuggelversuche scheiterten auch. Marco konnte wohl gut davon leben. Seine Kuriere und Ronny versetzte er mit mysteriösen Andeutungen in Furcht. Seine Hintermänner seien Russen, sagte er.

Marcos Freund Horst aus dem Petite Fleur arbeitete inzwischen auch als Kurier für ihn. Er wurde am 5. Dezember 1996 mit drei Kilo Kokain bei der Ausreise aus Kuba verhaftet. Er hatte 22 Päckchen an den Beinen und am Unterleib befestigt. Marco stand vor einem neuen Problem: der Gefahr des Verrats. Aber Horst schwieg und wurde zu zehn Jahren Haft verurteilt. Die deutsche Polizei erfuhr nichts davon: Kuba war nicht Teil des Interpol-Informationsaustausches. Sie hatten noch einmal Glück. Dann folgte der erste Schlag. Es war das Ende. Oder zumindest der Anfang davon.

Am 9. Februar 1997 wurde Sascha auf dem Flughafen Santiago de Marino/Porlamar auf der Isla de Margarita von der venezolanischen Polizei festgenommen. Er wollte nach Frankfurt. Um den Bauch gewickelt trug er auf vier Päckchen verteilt zwei

Kilo Kokain. Er hatte sie zu fest geschnürt, sodass er schwitzte und zitterte. «Er zeigte Anzeichen von Nervosität», heißt es im Polizeibericht. So waren sie auf ihn aufmerksam geworden. Später verhörten sie ihn und Sascha nannte Marco und Ben als seine Auftraggeber. Später identifizierte er sie auch auf Fotos. Von da an war es ein Fall für die deutsche Polizei. Die Suche begann.

Marco war der Polizei als Türsteher, Fußballschläger und Zuhälter bekannt. Bei Ben fand sie schnell heraus, dass er schon öfter als Dealer in Erscheinung getreten war. Ben arbeitete als Kurier für Marco, schickte aber auch eigenständig Kuriere nach Südamerika. Sascha war ein Freund aus seiner Schulzeit. Ben hatte keine richtige Ausbildung, war drogenabhängig und landete immer wieder in der Psychiatrie. Sowohl Marco als auch Felix kannten ihn über den Galeristen, der schon bei dem Massagesalon eine Rolle gespielt hatte. Ben sollte später gegen Felix aussagen.

Zwei weitere Kuriere von Marco wurden im Sommer 1997 mit je zwei Kilo Kokain in Venezuela verhaftet. Einer von ihnen beschrieb später gegenüber Journalisten die Haftbedingungen in Venezuela. Er musste meist im Freien schlafen, weil das Gefängnis überfüllt war. Alle paar Tage explodierten Granaten und es gab Tote und Verletzte. Marodierende Banden bedrohten ihn, immer wieder wurde er schwer krank. Er schilderte diese Zeit als einen einzigen Kampf ums Überleben.

Der nächste Rückschlag folgte: Am 28. November 1997 wurde Yvette mit zwei Kilo Kokain auf dem Flughafen in Rio de Janeiro festgenommen. Yvette und Marco kannten sich von früher aus der Disko Venus. Eines Tages fragte sie ihn nach «Verdienstmöglichkeiten». Yvette schwieg zunächst über ihren Auftraggeber, aber sie schrieb Briefe an Marco aus Brasilien, in denen sie für ihr Schweigen immer mehr Geld verlangte. Sie stellte ihm Ultimaten. Marco muss gespürt haben, dass es zu Ende ging. Innerhalb von zwei Jahren waren fast alle Kuriere aufgeflogen. Einige hatten schon ausgesagt, andere hatten es vielleicht noch vor. Aber Marco konnte jetzt nicht aufhören. Er war wie berauscht von diesem Leben, vom dem Gefühl, morgen könnte es schon vorbei sein. Er fuhr Mercedes, hatte sich eine Rolex gekauft und eine Waffe zugelegt. Das große Geld, das große Glück, das musste es auch für ihn geben.

Und Marco versuchte es noch einmal. Sein kleiner Bruder war Filialleiter bei der Dresdner Bank in Zittau. Er führte ein ruhiges Leben in Anzug und Krawatte, war Mitglied im Lions-Club und hatte Familie. Er konnte Kredite bis zu einer Höhe von einer Million bewilligen. Der Plan war, sich unter falschen Namen den Kauf von nicht existierenden Eigenheimen und Grundstücken von der Bank finanzieren zu lassen. Die Unterlagen, etwa Grundbucheinträge, Kaufverträge, Lohn- und Gehaltsnachweise der fiktiven Käufer, fälschte ein weiterer Komplize. Marco und seine Freundin, die ihm dabei geholfen haben soll, eröffneten ein Reihe von Konten unter falschen Namen, und Marco bezahlte weitere Personen dafür, dass diese ihre Konten für Einzahlungen und Überweisungen zur Verfügung stellten. Fast sechs Millionen Mark bekam er durch den Kreditbetrug, vielleicht waren es noch mehr. Die Polizei hat bisher nur einen Teil des Geldes gefunden. Marcos Bruder wurde später auf einer Tagung seiner Bank festgenommen. Der Polizei sagte er, er habe seinem Bruder nur helfen wollen, weil der ihn früher vor dem Terror und den Schlägen des Vaters geschützt habe.

Die deutsche Polizei ermittelte seit 1997 intensiv gegen Marco, nachdem der Kurier Sascha gegen ihn ausgesagt hatte. Die Ermittlungen gestalteten sich schwierig, weil Marco sehr konspirativ arbeitete. Er wechselte ständig das Handy und die Nummern. Zeitweise hatte er 13 verschiedene Telefonkarten. Immer wenn die Polizei eine Nummer zur Überwachung beantragte, hatte er schon wieder eine neue. Und er wohnte nie dort, wo er gemeldet war oder wohin er Post bekam. Die Beamten fanden schließlich seine Freundin und darüber auch Marco. Und sie verfolgten die Flugbewegungen der bereits festgenommenen Kuriere zurück und stellten dabei fest, dass alle über dasselbe Reisebüro gebucht hatten. Auch Marco. Es schien nur noch eine Frage der Zeit.

Die Ermittlungen wurden zusätzlich erschwert, weil Marco einen Spion innerhalb der Polizei hatte. Er nannte ihn «Hauptmann Fuchs», nach einer Figur aus der DDR-Krimiserie *Polizeiruf 110*. Der Polizist sah in regelmäßigen Abständen im «Informationssystem Verbrechensbekämpfung» nach, ob Haft- oder Durchsuchungsbefehle gegen ihn oder einen seiner Kuriere vorlagen. Marco hatte den Polizisten über Felix kennen gelernt. Felix war mit ihm befreundet, er trainierte ihn. Bei einem ihrer Gespräche im Café erzählte Felix einmal etwas über «einen Polizisten», einen Kumpel, der seinen Namen im Polizeicomputer eingegeben habe. Er habe den Eintrag *Gewalttäter Sport* gefunden. Sie nickte damals nur, sie dachte, es gehe um die Fußballschlägereien. Es kam ihr vor wie ein Spiel. Von Marco oder Ben sprach Felix nie.

Wie viel Felix über Marcos Geschäfte wusste, kann im Nachhinein niemand sagen. Wahrscheinlich nicht viel. Aber wie alle in der Szene vermutete er wohl das Offensichtliche. Zu Freunden meinte Felix, er finde es schlimm, wie sehr einige in Drogengeschichten abglitten. Einmal tauchte er als Entlastungszeuge für Marco in einer Verhandlung wegen Kreditkartenbetrug auf. Zeitweise sahen sie sich mehrmals die Woche und sie telefonierten öfter miteinander. Das belegen die Telefonmitschnitte der Polizei. Und einmal machte Felix einen Fehler.

Marco muss vermutet haben, dass gegen ihn ermittelt wurde. Aber er dachte, er habe die Kontrolle. Nach der Fußballweltmeisterschaft 1998 in Frankreich wurde er ängstlicher. Marco und sein Freund Karsten, mit dem Felix in Brandenburg als Türsteher zusammengearbeitet hatte, waren in der Nähe, als der französische Polizeibeamte Daniel Nivel von mehreren aufgeheizten, berauschten Hooligans überrannt und fast zu Tode geprügelt wurde.

Zu Hause fanden sie sich dann auf den Titelseiten der Zeitungen wieder. Ein Österreicher hatte alles fotografiert. Auf den Bildern liegt Nivel schon regungslos in seinem Blut. Man sieht einen dicken kurzhaarigen Mann breitbeinig über ihn gebeugt, der mit irgendetwas auf ihn eindrischt. Um ihn herum sieht man andere flüchten. Wahrscheinlich war Nivel da längst bewusstlos. Ziemlich schnell tauchten auch Fotos von Marcos Freund Karsten auf, auf denen er ein Holzschild trug, mit dem Nivel geschlagen worden sein soll. Er wurde kurz darauf vor dem Reisebüro in Straußberg festgenommen, wo Marco immer die Reisen nach Südamerika buchte. Karsten bekam später dreieinhalb Jahre wegen gemeinschaftlicher gefährlicher Körperverletzung. Plötzlich standen die deutschen Hooligans im Mittelpunkt des öffentlichen Interesses. Das kam Marco zu diesem Zeitpunkt denkbar ungelegen. Er fürchtete seine Verhaftung.

Ende September 1998 wollte Marco ins Ausland reisen. Vorher bat er den Polizisten nachzuschauen, ob gegen ihn etwas Neues vorliege. Der interpretierte die Einträge im Polizeicomputer falsch als zwei internationale Haftbefehle, obwohl es sich nur um zwei Ausschreibungen *Gewalttäter Sport* handelte. Marco versuchte hektisch, mit dem Auto eines Freundes seiner Freundin zu fliehen. Ein anderer Freund sollte Sachen aus seinem Haus in Nassenheide bei Berlin schaffen. Später konnte er live am Telefon dabei zuhören, wie seine Freundin und sein

Freund verhaftet wurden. Die Polizei hatte inzwischen erfahren, dass Marco fliehen wollte. Er hatte auch schon einen neuen Pass auf einen anderen Namen in Auftrag gegeben. Die Beamten entschlossen sich zu schnellem Eingreifen.

Es war der 30. September 1998. Marco versteckte sich in der Wohnung eines Freundes in Karlshorst. Sie lag im obersten Stockwerk des Hauses. Er hatte kein Telefon mehr und kein Auto, seine Vertrauten wurden beobachtet oder waren schon verhaftet.

Wie fühlt man sich, wen man merkt, dass bald alles vorbei ist?

Man wartet.

Marco ließ seine Pistole auf dem Wohnzimmertisch, flüchtete in den Keller und schloss sich dort ein. Nachts rückte das Sondereinsatzkommando an und er hörte, wie sie über ihm die Wohnungstüren aufbrachen, hörte das Zerbersten von Holz und die Schreie von erschrockenen Mietern. Die Polizei ging davon aus, dass er bewaffnet sei und eventuell eine Geisel genommen habe.

Irgendwann erreichten die Beamten den Keller. Mit dem Rammbock bekamen sie die Stahltür nicht auf, hinter der Marco hockte. Es war dunkel, Marco hörte nur ihre Stimmen. Er kauerte in einem Verschlag, bis acht Mann mit schwarzen Masken auf dem Kopf den Keller stürmten. Er sollte sich auf den Bauch legen, mit den Händen über dem Kopf.

Am 2. Oktober 1998 wurde Marco in die JVA Moabit in Berlin eingeliefert. Seine Freundin hatten sie einen Tag vorher, seinen jüngeren Bruder einen Tag später verhaftet. Marco kam in den Teil des Gefängnisses, in dem es keine Steckdosen gab. In der ersten Zeit musste er sogar auf dem einstündigen Hofgang Handschellen tragen.

Und dann gibt es da noch dieses Schreiben von Marcos Anwalt vom 9. Oktober 1998, das ihn im Rückblick nicht ganz so standhaft schweigsam aussehen lässt. Dort schreibt sein Anwalt, Marcos Freundin sei unschuldig und Marco sei im Rahmen der Kronzeugenregelung bereit, über seinen eigenen Tatbeitrag hinaus gegenüber der Staatsanwaltschaft auszusagen.

Zu diesem Zeitpunkt dachte Marco vielleicht noch, er könne «Deals» machen, wie draußen. Die Staatsanwaltschaft lehnte das Angebot damals ab. Das Landeskriminalamt sei bei den Vernehmungen dabei, Verhandlungen über Vergünstigungen würden nicht stattfinden und im Übrigen sei das Gericht für die Berücksichtigung geständiger Einlassungen zuständig.

Danach schwieg Marco fast ein Jahr.

Der völlige Zusammenbruch ließ sich nicht mehr aufhalten. Es muss gewesen sein, als sehe Marco sich bei seinem eigenen Untergang zu. Zuerst verließ ihn seine Freundin. Sie sagte aus, Marco gebe sich nach außen ganz anders, als er wirklich sei, bedürftig nach Liebe und Nähe. Zu Hause trage er meist Trainingshosen, nur wenn er rausgehe, hole er den Mercedes aus der Garage und lege die Rolex an, die sonst im Schrank bleibe. Wenn er sauer auf sie gewesen sei, habe er manchmal 14 Tage lang nicht mit ihr gesprochen. Er habe Druck auf sie ausgeübt, ihr Vertrauen enttäuscht und sie wolle jetzt von ihm in Ruhe gelassen werden. Klarer hätte die Absage nicht sein können.

Zwischendurch war sie auf freiem Fuß und kehrte zu ihrem Exfreund zurück, den Marco auch kannte. An ihn ließ Marco einen Drohbrief aus dem Knast schmuggeln. Er solle sie überzeugen, zu ihm zu halten. *Ich schwöre dir beim Leben meiner Mutter, ich werde dich zur Verantwortung ziehen, und zwar ohne Gnade. Und da brauche ich nicht mal aus dem Gefängnis raus. Lass dir eins gesagt sein, sie ist mein Leben. Wenn ich sie verliere durch deine Schuld oder auch nur durch eine Teilschuld, wirst du keine Gelegenheit mehr haben, diesen Fehler zu bereuen.* Marco hatte immer noch das Gefühl, ihm gehöre die Welt. Er hatte es ja auch geschafft, sich im Knast ein Handy zuzulegen, und gab darüber weiter Anweisungen nach draußen.

Am 26. Juni 1999 nahm die Polizei Ronny, Marcos Freund aus Venezuela, in Hamburg fest. Die Polizei hatte einfach seine Mutter überwacht und gewartet. Ronny war nach Marcos Verhaftung zunächst nach Kanada geflohen und von dort unter falschem Namen nach Deutschland eingereist. Er hatte Sehnsucht, in Venezuela ging es ihm nicht besonders gut. Vor seiner Flucht dorthin war er nie länger als zwei Wochen von zu Hause fort gewesen. Nach seiner Festnahme wirkte er fast erleichtert. Er werde nun umfassend zu Marco, zu den Drogen, zu allem aussagen. Er wolle einen Schlussstrich ziehen, inzwischen sei er ja auch verheiratet mit einer Venezolanerin.

Und so begann es. Hatten sie einander vorher alle nur misstraut, fielen sie jetzt übereinander her. Hehre Grundsätze wie Zusammenhalt und Ehre waren nur noch Wörter aus einem fernen Märchenbuch. Sie lauerten sich gegenseitig auf den Hofgängen auf und versuchten rauszukriegen, was wer wann aussagen werde, um dann ihrerseits zu drohen. Vielleicht hatten sie schon vor langer Zeit aufgehört, Freunde zu sein. Sie hatten einander vertraut, weil sie alle aus dem Osten kamen, hatten Partys gefeiert, Urlaube zusammen verbracht und Geschäfte miteinander gemacht. Am Ende bestimmten die Geschäfte über die Freundschaften.

Marco war zu der Zeit wahrscheinlich schon von fast allen enttäuscht und er ist ein Mensch, der einen feinen Sinn dafür hat, wann sich eine Situation gegen ihn wendet. Wann es darum geht, sich zu retten. Zu überleben. Er wusste inzwischen, dass ihm an die 15 Jahre Knast drohten.

Die Kronzeugenregelung war das Einzige, was blieb, wenn Marco nicht auf ewig ins Gefängnis wollte. Sein Anwalt argumentierte vorsichtig in diese Richtung.

Am 16. September 1999, fast ein Jahr nach seiner Verhaftung, sagte Marco zum ersten Mal aus. Vorher hatte er noch einen der besten Strafverteidiger Berlins engagiert. Einige Personen ließ er unerwähnt: seine ehemalige Freundin und seinen Freund Karsten, mit dem er in Frankreich gewesen war.

Marco war präzise in seinen Aussagen. Er war der Boss, er war der Einzige, der alle Beteiligten kannte. Und er hatte Menschen immer genau beobachtet, um sie besser einschätzen zu können. Über Ronny sagte er aus, der habe durchaus Einblick in die Struktur gehabt, habe in Venezuela nicht schlecht gelebt und kenne auch die Hintermänner dort. Und er habe niemals aussteigen wollen. Ronny hatte genau das Gegenteil behauptet.

Kurz darauf sagte Marco gegen Felix aus. Felix war in den Ermittlungen bislang nur am Rande aufgetaucht. Er hatte Verbindung zu Marco, das war alles. Nur Ben hatte, nachdem er sich am 14. Oktober 1998 nach Marcos Festnahme selbst der Polizei gestellt hatte, eine wirre Geschichte über einen gewissen Felix erzählt, der ihn zusammengeschlagen habe. Ben klang so durcheinander, dass selbst die Beamten ihm nicht glaubten. Irgendwann stellte er dann Strafantrag gegen Felix wegen Körperverletzung. Doch erst die Aussagen von Marco führten zu Felix' Festnahme.

Bald nachdem er ins Gefängnis gekommen war, hatte Marco Felix über einen Freund gewarnt und ihm geraten, für eine Weile unterzutauchen. Im Frühjahr 1999 reiste Felix tatsächlich für ein paar Wochen nach Mallorca. Ihr und anderen Freunden erzählte er die Geschichte vom Trainingslager in Holland. Zu David sagte er noch, er habe Angst davor, was Marco alles sagen werde. «Er kann auch viel Mist reden.» Und er wusste, dass Marco, wenn es um ihn selbst ging, keine Rücksichten nahm.

Auf Mallorca wohnte Felix bei Freunden eines Freundes und schickte Briefe an David, Alex, Maria und Oliver. David musste derweil in Berlin Felix' Haushalt weiterführen, seine Blumen gießen, Rechnungen bezahlen, sein Auto warten. Die Musik von Bach fehle ihm und er trainiere zweimal täglich, schrieb er. Seine Freunde rund um Oliver bat er, sich um noch ausstehende Gelder von ihm zu kümmern. Felix war allein auf der Insel, sein Telefon funktionierte nicht, niemand kannte ihn. Er hatte es immer gehasst, Berlin lange den Rücken zu kehren. Heimatlosigkeit war bedrohlich, das konnte er an seiner Familie sehen.

Nach einer Weile ging ihm auch das Geld aus. Er schrieb Oliver, er müsse bald wiederkommen, um Geld zu verdienen. *Zwar Risiko, aber ich glaube, das Schlimmste ist überwunden.* Sie sollten mal vorfühlen, ob alles klar sei.

Anfang April 1999 kehrte er nach Berlin zurück. Es schien sicher. Doch er täuschte sich. Es hatte noch gar nicht begonnen.

Ein paar Monate später, im September 1999, belastete Marco Felix schwer. Er sagte aus, Ben habe so hohe Schulden bei ihm gehabt, dass er keine Geschäfte mehr mit ihm machen mochte. Und da habe sich Ben an Felix gewandt. Im Sommer 1997 soll Felix Marco im Café Übereck gefragt haben, ob er Koks besorgen könne. Marco war sich allerdings sicher, dass Felix es nicht selbst nehmen wollte. Er habe Felix insgesamt mehr als drei Kilo Kokain verkauft, das für Ben bestimmt war. Felix sei der Kurier gewesen. Marco sagte weiter, Ben habe Felix nicht ausreichend bezahlt und Felix habe die Schulden «handgreiflich» eintreiben wollen. Ben habe unter ihm zu leiden gehabt. Nachdem zwei Kuriere in Südamerika aufgeflogen waren, habe Felix trotzdem weiter «penetrant» versucht, von ihm Kokain zu bekommen.

Marco hätte das nicht sagen müssen. Persönliche Wertungen kann auch ein Kronzeuge vermeiden. Zumal Felix in seinem Kreis, bei seinen Geschäften eine vergleichsweise geringe Rolle spielte.

Nach Felix' Verschwinden wird eine Frage in ihrem Kopf immer lauter, sie übertönt nach und nach alle anderen: Warum hat Marco Felix verraten? Sie denkt, nach der Beantwortung dieser Frage werde sie alles andere vielleicht verstehen, sie sei der Schlüssel. Warum reagiert ein Mensch in einer bestimmten Situation so, warum entscheidet er sich für den Verrat? Und wie hätte sie im Knast, mit 15 Jahren Strafe vor Augen, reagiert? Wer weiß das schon von sich.

Sie fragt Marco gleich bei ihrem ersten Telefonat.

Er gibt ihr eine Antwort. Später will er diese Antwort aber nicht mehr veröffentlicht sehen.

Es ging um Geld und Tratsch. Ihr scheint die Szene manchmal inzestuös wie ein kleines Dorf. Ständig redet irgendwer irgendwann über irgendwen.

Marco konnte keinen der Vorwürfe gegen Felix selbst überprüfen, sie wurden ihm zugetragen. Jedes kleinste Gerücht wirkte in der Zelle wahrscheinlich wie die letzte Wahrheit. Marcos Antworten helfen ihr nicht.

Sie fragt Marco, wie er mit seiner damaligen Entscheidung heute leben könne.

Er kann die Frage nicht beantworten. Es ist alles kaputt.

Im Sommer 1999 lud sie Felix einmal zu sich nach Hause zum Essen ein. Er lief durch ihre Wohnung, betrachtete die hohen Decken, die Holzfußböden, die Bücher. Es gefiel ihm. Später beim Essen unterhielt er die Runde allein, er erzählte von einem Club in Hellersdorf, wo er die Tür bewachte. Es kam vor, dass dort fünfzig ehemalige «Knackis» ihr Wiedersehen feierten. Felix beschrieb die einzelnen Gäste sehr genau, die ausgedünnten Dauerwellen der Frauen, ihre pinkfarbenen Leggings, wie sie sich mit süßen klebrigen Cocktails betranken und er sie schließlich raustragen musste. Manche Männer boten ihm in diesem Zustand noch ein Duell an.

Felix erzählte das alles so, als sei er ein Außenstehender. Jemand, der die anderen beobachtet und sich selbst dabei oft fragt, was er hier eigentlich mache. Sie lachten viel an diesem Abend. Erst viel später fiel ihr auf, wie traurig die Geschichten eigentlich waren. Es waren Geschichten des Scheiterns, der verlorenen Träume, und auch Felix war ein Teil von ihnen.

Wie er da saß auf dem Stuhl in ihrem hinteren Zimmer, den Rücken krumm, die Schultern nach vorn gedrückt, wirkte er sehr vertraut. Bei Felix hatte sie dieses seltsame Sicherheitsgefühl, das sie nur bei sehr wenigen Menschen spürte: Der wird immer da sein, auch wenn es dir beschissen geht. Der fragt dich nicht aus, um Macht über dich zu bekommen. Der gaukelt keine Nähe vor, die nicht da ist.

Vielleicht stimmte all das überhaupt nicht. Vielleicht hatte er mit anderen genau das gemacht. Doch sie hatte damals dieses Gefühl, und das genügte. Manchen Menschen fühlt man sich seelisch nah, ohne genau erklären zu können, warum. Später schrieb er ihr in einem Brief aus dem Gefängnis, dass es ihm ähnlich gehe, sie hätten einander immer vertraut. Im Nachhinein ist es das, was sie am meisten vermisst. Den Vertrauten.

Zu ihrem Geburtstag im November 1999 kamen außer ihm noch eine Freundin aus Johannisthal, ihr Freund und ihre ganze Familie. Felix gehörte irgendwie dazu. Er hockte an der Tafel, eingeklemmt zwischen ihrer Großmutter und ihrem Stiefvater, sagte allerdings den ganzen Nachmittag kaum etwas. Er wirkte ungewöhnlich still, fast eingeschüchtert. Vielleicht war es ihm fremd, dass die Familie zusammensaß, alle laut durcheinander redeten und kicherten. Diese Harmonie.

In seiner Familie gab es besonders bei Feiern meistens Ärger. Irgendeiner redete mal wieder nicht mit dem anderen. Es existieren unzählige Geschichten davon im Gedächtnis der Großeltern und Eltern. Noch heute erzählt Jeannette von einem bestimmten Geburtstag. Felix muss damals 21 geworden sein. Sie hatte gekocht und Felix saß schon an der gedeckten Geburtstagstafel. Noch vor dem Essen gingen alle, bis auf seine Großeltern und seinen Stiefvater. Seine Mutter, sein Vater und deren neue Partner hatten sich mal wieder ein kurzes Scharmützel geliefert, bei denen rückblickend keiner mehr wusste, worum es gegangen war. Die Großmutter flehte sie an zu bleiben – Felix zuliebe, ihr zuliebe. Sie gingen trotzdem. Felix hatten sie dabei irgendwie vergessen. Er fing an zu weinen, Jeannette auch. Sie warfen dann das ganze Essen weg. Keiner hatte mehr Appetit.

An ihrem Geburtstag musterte Felix alle Anwesenden mit kurzen, vorsichtigen Blicken, als erwarte er, dass jeden Moment die Stimmung kippe und ein Streit ausbreche. Irgendwann entspannte er sich ein wenig und unterhielt sich mit ihrem Bruder und ihrem Stiefvater übers Kickboxen. Beide bewunderten seine Muskeln, worüber Felix sich sehr amüsierte. Er aß nur wenig Kuchen und ging früher, weil er noch zum Training musste. An der Tür bedankte sie sich für sein Geschenk, das Buch *Stalingrad.* Im Stillen hielt sie es für unwahrscheinlich, dass sie es lesen würde. Sie umarmten sich und es war klar, sie würden sich bald wieder treffen. Alles schien in Ordnung.

Es sollte eines der letzten Male in ihrem Leben sein, dass sie ihn sah. Später bedankte er sich in einem Brief aus der Haft dafür, dass sie zu seinem Geburtstag gekommen war und ihn dann zu ihrem eingeladen hatte. Er rührte sie damit zu Tränen. Aber das war ein paar Wochen später, schon zu einer anderen Zeit.

15

Seine Großeltern kamen der bedingungslosen Liebe, die Felix forderte, ziemlich nahe. Sie waren immer da, wenn er rief. Jeden Freitagabend ging er zu ihnen zum Abendessen. Eine Zeit lang, während Felix das Abitur nachholte, putzten sie sogar einmal in der Woche seine Wohnung. Felix bat nur: «Sagt es bloß nicht meiner Mutter.» Jeannette nannte ihn «Scuttle», weil sie lange das Wort «Schatz» nicht aussprechen konnte. Arnold schrieb in jedem Brief in die Haftanstalt, dass sein Zuhause bei ihnen in Schöneweide sei.

Felix hatte Angst, seine Großeltern zu verlieren. Sie waren die Konstante in seinem Leben. Er erzählte ihr, er sorge sich um Arnold, der seinen Lebenstraum verloren habe. «Er hat einen Herzschrittmacher und läuft trotzdem noch Marathon.» Es klang ein wenig stolz, aber auch furchtsam. Als Jeannette schwer krank wurde und im Krankenhaus lag, besuchte er sie nicht einmal. «Er konnte es nicht aushalten, dass ich vielleicht sterben könnte», sagt sie. Als sie wieder zu Hause war, kam Felix vorbei und sagte: «Mach dich hübsch, leg ein bisschen Rouge auf.» Nur damit er nicht sehen musste, wie blass, wie elend sie aussah. Die Großeltern ahnten nicht, dass sie eines Tages mit dem Nachlass ihres Enkels leben würden.

Da ist sein Zimmer. Sein alter Kühlschrank steht in ihrer Küche. Die zwei hellbraunen Korbstühle und der Tisch von Ikea sind auch von ihm. Daneben auf der Anrichte wartet sein Rekorder, an der Seite klebt ein weißer Aufkleber mit der Aufschrift *JVA Moabit.* Er erinnert die Großeltern jeden Tag daran, was geschehen ist. Abreißen möchten sie den Aufkleber trotzdem nicht. Sie möchten, dass alles so bleibt, wie er es zurückgelassen hat. Vielleicht ist die Erinnerung wie ein Zwang.

Jeannette, Arnold und ihre Tochter wohnten sechs Monate in dem Hotelzimmer in der Ostberliner Invalidenstraße. Viele Ausländer lebten hier, Griechen, Chilenen, die nur kurz ärztlich behandelt wurden und dann in ihre Heimatländer zurückkehrten. Sie waren die Einzigen, die blieben. Ewig konnten auch sie nicht im Hotel leben, sie zogen wieder um nach Bernau bei Berlin. Dort war eine Hochschule für Ausländer der ostdeutschen Gewerkschaft FDGB. In Jeannettes Erinnerung war es wie ein Leben auf einer Insel, auf der die Ideale des Kommunismus Wirklichkeit geworden waren. Sie lebten abgeschottet von der DDR-Bevölkerung in einer Waldsiedlung, fünfzehn Kilometer von Bernau entfernt. In die Siedlung hinein gelangte man nur mit einem speziellen Ausweis. Im Kommunismus hinter der Schranke gab es einen Swimmingpool, Sportanlagen, einen Kindergarten, eine Kantine mit Obst- und Gemüsesorten, die man sonst nirgends in der DDR bekam. Sie wohnten zu dritt in zwei Zimmern und mussten sich um nichts kümmern. Sie gingen in der Gemeinschaftskantine essen und sogar ihre Wäsche wurde abgeholt und gereinigt.

Die Lehrer und Dozenten der Hochschule kamen aus der DDR und waren «Hundertprozentige», wie man sie damals nannte. Hundertprozentige Genossen. Arnold betreute die ausländischen Studenten, die an dieser Hochschule in Propaganda für den Sozialismus geschult wurden und lernen sollten, wie sie Gewerkschaften in ihren eigenen Ländern aufbauen könnten.

«Nur war die DDR nicht Afrika», sagt Arnold. Vieles, was sie hier lernten, konnten die Studenten nie anwenden. Und einige waren zu Arnolds großem Kummer nicht gekommen, um sich im Sinne des Sozialismus zu bilden, sondern um sich in Europa zu vergnügen.

Jeannette arbeitete derweil in einem Textilbetrieb in der Stadt. «Die Leute dort waren alle sehr nett zu mir. Obwohl sie noch nie eine Afrikanerin gesehen hatten.» Sie nähte Arbeitskleidung und lernte Deutsch. Arnold sprach weiterhin mit allen Englisch. Er dachte immer, bald würden sie nach Südafrika zurückgehen. Er lebte ständig wie auf dem Sprung, bereit zur Abreise – auch noch, als längst klar war, dass ihr Aufenthalt wohl länger dauern würde. Drei Jahre lebten sie auf der Insel des Kommunismus. Dann wollte Jeannette weg und Arnold langweilte sich. Sie hatten Südafrika nicht verlassen, um in einer Enklave hinter Schranken besser als die Normalbevölkerung zu leben. Irgendetwas in ihrem Inneren schien sie in diesen Jahren rastlos von einem Ort zum anderen zu treiben.

Arnold wollte sich in die Arbeiterklasse einreihen und in einer Landwirtschaftlichen Produktionsgemeinschaft (LPG) anfangen. Aber die Gewerkschaft hatte etwas anderes mit ihm vor. Er sollte zum Radio und für den ANC agitieren. Also zogen die drei wieder nach Berlin. Arnold bekam eine Stelle bei *Radio Berlin International* und war dort verantwortlich für die Sendungen über das südliche Afrika. Es wurde in Englisch gesendet. Sie lebten in einer kalten Wohnung mit Ofenheizung in Pankow, Mühlenstraße, dort, wo der Lärm des Verkehrs jede Unterhaltung tötet. Jeannette arbeitete jetzt im Drei-Schicht-System bei «Treffmodelle», einem Textilbetrieb, und nähte Wintermäntel im Akkord. Sie versucht sich die zarte Jeannette an einer dieser großen Industrienähmaschinen in einem grauen DDR-Betrieb vorzustellen. Es ist ein bizarrer Gedanke.

Jedes Wochenende kamen afrikanische Studenten zu Besuch. Ihre Wohnung war immer voller Menschen, die ab und zu auch über Nacht blieben. Sie diskutierten laut über die Politik in Afrika und den Kommunismus. Sie tranken ein bisschen zu viel, und so gab es oft Streit zwischen Jeannette und Arnold. Sie lebten in zwei völlig verschiedenen Wirklichkeiten: Jeannette war in der DDR angekommen, Arnold war in Gedanken in Afrika geblieben.

Sie hatte täglich Kontakt zur herrschenden Klasse der Arbeiter und wusste um die Probleme des DDR-Alltags: wie lange die Menschen auf einen Trabant warteten, wie viele Stunden sie vor irgendwelchen Geschäften verbrachten in der Hoffnung auf etwas Besonderes. Arnold wollte davon nichts wissen. Wie alle Gläubigen konnte er manchmal gnadenlos sein. Heute ist ihm sein damaliger ideologischer Rigorismus ein bisschen peinlich.

Jeannette und ihre Tochter durften kein Westfernsehen schauen. Wenn Arnold nach Hause kam und sie dabei erwischte, gab es Ärger. Wenn sie einmal neue Möbel kaufen wollte, fing er an zu schimpfen: «Seid doch zufrieden mit dem, was ihr habt. So vielen Menschen auf der Welt geht es viel schlechter als uns.» Dabei kauften sie fast nie Möbel, weil sie immer dachten, es lohne nicht, sich für länger einzurichten. Seiner Tochter besorgte Arnold in den Ferien immer Arbeit beim Rundfunk – allerdings nur in der Küche. In die Redaktion durfte sie nicht. Wieso sollte sie irgendwelche Vergünstigungen genießen?

Arnold versuchte konsequent zu bleiben, in einem Land, in denen Beziehungen so wichtig waren wie im verfeindeten Kapitalismus. Ganz einfach war es wohl nicht mit ihm. Aber er war kein Heuchler, er glaubte wirklich an die bessere Gesellschaft, an den neuen Menschen und bemühte sich, so zu leben, wie es sich für einen Genossen gehörte. Die Tochter konnte schon damals nicht mehr viel anfangen mit diesem Sozialismus, Jeannette hatte Zweifel. Die Tochter blieb dann immer öfter aus und übernachtete bei Freunden.

Jeannette hatte davon geträumt, in der DDR zu studieren. Auch wenn Arnold zu ihr sagte: «Du bist bourgeois und stammst aus einer bourgeoisen Familie. Du hast kein Recht darauf.» Die Stipendien seien für Kinder aus armen Familien bestimmt. Zum Studium brauchte Jeannette aber eine Genehmigung und ein Stipendium von einer Organisation. Arnold schrieb für sie an das ANC-Büro in London. Die Antwort war, sie solle das selbständig in die Hand nehmen. Das hieß, es gab kein Geld und keine offizielle Genehmigung. Jeannette konnte nicht studieren.

Bis heute presst sie die Handknöchel zusammen, wenn sie darüber spricht. Sie sitzt dann steif in ihrem Wohnzimmer, wie erfroren. Sie trauert noch immer und sie ist voller Wut auf die ANC-Funktionäre, die die Stipendien an ihre Günstlinge, Söhne und Töchter verteilten. Jeannettes Tochter ging es später ähnlich. Auch sie durfte nicht studieren.

Zum Glück fragte jemand von der Gewerkschaft Jeannette, ob sie nicht als Dolmetscherin für sie arbeiten wolle. Sie begann in den siebziger Jahren, für das Radio, den FDGB und das DDR-Kulturministerium zu übersetzen. Zu der Zeit wohnten sie schon in der Wohnung in Schöneweide, wo sie heute noch leben. Sie hätten eine größere, komfortablere bekommen können, Arnold bestand auf einer kleinen. Er wollte nicht besser leben als ein Arbeiter.

Felix hat diese Konsequenz seines Großvaters immer bewundert: dass er Entbehrungen für eine Sache auf sich nahm, an die er glaubte. Als Baby hatte Felix mit seiner Mutter und seinem Vater auch in dieser winzigen Wohnung gelebt, bis die Eltern sich trennten und er und seine Mutter zu Felix' Stiefvater nach Johannisthal zogen.

Jeannette war jetzt viel unterwegs, begleitete Gäste aus Afrika und Asien manchmal vier bis sechs Wochen durch die DDR. Und sie setzte sich für sie ein. Auch in der DDR wurden die schwarzen Besucher aus den Entwicklungsländern anders behandelt als die aus der westlichen Welt. «Es soll niemand erzählen, in der DDR habe es keinen Rassismus gegeben», sagt Jeannette. Die Weißen hätten schicke Hotelzimmer, Autos und Fahrer bekommen, während die Afrikaner und die Asiaten in Gemeinschaftsunterkünften wohnen, Züge oder die

Straßenbahn nehmen mussten. Jeannette selbst wurde in Ostberlin angegriffen. Einmal überfielen sie auf dem S-Bahnhof Prenzlauer Allee mehrere Männer. «Warum bist du so braun? Du bist wohl jüdisch», schrien sie. Dann drehten sie ihr den Arm um und sagten zu ihr: «Das nächste Mal bleibt keiner von euch übrig.»

Jeannette ging danach zu ihrem Parteisekretär und der schickte sie zur Polizei. Sie erstattete Anzeige, konnte aber niemanden beschreiben oder identifizieren. In den nächsten Tagen bemerkte sie, dass ein Mann ihr ständig folgte. Als sie ihn schließlich ansprach, behauptete er, er sei von der Verkehrspolizei und wolle beobachten, wie sie sich im Straßenverkehr verhalte. Danach wurde sie zur Polizei bestellt und über eine Stunde lang verhört. Zum Schluss kam sich Jeannette wie eine Verbrecherin vor. Natürlich wurde nie ein Täter gefunden.

An die Tür von Jeannettes Tochter malte jemand ein Hakenkreuz und Arnold prügelte sich einmal mit DDR-Bürgern, die seine schwarzen Freunde beleidigt hatten. Sie blieben die Fremden. Heute sagt Arnold dazu: «Ich wollte mir nicht eingestehen, dass es in der DDR Rassismus gab.» Für ihn waren das doch die Guten, das antifaschistische System. An wen sollte er sonst noch glauben?

Jeannette arbeitete weiter als Dolmetscherin. Bis zu dem Tag, als sie einen Anruf aus dem Kultusministerium bekam: «Wir sind mit Ihrer Arbeit sehr zufrieden, aber Sie müssen einige Regeln einhalten. Deshalb haben wir hier ein Papier für Sie, das Sie unterschreiben sollten», sagte die Frauenstimme am anderen Ende der Leitung.

Als Jeannette ins Kulturministerium ging, bekam sie dort eine Erklärung, in der stand, sie dürfe keine sozialen Kontakte zu den ausländischen Gästen pflegen, sie nicht zu sich nach Hause einladen und ihnen auch keine Briefe schreiben. Jeannette sah die Frau etwas ratlos an. Sie könne das nicht unterschreiben. «Ich bin Afrikanerin, ich kann nicht sechs Wochen mit Leuten zusammen sein und denen erzählen, ich wohne auf einem Baum. Ich habe mein Land verlassen müssen, weil ich meinen Mund nicht halten konnte, und ich werde ihn auch jetzt nicht halten», sagte sie und verließ das Zimmer.

So verlor Jeannette ihren Job.

Sie ist dann wieder arbeiten gegangen. In einer Fabrik nähte sie mit Häftlingen zusammen Möbelbezüge, sie putzte, pflegte Alte und war Pförtnerin in einer Schauspielschule.

Arnold blieb bis zu seiner Pensionierung beim Radio: 25 Jahre. «Zum Schluss hieß es immer nur noch ‹die Parteilinie, die Parteilinie›», sagt er. Zu Beginn habe es mehr journalistische Freiheit gegeben. Später sollte in jedem seiner Kommentare die DDR mehrmals erwähnt werden, egal, um welches Thema es ging. Interviewpartner sollte Arnold gleich am Anfang des Gespräches fragen, was ihr Eindruck von der DDR sei. Natürlich wurden nur die positiven Äußerungen gesendet. Es gab auch ein Programm, bei dem Hörer anrufen und Fragen stellen konnten. Manchmal rief allerdings niemand an, dann mussten Arnold und seine Kollegen sich die Fragen selbst ausdenken.

Jeannette und Arnold führten ihr ganzes Leben hindurch einen Kampf, auch in der DDR. Sie sprachen auf drei bis vier Versammlungen im Monat zu unterschiedlichen Menschen über den ANC und die neuesten Entwicklungen in Südafrika. Inzwischen lebten mehr als hundert Südafrikaner in der DDR im Exil. Die ANC-Zelle, die Arnold und Jeannette aufgebaut hatten, traf sich einmal im Monat. Die beiden betreuten verwundete und verstörte *Umkhonto*-Kämpfer, die in die DDR kamen, um sich nach Einsätzen behandeln zu lassen oder zu erholen. Der ANC und die Kommunistische Partei hatten 1961 beschlossen, die bewaffnete Unterorganisation *Umkhonto we Sizwe* zu gründen, um das brutale südafrikanische Regime auch mit Gewalt zu bekämpfen. Die Mitglieder wurden außerhalb des Landes in Trainingscamps in Mosambik, Simbabwe, Angola oder Tansania für Guerilla-Aktionen innerhalb Südafrikas ausgebildet. Arnold und Jeannette holten sie vom Flughafen ab, kümmerten sich um sie, begleiteten sie ins Regierungskrankenhaus nach Buch oder ins Polizeikrankenhaus. Sie durften mit niemandem darüber reden, wer kam, wann und warum. «Alles war sehr geheim und undercover», sagt Jeannette.

Es hätte für die Kämpfer den Tod bedeuten können. Der südafrikanische Geheimdienst war mächtig und grausam. «Meist kamen kleine Gruppen von fünf bis sechs Mann», sagt Jeannette. Einige waren psychisch am Ende, andere waren in Kämpfen verwundet worden, wieder andere wurden militärisch oder an der Hochschule der Staatssicherheit in «politisch-operativen Grundlehrgängen» geschult. Danach verschwanden sie wieder.

Obwohl Jeannette und Arnold nie offizielle Mitglieder von *Umkhonto* waren, sollten auch sie in Trainingscamps kämpfen lernen. Arnold konnte nicht, wegen seiner Augen. Trotzdem schrieben sie sogar einen Brief an das ANC-Hauptquartier in Dar es Salaam, Tansania, um sich freiwillig zum militärischen Training nach Angola oder Mosambik zu melden. Der ANC antwortete: «Ihr nicht. Ihr werdet woanders gebraucht.»

Jeannette wollte unbedingt dorthin. Warum, weiß sie heute selbst nicht mehr so genau. Vielleicht hatte sie das Gefühl, in der DDR könne sie nicht genügend für den Befreiungskampf tun. Vielleicht wollte sie auch nur in die Nähe ihrer alten Heimat. Jeannette und Arnold durften zwar reisen – beide waren seit Jahren staatenlos –, aber nie nach Südafrika. Die DDR-Staatsbürgerschaft lehnten sie immer ab, egal, wie dankbar sie waren oder wie sehr sie sich mit dem System verbunden fühlten. «Wir wollten nie die letzte Tür Richtung Heimat zuschlagen», sagt Jeannette.

Auf dem Schrank in ihrem Wohnzimmer steht ein altes Foto von lauter kleinen Mädchen mit Zöpfen und Schleifchen im Haar, die in die Kamera lächeln. Daneben ist ein Bild geklebt, auf dem steht *30 Jahre später* – Jeannette und ihre Schwestern tragen keine Zöpfe mehr und haben ein paar Fältchen um die Augen. Es ist das Wiedervereinigungsbild. Manchmal schrieb Jeannette Briefe nach Hause, ab und zu antworteten sie. Dann riss der Kontakt wieder ab. Manchmal bat ihre Familie sie auch, nicht mehr zu schreiben. Sie würden sonst wieder Ärger mit der südafrikanischen Sicherheitspolizei bekommen.

Nach zwanzig Jahren, 1980, sah Jeannette zum ersten Mal einige ihrer Geschwister wieder. Sie reiste drei Monate nach Mosambik und Simbabwe. Ihr Bruder lebte in Simbabwe, von dort rief sie eine ihrer Schwestern an, die sagte den anderen Bescheid. Sie trafen sich nur kurz. Es muss seltsam gewesen sein, die eigene Familie nach so langer Zeit wieder zu sehen.

Jeannette bleibt still, sie nickt nur. Nach dem Treffen wurden alle Familienmitglieder vom südafrikanischen Sicherheitsdienst abgeholt und verhört. Jeannette war schließlich Staatsfeindin. Es sollte nicht das einzige verstörende Erlebnis dieser Reise bleiben.

Jeannette reiste durch das gerade befreite Simbabwe. Sie hatte einen Fahrer und wurde noch von anderen ANC-Leuten begleitet. Eines Tages wechselte der Fahrer plötzlich. An jenem Tag wollten sie einen Stamm innerhalb des Landes besuchen. Der neue Mann raste wie ein Wahnsinniger, er schien einen Unfall provozieren zu wollen. Er nuschelte noch: «Euch werde ich es zeigen», bevor sich das Auto mehrmals überschlug. Alle Insassen verloren das Bewusstsein. Jeannette wachte nach einer Weile auf, kroch aus dem Fenster ins Freie und versuchte, die anderen aus dem Auto zu ziehen. Beim Fahrer fanden sie eine Pistole. «Er sollte uns umbringen», sagt Jeannette leise.

Weil sie um ihr Leben fürchteten, verließen sie das Land

und gingen nach Mosambik ins Krankenhaus. Jeannette flog von dort zurück in die DDR.

Arnold passierte später etwas Ähnliches in Mosambik: Kurz nachdem er abgereist war, explodierte das Haus, in dem er gewohnt hatte. Jeannette wollte dann nicht mehr nach Afrika reisen. In den achtziger Jahren jagte und ermordete der südafrikanische Sicherheitsdienst seine Feinde auch im Ausland.

Viele aus dem Widerstand haben Jeannette und Arnold in Ostberlin besucht: Thabo Mbeki, der heutige Präsident Südafrikas, und Joe Slovo, einer der Führer des ANC und der Kommunistischen Partei, saßen auf ihrem Sofa in der kleinen Wohnung in Schöneweide. Felix war immer sehr freundlich zu den Besuchern aus Afrika. Oft wusste er wahrscheinlich nicht, wer die Gäste waren oder worüber sie sprachen. Er zog sich dann in sein kleines Zimmer zurück.

Jeannette und Arnold kannten immer nur ein Ziel: die Befreiung Südafrikas und ihre Rückkehr. Als Nelson Mandela 1990 nach 27 Jahren Haft aus dem Gefängnis entlassen wurde und die Veränderungen in Südafrika begannen, schickte ihre Botschaft ihnen sofort südafrikanische Pässe und sie reisten heim. Sie wollten bleiben, vielleicht für immer. Jeannette versprach Felix für den Fall schon ihre Wohnung.

Das erste Mal nach dreißig Jahren sahen sie ihre Familie, ihre Heimat wieder. Und nichts war so, wie sie es sich vorgestellt und erhofft hatten. Sie waren Fremde.

16

In der ersten Woche zitterte Felix. Sein Körper reagierte auf die neue Umgebung. Er fühlte sich wie betäubt von Gedanken, die sich in seinem Kopf verwirrten und keinen Sinn mehr ergeben wollten. Allein der Geruch – eine Mischung aus verdorbenen Lebensmitteln, Urin, Schweiß – wie er eben entsteht, wenn sehr viele Menschen auf engem Raum essen, schlafen, auf die Toilette gehen.

Untersuchungshaft, Moabit. Für Felix der Eintritt in eine andere, eine eigene Welt mit eigener Sprache, eigenen Regeln, eigenen Zeiten. Die ersten Tage verbrachte er in den Aufnahmezellen, wo die neuen Häftlinge ärztlich untersucht und von wo aus sie schließlich auf ihre Zellen verteilt werden. Die Zellen liegen im Erdgeschoss, durch die Fenster fällt kaum Licht. Drinnen befinden sich ein Doppelstockbett, ein Waschbecken und eine Toilette. Alles ist grau, die Wände, die Decken, die Möbel. Die Abschreckung soll perfekt wirken, gleich am ersten Tag.

Das Gefängnis ist alt, ständig überfüllt, durchschnittlich 1200 Häftlinge leben hier. Die Zeit hat ihre Spuren in die bröckelnden, grünlich schimmernden Wände, die abgeschabten Möbel und in die früh gealterten Gesichter des Personals gegraben.

Nach seiner Aufnahme kam Felix für den ersten Monat in eine Zelle im B-Flügel. In dem Teil der Anstalt gab es keine Steckdosen, über ihm brannte nur eine 40-Watt-Glühbirne. Außen an seiner Tür klebte ein schwarzer Punkt für «OK», wie es hier genannt wird. Organisierte Kriminalität. Die Staatsanwältin hatte seine Haftbedingungen festgelegt. Sie wurden vom Gericht bestätigt: Wegen Verdunklungs- und Fluchtgefahr ordnete es für Felix Einzelhaft an, strikte Trennung von

Mittätern, Überwachung der Gespräche und der Post, keine Telefonate – auch nicht über Dritte, also Pfarrer oder Sozialarbeiterin – nach draußen oder von draußen zu ihm, keine Teilnahme an gemeinsamen Veranstaltungen oder am Gottesdienst.

Gegen die Menschen, die nach Moabit kommen, ist noch kein Prozess geführt worden, kein Urteil ergangen. Man muss also davon ausgehen, dass sie unschuldig sein könnten. Trotzdem ist die Untersuchungshaft härter als der normale Vollzug, wo telefoniert werden darf, wo man nicht 22 Stunden in der Zelle hocken muss und wo man öfter und länger Besuch empfangen kann.

Felix war jetzt 22 Stunden am Tag eingesperrt, weggeschlossen, ohnmächtig. Beschäftigt mit nichts, außer mit sich selbst und seinen Gedanken, die so viel Lärm machten, dass sie ihn nachts wach hielten. Er bekam noch keine Post, sie brauchte zehn Tage hin und zehn Tage zurück. Es kam auch noch kein Besuch; alle zwei Wochen durfte er drei Menschen für eine halbe Stunde sehen. Und Felix hatte noch kein Radio und keinen Fernseher. Nur eine Lautsprecherbox hing an der Wand, aus der das Knast-Programm dröhnte. Es war der einzige Sender, den es gab. Das Programm wurde zusammengestellt, Popmusik, «multikulti». Zweimal in der Woche spielten sie ein paar Stunden den Sender «Fritz», wofür Felix dankbar war.

Auf einem Schild an seiner Zellentür stand *Reis statt Kartoffeln*, ein letzter Rest Individualität.

Und er schrieb Briefe, mehrere jeden Tag, viele Seiten lang. Sie weiß noch, wie sie den ersten Umschlag öffnete. Er war hellblau und Felix hatte mit Bleistift Linien für ihre Anschrift gezogen, damit sie auch gerade stehen würde. Gleich oben, im ersten Absatz, stand, er dürfe sich zur Sache nicht äußern.

Sein erster Brief schwankte zwischen tiefer Trauer und Sarkasmus. Felix amüsierte sich darüber, dass er für jede Glühbirne, die er brauchte, einen schriftlichen Antrag formulieren musste. Er nannte seine Zelle «Hotelzimmer» und das Gefängnis «Ferienlager». Ironie schien das einzige Mittel, um seinen Schmerz und seine Ohnmacht zu verbergen.

Nach ein paar Wochen, kurz vor Weihnachten 1999, wurde er in eine andere Zelle in einem anderen Flügel verlegt. Zelle C 304 verfügte über Steckdosen und befand sich direkt gegenüber vom Büro des katholischen Pfarrers. Sie war vielleicht acht Quadratmeter groß und das Fenster lag über Kopfhöhe, sodass er nicht hinaussehen konnte. Unter dem Fenster stand ein Stuhl. Wenn Felix sich darauf stellte, blickte er auf einen Lieferantenhof, dahinter Mauern, Draht. Rechts an der Wand stand das Bett, gegenüber ein Tisch mit einem Stuhl davor. Da saß er und schrieb Briefe, allein 250 an seine Freundin Tina. Er hielt alles fest: seine Träume, sein Leben, seine Trauer und seine Wut. Es war das erste Mal, dass er einige Dinge zum Ausdruck brachte, auch sich selbst gegenüber. Schreiben als Therapie. Rechts an der Wand vor dem Bett stand ein Schrank, der sich nicht mehr schließen ließ. Felix konnte ihn mit einem Bindfaden zubinden. Vorn links neben der Tür, durch eine Sperrholzsichtblende getrennt, war die Toilette.

In dieser Zelle verbrachte Felix fast neun Monate, allein.

Am meisten sorgte er sich um seine Freundin Tina. Sie kannten sich doch erst so kurz und sie war noch mit einem anderen zusammen. Felix hatte darüber keine Kontrolle mehr, konnte nichts mehr ändern und nichts erklären. Er schrieb Tina Briefe, manchmal zwei am Tag, keiner kürzer als acht Seiten. Er legte ihr sein ganzes Leben zu Füßen, schrieb über seine Kindheit, seine Mutter und seine Ängste. So weit war er noch nie gegangen. Es schien, als liefere er sich aus. Ohne Schutz. Auf Tinas Briefumschlägen standen immer Sätze wie: *Felix knabbert an deinem Ohr* oder *Felix hat dich heute gesehen* oder *Felix' Lifestory I und II.* Er malte ihr pinkfarbene Donald Ducks und Mickymäuse.

Zugleich konnte er ausflippen, wenn sie ihn einmal nicht

besuchte, weil sie arbeiten musste, wenn sie in ihrem Club zu kurze Röcke trug oder sich weigerte, ihm ein Handy in die Haftanstalt zu schmuggeln. Es war die totale Verzweiflung, es tat ihrer Beziehung nicht gut.

Tina kümmerte sich um seine Wäsche, ging alle zwei Wochen zu ihm, organisierte die Besuche, hielt Kontakt zu Rechtsanwälten, Freunden, Sozialarbeitern und Familie. Sie war seine Stütze, sein Arm nach draußen. Er merkte, dass er sie überforderte und wie sie immer stiller wurde. Aber Tina sagte nichts, sie betäubte ihre Gefühle mit Helfen. Er war abhängig von ihr, das machte ihn fertig. Und er hatte Angst davor, dass auch diese Liebe wieder vorbeigehen würde, wieder in einer Enttäuschung enden würde.

Felix schrieb ihr viel über Tina und über seine Furcht vor Offenheit: ... *ich hatte einen Glauben und eine tiefe Hoffnung in die Liebe und in die Erfüllung. Aber irgendwie gab es immer Zweifel und Angst, dass sie zerbricht und doch nicht völlig rein sein kann. Irgendwie war immer der Gedanke oder vielmehr das Gefühl da, was ist, wenn es vorbei ist? So war ich immer beschäftigt, auch mich abzusichern. Das traf auf Freunde, Freundin und Familie zu. Einen großen Teil von mir hielt ich unter eigenem Verschluss. Dort schien es mir am sichersten. Denn niemand konnte mir da wehtun.*

Kurz darauf brach er ab und berichtete ohne Übergang von seinen Yogaübungen.

Und noch im Gefängnis kümmerte er sich um seinen Großvater, mahnte ständig, Arnold solle bloß auf seine Gesundheit aufpassen. Seiner Großmutter gab er Tipps gegen ihren Heuschnupfen. Auch Tina empfahl er, sich auszuruhen, zu entspannen. Selbst hier mimte Felix noch den Psychologen, den Starken, der immer für andere da war, der zuhörte und kluge Ratschläge gab. Sein ganzes Leben versuchte er, sich keine Blöße zu geben. Schmerz und Trauer zu unterdrücken. Es machte ihn nur angreifbar. Felix lächelte, wenn ihm zum Heulen war, hörte zu, wenn er todmüde war, und schlug zu, wenn er selbst nichts mehr spürte.

Ihr schrieb er: *Mach dir nicht allzu große Sorgen um mich. Ich werde mich nicht aufgeben.* Felix' Stimmungen schienen andauernd zu wechseln, deshalb fiel es ihr schwer einzuschätzen, wie tief seine Verzweiflung reichte. Er konnte sich in einem Brief über seine eigene Situation lustig machen und im nächsten schon wieder ganz anders klingen: *Es ist gut, wenn man weinen kann. Es befreit irgendwie. Man ist danach leer und müde. Hier muss man lernen, mit der Ohnmacht umzugehen. Ich gehe in meiner Phantasie spazieren und versuche mir Masken aufzusetzen. Doch diese fallen ab und zu ab, und dann steht man nackt da. Man kann hier schreien, weinen, gegen die Wände schlagen oder stumm auf dem Bett liegen. Ich tue das Letzte, meistens. Es ist schwer, sich nicht fallen zu lassen.*

Sie las seine Briefe manchmal mehrmals. Sie suchte nach Zeichen, was sie tun könnte. Es blieb entsetzlich wenig. Sie konnte nur antworten, Bücher und Geld schicken. Heute fragt sie sich oft, ob sie anders hätte reagieren müssen. Und ob es etwas geändert hätte.

Felix stellte sich ein Tagesprogramm, seinen «Arbeitstag», wie er ihn nannte, zusammen. Streng strukturiert, nur so konnte er verhindern, verrückt zu werden. Er hatte viele Bücher über Menschen im Knast oder Bunker gelesen. Um sechs wurde er geweckt und konnte den Müll rausgeben, dann hörte er Radio Fritz bis um sieben oder um acht. Die Jungs von Oliver hatten ihm ein Radio und einen Fernseher besorgt. Einer ging ihn immer besuchen und sie bezahlten aus ihrem Spezialfonds einen seiner Anwälte. Gegen acht gab es Frühstück, dann hatte Felix eine Stunde Hofgang. Dort konnte er mit anderen Häftlingen zusammen um ein kleines Betondreieck mit ein paar dünnen Bäumen dazwischen spazieren. Er sprach viel mit den anderen. Einige seiner Mitgefangenen hielt er für richtige Verbrecher, die mit ihren Taten prahlten, dass ihm der «Kiefer runterklappte». Andere waren arme Schweine und Junkies, die ihm Leid taten. Ein Türke empfahl ihm dort im Hof seinen späteren Anwalt.

Zweimal in der Woche durfte Felix nach der Hofstunde duschen. Er schrieb ihr, die Waschräume würden ihn an den Film *Schindlers Liste* erinnern. Das Wasser sei so heiß, dass sie ganz in Nebel gehüllt seien wie in einer sibirischen Dampfsauna. Danach war er matt und schlief ein bisschen. Montags bis donnerstags kam zwischen 11 und 13 Uhr die Post. Felix' Mutter hatte auf seinen Wunsch die *taz* und den *Spiegel* für ihn abonniert. Schon um 11 Uhr 45 gab es Mittagessen, danach war «Umschluss». Felix konnte einen anderen Häftling in seiner Zelle besuchen oder der ihn. Meist spielten sie Schach. Er freundete sich mit einem Russen an, der mal Kampfpilot gewesen war. Sie diskutierten über Tschetschenien. Einmal schickte er ihr einen ganzen Brief mit seinen Gedanken zum Kaukasus.

Felix befürchtete, dass Öffentlichkeit und Presse die Russen zu einem zweiten Krieg gegen die Tschetschenen provozieren würden, indem sie immer wieder auf die Niederlage im ersten Krieg hinwiesen. Er entwarf eine Taktik, wie der russische Sturm auf Grosny aussehen könnte: Erst starke Bombardements der Stadt, dann Artillerie- und Raketenbeschuss, dann würden Panzer die «Widerstandsnester» unter Beschuss nehmen, und dann würden Spezialeinheiten, zum Beispiel Fallschirmjäger, zu Fuß folgen. Die würden die Tschetschenen völlig vernichten, es würde keine Überlebenden geben.

Sie wusste damals nicht, was sie darauf antworten sollte. Sie ging dann nicht weiter darauf ein. Kriege schienen eine merkwürdige Faszination auf Felix auszuüben. Noch ins Gefängnis ließ er sich dicke Bücher über die Panzer Leopard I und II senden.

Er schrieb ihr viel über Politik, er machte sich Sorgen darüber, dass Jörg Haider in Österreich an der Regierung beteiligt wurde. Auf der anderen Seite regte er sich darüber auf, dass Bundespräsident Rau in Israel vor dem Parlament gesprochen hatte und immer noch ein Drittel der Sitze leer geblieben war. *Wir sollen wohl alle noch Schuld fühlen.* Der Spendenskandal der CDU machte ihn fassungslos. Felix wunderte sich darüber, dass bei denen keine Verdunklungsgefahr bestand und Haus- und Bürodurchsuchungen Tage vorher angekündigt wurden.

Politik war seine Verbindung zur Außenwelt. Sie gab ihm die Illusion, noch beteiligt zu sein an den Dingen, die in der Welt geschahen.

Nach dem Umschluss übte Felix Yoga und um 14 Uhr 45 aß er schon wieder Abendbrot. Danach fing er an, Briefe zu schreiben. Gegen 15 Uhr 45 wurde das letzte Mal die Zelle aufgeschlossen und die Wärter brachten Papier oder Umschläge. Danach schrieb er weiter oder las. Gegen 19 Uhr guckte er *Die Simpsons*, wie immer, wie draußen. Er übte wieder Yoga und schaute Nachrichten. Daran schloss sich sein Training an. *Aber hier verliert alles seinen Sinn.*

Das hatte sie noch nie von Felix gehört, der Sport war immer die Konstante in seinem Leben. Was hatte das zu bedeuten? Er beruhigte sie dann wieder, indem er andeutete, er habe verschiedene Trainingsprogramme ausgearbeitet. Liegestütze machte er mit vollen Milchtüten auf dem Rücken, Armheben mit Eimern und Klimmzüge an den Gitterstäben. Freunde von ihm erzählten ihr später, dass er im Knast kämpfen sollte. Die Häftlinge wollten Wetten auf ihn abschließen.

Eine Zeit lang spielte Felix auch Gitarre. Sein Stiefvater schickte Noten und ein junger Pfarrer übte mit ihm. Es muss seltsam ausgesehen haben, wie er auf seinem Bett saß und deutsche Volkslieder wie *Am Brunnen vor dem Tore* sang. *Wobei mich das oft traurig macht, denn die Texte verdeutlichen mir zu sehr meine Lage,* schrieb er ihr und fügte die letzte Strophe hinzu*: Die kalten Winde bliesen mir grad ins Angesicht, der Hut flog mir vom Kopfe, ich wendete mich nicht. Nun bin ich manche Stunde entfernt von jenem Ort und immer hör ich's rauschen: Du fändest Ruhe dort, du fändest Ruhe dort.*

Als der Pfarrer wegging, war es auch mit dem Gitarrespielen vorbei. Kurz vor Mitternacht ging Felix ins Bett und hörte noch eine Stunde Klassikradio.

Im Nachhinein liest sie in jedem seiner Briefe eine stille Andeutung. Wieso hat sie diese Zeichen damals nicht so ernst genommen? Wieso hat sie nicht öfter geschrieben?

Wahrscheinlich, weil er sie immer wieder beruhigte. Auch im Gefängnis versuchte Felix, noch die Fassade zu wahren. Manchmal saß er in dem weißen Plastikstuhl beim Pfarrer gegenüber von seiner Zelle und telefonierte mit seinem Anwalt. «Er hatte diese traurigen Augen, aber er lächelte immer viel», sagt eine Mitarbeiterin des katholischen Pfarrers. Sie beobachtete ihn manchmal und fragte ihn, wie es ihm gehe. Felix wollte nicht reden. Er schrieb fast nie «Vormelder», die kleinen Zettel, auf denen die Häftlinge ihre Wünsche notieren können. Felix bat selten um einen Gefallen. «Meist bemerkt man nur die, die aufdringlich sind. Die, die still leiden, nimmt keiner wahr», sagt die Mitarbeiterin.

Einmal fragte er sie, ob er sich allein in die Kirche setzen könne, zur Messe durfte er ja nicht. Sie erlaubte es. «Felix hatte eine sehr gewinnende Persönlichkeit. Er hat nicht hierher gepasst. Er hat sich unheimlich geschämt», sagt sie.

Marco war zu dieser Zeit schon nicht mehr in Moabit. Nachdem er ausgesagt hatte, machten sich Staatsanwaltschaft und Polizei Sorgen um seine Sicherheit. Verräter und Verratene saßen jetzt im selben Gefängnis. Er wurde dann eines Morgens abgeholt und in eine geheim gehaltene Haftanstalt gebracht.

Eine neue Identität bekam er nicht. Weil er nicht allumfassend ausgesagt habe, erklärt die Polizei.

Felix schwieg.

Sie erinnert sich noch genau an den Tag, als sie die Nachricht bekam. Es war früh am Morgen. Felix' Mutter rief sie an und sagte: «Felix wurde verhaftet und würde gern Kontakt zu dir halten.» Nach dem Gespräch fiel ihr ein, dass sie gar nicht gefragt hatte, warum er verhaftet worden war.

Wie betäubt lief sie in das Café bei ihr um die Ecke, wo sein Großvater, seine Mutter und sein Freund Alex schon auf sie warteten. Die Mutter hielt den Haftbefehl in den Händen. Gemeinsam versuchten sie, ihm einen Sinn zu geben. Dort stand etwas von *BTM, Ben* und *Körperverletzung.* Keiner von ihnen konnte sich Felix in Zusammenhang mit Drogen vorstellen und keiner von ihnen hatte den Namen Ben schon einmal gehört. Alex orakelte Unzusammenhängendes und telefonierte viel mit seinem Handy. Immerhin war er in der Lage, zu entschlüsseln, dass es sich um einen Fall aus dem Jahre 1997 handelte. Arnold sagte nicht viel und Felix' Mutter reichte ihr einen Zettel, auf dem Felix' Aktenzeichen, seine neue Adresse und fünf Nummern seiner Freunde standen, denen er schreiben wollte. Ihre war auch darunter. Alex ging dann und die Mutter bat sie, sie in Felix verwüstete Wohnung zu begleiten, um ein paar Sachen für ihn zusammenzusuchen.

Seine Wohnungstür hatte schon ein neues Schloss, rundherum war der Lack abgeplatzt und das Holz gesplittert. Jeder konnte sehen, dass sie vor kurzem gewaltsam geöffnet worden war. Sie fürchtete sich ein wenig davor, wie es drinnen aussehen würde. Sie war noch nie in einer Wohnung gewesen, die durchsucht worden war. Nacheinander gingen sie hinein, in der Küche standen die Schränke offen und die Mehl- und

Zuckertüten waren aufgerissen. In Felix' Wohn- und Schlafzimmer lagen überall Kleidungsstücke auf dem Boden verteilt, sein Bett war zerwühlt und sein Schreibtisch mit Visitenkarten, Fotos, Zetteln bedeckt. Nichts erinnerte mehr an den Geburtstag, den sie ein paar Wochen zuvor hier gefeiert hatten.

Felix' Mutter fing an zu weinen, Arnold atmete schwer. Sie stopfte mechanisch Hosen, Pullover, Slips in eine mitgebrachte Tasche, kam sich dabei irgendwie schmutzig vor, als dringe sie in Felix' Intimsphäre ein. Im Stillen schwor sie sich, ihm niemals davon zu erzählen. Danach fuhr sie mit den beiden noch zu Felix' damaligem Anwalt. Oliver und die anderen hatten ihn engagiert. Sie kann sich kaum noch an das Gespräch erinnern. Der Anwalt hatte die Akten noch nicht gelesen. Er beruhigte sie nur. Felix nahm später einen anderen Verteidiger.

In den darauf folgenden Tagen lag sie viel im Bett und schlief, wie immer, wenn sie etwas belastete, das sie im Wachzustand nicht ändern konnte. Und sie trauerte um Felix wie um einen Toten. Ihr kam es vor, als sei Felix aus der Welt, aus der Zeit gefallen. Weg. Damals dachte sie nicht, dass es noch schlimmer kommen könne. Sie schrieb ihm Briefe und merkte, wie schwer es ihr fiel, über ihren Alltag zu berichten, über die Geschichten, die sie recherchierte. Was spielten sie für eine Rolle? Es kam ihr alles so unwichtig vor. Das, was sie wirklich interessierte, durfte sie nicht fragen. Alle Briefe wurden ja gelesen.

Sie stellte sich immer vor, wie der Richter oder ein Beamter ihre Zeilen las. Es war eine unangenehme Vorstellung. Ihre Wirklichkeit hatte nichts mehr mit seiner zu tun. Sie schämte sich fast dafür, dass ihr Leben draußen weiterging, während es für Felix drinnen künstlich stehen blieb. Sie wollte, dass ihre Freundschaft unverändert blieb. Deshalb war sie manchmal verlegen, wenn Felix sich bei ihr für Dinge bedankte, die sie als selbstverständlich ansah. Dass sie zu ihm hielt, ihm Bücher schickte, sich öfter mit Tina traf und versuchte, seine Mutter zu beruhigen, über die Felix sich in seinen Briefen sehr aufregte. *Alles, was du für mich tust, ist in meinem Sinne, und ich danke dir dafür. Es gibt mir Kraft, mich nicht aufzugeben.*

Wenn sie heute diese Sätze liest, fällt es ihr schwer, nicht loszuheulen. Es hat nicht gereicht.

Einmal ging sie Felix dann besuchen. Er hatte den Termin festgelegt. Es war im April 2000, noch vor dem Prozessbeginn. Zusammen mit Tina und seiner Mutter wartete sie im Besucherraum der JVA Moabit. Sie hatten eine Nummer. Manchmal dauerte es Stunden, bis sie einen aufriefen. Sie saß auf einem harten Plastikstuhl, der aussah, als stünde er seit den siebziger Jahren hier. Von ihrem Platz aus konnte sie die anderen Besucher beobachten. Da waren schmale, grau aussehende Frauen – die Ehegattinnen –, einige gefärbte Blondinen und ganze Familien mit Kindern, die wie bei einem Ausflug Thermoskannen voller Kaffee mitgebracht hatten.

Es ging ziemlich schnell an jenem Tag, schon nach einer halben Stunde wurden sie aufgerufen, durch die Kontrolle und Leibesvisitation geführt und gelangten in das nächste Wartezimmer. Dort waren sie allein. Inmitten des großen Raumes stand ein Tisch, der aussah, als stamme er aus einer Schule. Es gab Getränke. Wieder warten. Schließlich holte sie ein Wärter ab und begleitete sie in eine kleine Kabine. Sie war so winzig, dass die Tischplatte von der einen zur anderen Wand reichte und sie gerade so zu dritt nebeneinander passten. Felix saß auf der anderen Seite des Tisches, neben sich einen Beamten. Er durfte sie alle kurz drücken. Strengere Wärter verboten das.

Eine halbe Stunde hatten sie. Felix wollte seine Mutter und sie fünfzehn Minuten sehen und danach noch mit Tina allein sein. Was sollte sie in fünfzehn Minuten sagen? Er sah verändert aus, hatte zugenommen. Sie war erschrocken über seine Unterarme, sie wirkten wie angeschwollen. Und er lächelte viel. Sie sah, wie viel Kraft es ihn kostete. Es kam ihr unnatürlich vor. Felix wollte den Schein wahren, egal, was passierte. Sein Lächeln sollte ihnen sagen: Alles in Ordnung, ich komme zurecht.

Sie dachte darüber nach, was sie sagen könnte. Ihr fiel nichts Sinnvolles ein. Sie fragte ihn: «Wie geht's dir so? Was machst du den ganzen Tag hier?»

Er sah sie nur kurz an und erwiderte: «Das schreibe ich dir alles in meinem nächsten Brief.»

Was nun? Sie fühlte sich elend. Felix erschien ihr ganz anders als in seinen Briefen. Härter. Er gab sich nicht die kleinste Blöße, er spielte den Ungerührten. Sie spürte, dass es ihn unglaublich anstrengte.

Sie lächelten wieder viel. Er saß ganz ruhig da und versuchte bedächtig, auf ihre Fragen zu antworten. Nur ab und zu bewegte er den Kopf oder die Hände schnell, abwehrend, als sei er vor etwas auf der Hut. Sie hatte den Eindruck, als müsse man ihn nur kurz antippen und er würde entweder vollkommen in sich zusammensinken oder total ausrasten – schreien, weinen.

Als die Viertelstunde um war und sie die Kabine verließ, hatte sie das Gefühl, versagt zu haben. Sie hatte nicht das gesagt, was sie wollte, und nichts erfahren. Sie war ein bisschen wütend auf ihre eigene Hilflosigkeit und auf Felix, weil er den Unnahbaren gespielt hatte. Selbst hier im Knast noch, wo alle sahen, dass nichts mehr stimmte. Sie steckte noch ein paar Münzen in den Automaten, der für die Besucher bestimmt war. Für 25 Mark konnte sie Felix Schokoriegel, Gummibärchen, saure Pommes und Lakritze ziehen.

Das war's. Sie kehrte zurück in ihre Welt.

17

Ruhig und sehr gefasst, so wirkte Felix auch auf seine Rechtsanwälte, als sie ihn zum ersten Mal besuchten. Beide waren auf Drogendelikte spezialisiert. Den einen, Harald Remé, bezahlte Felix' Vater. Harald Remé ist ein väterlicher Typ, er trägt Bart und Brille und wirkt immer etwas durcheinander. Olivers Truppe kam für den anderen Anwalt, Olaf Franke, auf. Von ihm hatte Felix durch einen türkischen Mithäftling erfahren. Der hatte geschwärmt: «Ich habe den besten Anwalt der Welt.» Beide Anwälte stammen aus dem linken 68er Milieu. Franke hat kurze graue Haare und trägt mit Vorliebe Jeans und Ohrring.

Beide Verteidiger wunderten sich, als sie Felix zum ersten Mal sahen. Der Widerspruch zwischen seiner Herkunft und der Szene, in der er sich bewegte, war kaum zu übertreffen. «Es ging um einen Prozess gegen Hooligans und vor mir saß ein Farbiger mit Brille, der aussah wie ein Intellektueller», sagt Franke. Felix vertrug in der Haft keine Kontaktlinsen mehr. Durch den feinen Staub hatten sich seine Augen entzündet und er musste seine Brille aufsetzen.

Die Anwälte lasen zunächst die Akten. Die über Marco füllten fast einen ganzen Raum. Felix spielte darin eine vergleichsweise geringe Rolle. Sie erklärten Felix dann, es sei unmöglich, völlig unbeschadet aus der Sache herauszukommen, da er von zwei Seiten belastet werde, von Marco und von Ben. Außerdem war Marco so etwas wie der Star der Staatsanwaltschaft.

Sie fragten Felix, was er auf jeden Fall verhindern wolle. «Den geschlossenen Vollzug auf Jahre», antwortete Felix. Von da an war das Ziel seiner Anwälte eine Saalentlassung. Sie sprachen mit der zuständigen Kammer und den Beisitzern. Vier

Jahre wollten sie für Felix aushandeln. Die Kammer wollte fünf, aber nur, wenn Felix gestand. Felix gestand zwar, sagte darüber hinaus aber nichts.

«Er hat immer nur definiert, was er nicht möchte», sagt Franke. Er lehnte es ab, Marco zu unterstützen oder andere zu belasten.

«Er war ein ritterlicher Typ», sagt Remé.

Zusammen mit Felix verfassten sie dann eine schriftliche Stellungnahme zu den Anklagevorwürfen. Die Verteidiger verlasen sie vor Gericht. Darin hieß es: «Ben fragte mich eines Tages – aus meiner Sicht völlig unvorbereitet –, ob ich Koks besorgen könne. Ich antwortete, dass ich das nicht wisse, weil ich das noch nie gemacht habe.»

Ben meinte dann, Felix kenne doch den Marco. Mit dem hatte sich Ben überworfen. Felix willigte ein, Marco zu fragen. Warum, wusste er wahrscheinlich selbst nicht so genau. Er brauchte immer Geld. Das erste Mal ging es um zehn Gramm.

Felix und Marco trafen sich zur Übergabe des Kokains in der Nähe der Autobahnauffahrt Pankow, entweder bei Burger King oder bei McDonald's. Vor der Übergabe fuhr Felix zu Ben und holte 1000 Mark. Der Austausch klappte. Felix brachte die zehn Gramm zurück zu Ben.

«Ich selbst hatte das Kokain keine Viertelstunde in meinem Besitz», lasen die Anwälte. Felix verdiente 100 Mark an diesem Geschäft.

Es gab dann noch drei bis vier ähnliche Geschäfte über zehn bis zwanzig Gramm. Marco hatte ihm mehr angelastet. Das nächste Mal bestellte Ben über Felix bei Marco hundert Gramm und stellte ein Kilogeschäft in Aussicht. Diesmal traf Felix sich mit Marco bei McDonald's und erhielt eine Tüte, die er Ben übergab. Er bekam 500 Mark dafür.

Etwa eine Woche später wollte Ben ein Kilo. Marco verlangte dafür 58 000 Mark. Sie trafen sich bei Burger King. Felix blieb im Auto mit heruntergelassenen Scheiben sitzen. Marco warf die Ware durch das Fenster auf den Beifahrersitz. Als Felix danach Ben das Kilo lieferte, hatte Ben kein Geld. Marco regte sich am Handy furchtbar auf. Er bekam schließlich nur 56 000 Mark. Marco wusste inzwischen auch, wer Felix' Auftraggeber war, und sagte zu Felix, er werde ihn persönlich in Haftung für das Restgeld nehmen. Es lief nicht gut.

«In der Folgezeit war Ben für mich schwer erreichbar. Ich konnte also das restliche Geld, das er mir noch schuldete, von ihm nicht kriegen.» Felix verdiente nichts an diesem Botendienst.

Kurz darauf rief Ben wieder an und verlangte ein weiteres Kilo. Diesmal schaute Felix vorher nach, ob das Geld da war. Marco forderte nur 57 000 Mark und die 2000 Mark Schulden vom letzten Mal. Felix zahlte Marco aus und verdiente wieder nichts dabei.

«Weitere Kokainlieferungen habe ich nicht vermittelt, und zwar sicher auch deshalb, weil mich die Abwicklung der vorangegangenen beiden Kilogeschäfte, bei denen ich nichts verdient hatte und froh sein musste, dass ich zuletzt plus minus null herausgekommen war, in jeder Weise abgeschreckt hatte.» Die 2000 Mark, die Ben Felix für seine Botendienste schuldete, bekam er nie. Ben ließ sich ihm gegenüber nur noch verleugnen. Insgesamt hatte Felix 1200 Mark verdient. Die Körperverletzung stritt er ab.

Marco hatte ihn mit mehr als drei Kilo belastet und die Preise lagen nach seinen Aussagen niedriger – bei 42 000 bis 45 000 Mark für ein Kilo.

Was wirklich geschehen ist, wird wohl niemand mehr erfahren. Nicht einmal Felix' Verteidiger können sagen, ob Felix' Stellungnahme der Wahrheit entspricht oder nicht. Keiner kann es nachprüfen.

Sie fragt sich, ob das stimmen kann – Felix, der Drogenkurier. Sie kann sich, ihn, der nicht mal Alkohol trank, dabei nicht vorstellen. Vielleicht dachte er, wenn er das Kokain nur wenige Minuten in den Händen halte, sei er unschuldig? Vielleicht wusste er nicht, dass auf Handel mit Kokain in diesen Mengen hohe Strafen standen?

«Felix konnte kein richtiges Unrechtsbewusstsein für seine Tat entwickeln. Er meinte, er habe doch nur eine kleine Tüte von einem Ort zum anderen gebracht», sagt Anwalt Franke.

Niemand hat Felix je gefragt, was wirklich passiert ist. Manche trauten sich nicht, ihn darauf anzusprechen, anderen war es egal, wieder andere dachten, sie hätten alle Zeit der Welt, um mit ihm darüber zu reden.

Auch sie sollte nicht mehr dazu kommen, ihn zu fragen.

Am ersten Verhandlungstag, dem 16. Mai 2000, saß Felix im Gerichtssaal auf der linken Seite in der zweiten Reihe hinter seinen Anwälten. Er trug seine Brille, ein kariertes Hemd, Jeans. Als sie reinkam, nickten sie sich zu. Er wirkte gelassen, lehnte sich manchmal auf seinem Stuhl zurück. Ab und zu schrieb er etwas auf.

Sie setzte sich neben Tina und seine Mutter auf eine der Zuschauerbänke. Auch Felix' Vater war da. Von dort beobachtete sie ihre Journalistenkollegen, manche kannte sie und fragte sich, wie sie wohl über diesen Prozess berichten würde, wenn sie Felix nicht kennen würde. Tina zeigte ihr dann Marco, der auf der rechten Seite saß, Felix schräg gegenüber. Sie versuchte, sich sein Gesicht einzuprägen. Es gelang ihr nicht, es verschwamm immer wieder. Neben ihm stand ein Beamter zu seinem Schutz.

Acht Menschen wurden an jenem Tag angeklagt: Felix, Marco, Ronny, Ben, der Polizist, Marcos Freundin, Marcos Bruder und noch ein Mann, der in die Kreditbetrügereien und den Drogenhandel verwickelt war.

Die Staatsanwältin erhob sich. Sie trug eine Brille und hatte halb lange blonde Haare, die sie zu mehr Fülle toupiert hatte. Sie verlas die Anklage, was zwei Stunden dauerte. Insgesamt umfasste die Anklageschrift fast 800 Seiten.

Es stimmt wohl, dass die Staatsanwältin «Herzblut» in diesen Fall gelegt hatte. Sie sprach von Drogen, Waffen, Autos, Türstehern, Fußballschlägereien – obwohl Fußball in den Verhandlungen keine weitere Rolle mehr spielen sollte. Der Kronzeuge war selbst zu tief darin verstrickt.

Einmal fragte der Richter Felix, ob er zu den Schlägereien gefahren sei. Felix nickte und sagte: «Wie hätte ich sonst Vertrauen in der Szene gewinnen können?» Seine Anwälte sind der Meinung, die Hooligan-Geschichten seien anfangs nützlich gewesen für die Stimmungsmache der Staatsanwaltschaft. Es war der erste große Prozess in Berlin gegen die Szene der Hooligans und Türsteher. Die Zeitung, für die sie arbeitete, nannte sie das «Hooligan-Kartell». Kartell, das klang nach Mafia, nach Sizilien. Und es wirkte. Die Anklage hörte sich übel an.

Sie sah, wie ihre Kollegen mitschrieben, und konnte die Überschriften fast schon vor sich sehen. Sie hockte damals ratlos auf der Zuschauerbank und rätselte, wie Felix da hineingeraten war. Was hatte er mit diesen Menschen hier zu tun? Niemand konnte es ihr sagen.

Ihr war auch nicht ganz klar, warum Felix im Hauptprozess mit angeklagt war. Seine Rolle erschien ihr im Vergleich zu den anderen gering. Er hatte keine Millionen verschoben, war nicht in Südamerika herumgereist und hatte sich keine Kokspäckchen um den Bauch gebunden. Er sollte kleine Päckchen von einem zum anderen getragen und dabei noch nicht einmal viel verdient haben. Sie fand es sinnlos und ein wenig dumm, aber im Gegensatz zu den anderen harmlos, fast etwas naiv.

Felix schaute damals die meiste Zeit auf die Tischplatte vor sich, ab und zu warf er einen Blick zu Tina und den andern Zuschauern. Nur kurz. Dann betrachtete er wieder die Tischplatte. Es war ihm unangenehm.

Nach den zwei Stunden ging sie mit Felix' Mutter und Tina noch einen Kaffee trinken. Auf der Straße hielt sie eine hysterische blonde Frau an, die Felix' Mutter anbrüllte: «Ihr Sohn hat meinen Sohn verprügelt.» Es war Bens Mutter. Felix' Mutter blieb ganz ruhig. Die blonde Frau erzählte wirre Geschichten. Es wirkte fast, als wolle sie nur mal mit jemandem über ihren Sohn und den Fall sprechen. Irgendwann drehte sie sich dann um und verschwand.

Zu der Zeit saß Felix vermutlich schon wieder in seiner Zelle, allein, und seine Gedanken liefen Amok. Er schrieb ihr einmal, er wünsche sich, er könne aufhören zu denken und dass er viel über seine Kindheit nachsinne. *Auch habe ich mir wohl zu dieser Zeit einige meiner Lebensziele gesetzt und frage mich selbst, ob ich sie noch will. (...) Härte gegen mich selbst war für mich das einzige Mittel, um weiterbestehen zu können. Für die damalige Zeit wohl passend, aber auf Dauer zerstörerisch.* Und er beruhigte sie immer wieder, sie solle sich keine Sorgen um ihn machen.

Seit Beginn des Prozesses hörten die Briefe auf. Irgendwann schrieb Felix dann nur noch an Tina. Sie bekam seitenlange Beschreibungen seiner Träume und seines Lebens. Felix konzentrierte sich nur noch auf sie, mit ihr verband er alle seine Hoffnungen und Sehnsüchte. Über sie ließ er Freunden und Familie Botschaften ausrichten. Es musste ihr Angst machen. Aber sie konnte nicht sagen, wenn es ihr zu viel wurde.

Felix wollte vor Gericht so wenig wie möglich über sich erzählen. Einmal las er einen Lebenslauf vor, darin kamen nur sein Stiefvater und sein Vater vor, nicht die Großeltern, auch nicht die Mutter. Felix erzählte nie viel über seine Familie, die meisten Freunde von ihm kannten lediglich die Großeltern.

Arnold und Jeannette saßen bei jeder Verhandlung im Zuschauerraum. Die anderen kamen nur ab und zu, manche nie. Auch sie ging nach dem ersten Mal nicht mehr hin. Sie schrieb sich die Termine in ihren Kalender, betrachtete sie immer mal mit zunehmend schlechtem Gewissen und vergaß sie dann wieder. Die meisten Verhandlungen waren dienstags am Vormittag. Sie musste arbeiten.

Im Nachhinein findet sie ihre eigene Achtlosigkeit am schlimmsten. Grausam. Nichts war so dringend, dass sie nicht zu einem weiteren Termin hätte gehen können. Tina richtete ihr eines Tages von Felix aus, sie solle sich wieder im Gerichtssaal sehen lassen. Er wolle, dass sie etwas schreibe. Im Stillen sagte sie damals nein. Sie kannte ihn, das ging nicht. Im Rückblick kam es ihr vor wie ein Vermächtnis, etwas, was sie noch für ihn tun müsste. Weil sie es damals versäumt hatte.

Der Prozess lief weiter. In einer der Verhandlungen identifizierte Felix einen von Bens türkischen Hintermännern, den Endabnehmer, auf einem Lichtbild. Und es ging immer noch um das dritte Kilo Kokain, das Marco Felix anlastete. Felix sei sehr wütend auf Marco gewesen, sagen seine Anwälte.

«Er fühlte sich durch die falschen Vorwürfe gekränkt», sagt Harald Remé. Er war von Felix' Persönlichkeit beeindruckt. «Ich war von seiner Ernsthaftigkeit fasziniert. Felix hat Bücher richtig studiert. Ich selbst kenne keineswegs alle meine Bücher. Schwere Delikte hätte Felix nie begangen, weil sie ihm wesensfremd waren.» Als Mensch passe er nicht zu seiner Tat.

Seine Verteidiger sahen Felix nur einmal die Fassung verlieren: kurz vor der Sommerpause, als unsicher war, ob der Prozess erst im Herbst weitergeführt werden könne. Für einen Augenblick dachten sie, Felix würde anfangen zu weinen. Es war das einzige Mal. Felix wollte sein Urteil unbedingt vor der Pause erfahren. Sie schafften es dann auch.

Felix wurde am 10. August 2000 zu vier Jahren und sechs

Monaten verurteilt. Ronny bekam fünf Jahre und neun Monate. Im Vergleich stimmte nichts mehr. «Normalerweise wäre das ein gutes Urteil für Felix gewesen», sagt sein Anwalt Olaf Franke. Auch wenn Felix das schwer glauben konnte. Er konnte sich das Strafmaß nicht erklären, es lief seinem inneren Gerechtigkeitssinn zuwider. Im Vergleich zu Marco, der neun Jahre bekam, hätte Felix weniger bekommen müssen.

Der Richter setzte Felix noch im Gerichtssaal auf freien Fuß. Die restliche Haftzeit sollte er im offenen Vollzug verbringen. Die Staatsanwältin kündigte Beschwerde gegen die Haftverschonung an. Bei vorhergegangenen ähnlichen Saalentlassungen hatte sie nichts unternommen, vielleicht nahm deshalb niemand ihre Drohung ernst.

Heute will die Staatsanwältin sich zu dem Fall nicht mehr äußern, ebenso wenig wie der Richter.

Felix' Verteidiger hatten ihr Ziel erreicht und fuhren in den Urlaub. Felix war frei.

An jenem Donnerstag, als Felix aus dem Gefängnis kam, holten ihn Oliver und ein paar andere vom Gerichtssaal ab. Sie wollten feiern. Felix fuhr nur kurz mit zu seinen Großeltern, legte seine Sachen ab und sagte: «Ich gehe mit den Jungs essen und komme morgen früh wieder.» Felix wollte unbedingt zu McDonald's.

Er bewegte sich vorsichtig durch seine Stadt. Er traute sich nicht mehr, den Menschen in die Augen zu sehen, aus Angst, jeder würde merken, dass er gerade aus dem Knast kam.

Am Abend fuhr Felix mit Oliver und den anderen von der Firma in einen Club. Feiern. Vorher hatte er Oliver um eine Kopfschmerztablette gebeten. «Er war überfordert», sagt Oliver heute. Die anderen tranken. Felix saß da und fragte sich die ganze Zeit, ob die Tür hinter ihm noch offen sei. Nach außen lächelte er. Er verließ die Feier früh, so gegen elf, und schlief bei Oliver. Felix konnte nicht mehr.

Am nächsten Morgen kehrte er zu seinen Großeltern nach Schöneweide zurück. David hatte zuvor Felix' Sachen aus seiner Wohnung zu Arnold und Jeannette gebracht. Seine Möbel standen unten im Keller. Felix nahm nur das Nötigste mit in sein altes Zimmer – Kleidung, Musik, Bücher, den Karton mit den Briefen, Kalendern und Fotos. Er hängte seine Bilder an die Wand und legte die Anklageschrift weit weg von sich oben auf das Regal. Zu seinen Großeltern sagte er: «Ich werde jetzt lange bei euch bleiben.» Er hatte Schulden, eine eigene Wohnung konnte er sich nicht leisten.

Felix stellte seinen Geschirrspüler und seinen Kühlschrank in die Küche. Er wollte nicht mehr allein essen, kein Fernsehen gucken und seine Großeltern sollten das Telefon leiser stellen. «Das waren alles Dinge, die ihn an seine Haft erinnerten», sagt Jeannette.

Ein Freund lieh ihm ein Auto und Felix verbrachte seine Tage auf Ämtern. Er meldete sein Leben wieder an. Draußen. In ein paar Monaten sollte er dreißig werden. Er stand wieder ganz am Anfang.

Dreimal in der Woche musste er sich bei der Polizei melden. Seine Augen hatten sich entzündet, sie schmerzten und er war noch nicht krankenversichert. In der Klinik wollten sie ihm nicht richtig helfen.

Felix fühlte sich elend. Er hatte niemanden, mit dem er die Erfahrungen der letzten neun Monate teilen konnte, kam sich vor wie von der Welt abgetrennt. Sein Leben lang wollte er immer dazugehören, zu irgendetwas. Nun stand er völlig abseits.

Seine Großeltern konnten nur zusehen, wie er litt. Einmal sagte er zu Jeannette: «Mir tun die Augen weh, auf dem Sozialamt ist es beschissen. Ich halte das nicht mehr aus.» Jeannette erwiderte, er solle sich Geld von ihrem Konto nehmen und sich etwas Schönes gönnen. Danach ging es wieder für eine Weile.

Und dann war da noch Tina, Felix' Freundin. Es lief nicht so, wie Felix es sich gewünscht hatte. Als er aus dem Gefängnis kam, sagte sie zu ihm, sie brauche jetzt erst mal Zeit und Abstand. Für Felix muss das wie eine Absage geklungen haben. Er forderte Liebe und Zuneigung immer absolut und zu hundert Prozent. Tina wusste mehr über ihn als alle anderen, sie hatte ihn die ganze Zeit unterstützt. Jetzt konnte sie nicht mehr.

Sie gingen noch einmal zusammen ins Schwimmbad. Es war heiß in diesen letzten Tagen im August 2000. Davor hatten sie sich über ihre Handys angeschrien. Er wollte allein mit ihr baden, sie brachte noch einen Freund mit. Vor dem Bad schlossen sie wieder Frieden. Er hielt nicht lange. Tina sprang vom Turm. Als sie zurückkam, tobte Felix vor Eifersucht: Das ganze Schwimmbad habe ihr auf den Hintern gestarrt. Die anderen hätten keinen Respekt vor ihm, sie sei seine Frau.

Je mehr Liebe er forderte, umso mehr zog Tina sich zurück. Es war ein böses Spiel. Als sie zusammen Eis holten, sagte Felix: «Anscheinend haben wir uns nichts zu sagen, wenn kein Beamter zwischen uns sitzt.» Ein wenig hatte er damit vielleicht sogar Recht: Ihre Beziehung basierte auf einer Ausnahmesituation, die Normalität waren sie nicht gewohnt.

Am Ende dieses Tages standen sie sich gegenüber, umarmten sich kurz und Tina flüsterte: «Das wird gut zwischen uns.» Vielleicht glaubte sie es wirklich. Sie lief dann schnell zu ihrem Auto, er zu seinem. Eine Weile fuhren sie noch hintereinander her. Dann verschwand er.

Am Telefon sprach Felix darüber, wie traurig er sei, dass es mit Tina nicht richtig klappe. Seine Stimme klang verändert, bedrückt. Sie hatten sich noch nicht wieder gesehen. Er sagte, er habe viel zu tun. Ämter, Ärzte. Felix erzählte, wie sie ihn als «Exknacki» überall schlecht behandelten. «Für die bist du der Letzte.»

Er sprach vom offenen Vollzug in Hakenfelde, der bald beginnen sollte, und davon, dass er wieder einen Job als Türsteher und Trainer hatte. Sie weiß noch, dass sie dachte: Jetzt beginnt alles wieder von vorn, dieselben Leute, dieselbe Szene, dieselben Probleme. Sie besprachen nicht viel, sie wollten sich bald verabreden. Sie schob alle ihre Fragen auf. Wahrscheinlich hat er diese Vorsicht bemerkt und sich noch mehr geschämt. «Ich will dich bald sehen», war der letzte Satz ihres letzten Telefonates.

Das Einzige, was in jenen 13 Tagen, die Felix draußen war, unverändert blieb, war sein Training. Gleich einen Tag nach seiner Entlassung hatte er zehn Runden auf den Sandsack eingehauen. Ihr hatte er einmal gesagt, sein großer Traum sei es, es unter die drei Besten der Welt zu schaffen. Im Gefängnis zweifelte er auch an diesem Wunsch, aber er trainierte weiter. Bei den Großeltern hängt das letzte Foto von Felix aus dieser Zeit. Er steht in der Wohnung seiner Mutter, neben ihm sein Bruder und sein Stiefvater. Er lächelt, die Augen schmal, den Mund offen. Felix sieht wieder grauenhaft glücklich aus.

Sie sah ihn nicht mehr in jenen Tagen im August. Es gab keinen richtigen Abschied für sie. Deshalb ist es auch noch nicht vorbei. Sie war damals wieder mit irgendetwas beschäftigt, das sie in dem Moment für wichtig hielt.

Sie war auf einer Hochzeit im Ausland und danach recherchierte sie eine Geschichte in Prag über Globalisierungsgegner. Die jungen Streiter erinnerten sie manchmal ein wenig an Felix. Sie kämpften auch gegen Veränderungen, von denen sie das Gefühl hatten, sie könnten sie nicht mehr überblicken. Sie schienen sich nach Klarheit und festen Wurzeln zu sehnen wie er. Sie wollte Felix ein paar Mal von Prag aus anrufen, ließ es dann aber doch immer sein. Sie hätten wieder nicht richtig sprechen können.

Als sie nach Hause kam, war Felix' Stimme auf dem Anrufbeantworter. «Wo seid ihr?», fragte er. Er klang ängstlich, so als fürchte er, sie würde sich nicht mehr melden, nichts mehr mit ihm zu tun haben wollen. Er hinterließ seine neue Handynummer. Das war der 22. August 2000, ein Dienstag. Am nächsten Tag versuchte sie mehrmals, ihn zu erreichen. Das Handy war ausgeschaltet. In ihrem Kalender trug sie für Freitag, den 25. August, dünn *Felix Frühstück?* ein. Da war er schon fort.

Am Mittwoch, dem 23. August, flog Felix' Großmutter mit ihrer Schwester nach Rom. Felix hatte sie noch zum Flughafen gebracht. Danach fuhr er direkt zur Polizei, um sich zu melden. Für den Abend hatte er sich mit seinem Großvater verabredet, sie wollten die Reste des chinesischen Essens vom Vortag aufwärmen. Arnold wartete an jenem Mittwochabend vergeblich auf seinen Enkel. Felix kam nicht wieder. Sein Großvater macht sich nun auf ewig Vorwürfe, dass er ihn nicht zur Polizei begleitet hat.

Die Polizei behielt Felix da. Die Staatsanwältin hatte ihre Drohung wahr gemacht und Beschwerde gegen seine Haftverschonung eingelegt. Felix' Anwalt Olaf Franke sagt über sie: «Sie ist an sich keine bösartige Frau, aber wenn sie sich einmal in etwas verbeißt, lässt sie nicht mehr los. Da hat sie einen Beißreflex wie ein Pitbull. Sie kann dann keine Distanz mehr zu ihren Fällen halten. Es ist ihr ums Prinzip gegangen, nicht um Felix persönlich.»

Die meisten schlimmen Dinge passieren wohl, wenn es ums Prinzip geht und nicht mehr um den Einzelnen.

Felix' Meldeadresse bei den Großeltern wertete die Staatsanwältin als Scheinmeldeadresse. Niemand war bei Jeannette und Arnold vorbeigekommen, um das zu überprüfen. Jeder hätte sehen können, dass Felix wirklich dort wohnte. Allerdings war bei seiner Anmeldung tatsächlich etwas schief gelaufen und er war bei seinen Großeltern offiziell nicht registriert, obwohl alle davon ausgegangen waren.

Die Staatsanwältin begründete ihre Beschwerde gegen die Haftverschonung unter anderem wegen weiterhin bestehender Fluchtgefahr: *Der Angeklagte Felix S. hat nichts darüber berichtet, wo und wie er künftig leben möchte.*

Es hatte ihn niemand danach gefragt.

Die Staatsanwältin schrieb weiter, das Landgericht habe zu Unrecht darauf vertraut, dass der Angeklagte nicht flüchten würde. Sie beantragte, den Haftverschonungsbeschluss aufzuheben. Es bestehe der Haftgrund der Fluchtgefahr. Zu diesem Zeitpunkt war Felix schon mehrmals seiner Meldepflicht nachgekommen. Am 23. August beschloss der 4. Senat des Kammergerichts, den Forderungen der Staatsanwaltschaft zu entsprechen. Die Kammer hob den Haftverschonungsbeschluss vom 10. August mit der Begründung auf: *Die polizeiliche Anmeldung in der Wohnung seiner Großeltern sowie der Umstand, dass er einen Arbeitsplatz als Trainer in einem Fitnessstudio in Aussicht hat, bieten für sich allein keine hinreichende Gewähr, dass er sich gegebenenfalls einer erneuten Hauptverhandlung oder der drohenden Strafvollstreckung freiwillig stellen wird.*

Felix' Verteidiger sagen, der 4. Senat des Kammergerichts sei für seine restriktiven Beschlüsse bekannt. Sie würden fast grundsätzlich gegen die Beschuldigten entscheiden. Die Staatsanwältin soll damals frohlockt haben: «Wir haben gesiegt.»

Die Frage ist, um welchen Preis? Aber vielleicht stellt man sich solche Fragen irgendwann nicht mehr, vielleicht geht es nur noch um den Sieg an sich.

Felix durfte noch ein Telefongespräch führen. Er rief Tina an. Er sagte, er wolle den Kontakt zu allen abbrechen, nur sie solle kommen. «Ich muss da allein durch.»

Sein Stiefvater hatte versucht, auf dem Gerichtstermin mit

Felix zu sprechen. Er machte sich Sorgen. Vielleicht hatte er eine Ahnung. Die Staatsanwältin hatte daraufhin in der JVA Moabit angerufen, die Sorgen mitgeteilt und einen Vermerk in ihren Akten notiert. Damit hatte sie ihre Pflicht getan und die Verantwortung an die Haftanstalt weitergegeben.

Fast zwei Wochen lang war Felix draußen. Er hatte gerade angefangen, sich an die Normalität zu gewöhnen, über seinen Tag selbst zu bestimmen. Jetzt begann alles wieder von vorn. Er kam wieder nach Moabit, in die Aufnahmezellen unten im Erdgeschoss. Die, die am schlimmsten aussehen.

Seine Verteidiger waren in Urlaub, genau wie der Richter, der ihn beim ersten Mal freigelassen hatte. Felix war wieder allein. Doch er wusste ja, irgendwann würden seine Anwälte zurückkehren. Und er hatte fast 800 Briefe ins Gefängnis bekommen. Viele haben ihm geholfen, viele haben ihn sehr gemocht. Sein alter Freund Alex sagte einmal zu ihm: «Ich weiß nicht, ob mir jemals so viele Leute schreiben würden.» All die Briefe, die ganze Zuneigung hatten Felix nicht wirklich erreicht. Im Inneren war er einsam, wahrscheinlich schon seit langer Zeit.

Die erste Nacht in der Zelle hielt er durch. Im Haus hatte es sich schnell herumgesprochen, dass er wieder da war. Die Mitarbeiterin des katholischen Pfarrers besuchte ihn. Und dann kam der Donnerstagabend.

Es war noch hell draußen zwischen 20 und 23 Uhr, der Übergang vom Tag zur Nacht. Niemand wird erfahren, was in dieser Zeit genau geschah. Felix schrieb zwei Abschiedsbriefe – einen an seine Familie, den anderen an Tina. Er könne nicht mehr. Sie sollten ihn in Frieden gehen lassen und ihm verzeihen. Sogar am Ende entschuldigte er sich noch. Felix muss sehr ruhig gewesen sein. Seine Schrift ist wie immer gerade, nicht verwackelt.

Er hat es wohl wirklich gewollt.

18

Heute Nacht habe ich von meinem Opa geträumt. Ich glaubte, dass ich er war. Er ist, wie du ja weißt, Läufer. Er war bei einem Wettkampf und hatte überhaupt keinen Überblick, in welche Richtung alle rannten. Er lief in die verkehrte Richtung. Das zeigt wohl ziemlich gut meine Angst, mich dem Lebensstrom anzupassen, hatte ihr Felix einmal aus dem Gefängnis geschrieben.

Sie geht jetzt oft zu seinen Großeltern. Manchmal sieht sie Felix in ihnen. Manchmal sitzt sie auch einfach nur da und schaut Arnold und Jeannette an. Sie bewundert sie dafür, wie sie versuchen, mit dem Verlust zu leben. Und sie beobachtet Arnold dabei, wie er hellblaue Aufkleber auf Briefumschläge klebt. *Andenken an Felix Umkhonto. Ein sauberer, fairer, menschlicher Sportler, Deutscher Meister im Kickboxing* steht darauf.

Arnold schreibt lange Aufsätze über Menschenrechte und das Justizsystem in Deutschland. Am liebsten würde er jeden Tag um die Wohnung der Staatsanwältin joggen und sie mit seiner Anwesenheit terrorisieren. Er hat es dann doch gelassen. Er würde gern kämpfen für seinen Enkel. Gerechtigkeit einfordern. Irgendetwas tun. Jeannette sieht ihn in diesen Momenten nur traurig von der Seite an: «Das hat doch keinen Sinn», sagt sie. Die Ereignisse haben die Großeltern skeptisch gemacht und hilflos zurückgelassen.

Kurz nach Felix' Verschwinden lief Arnold den Berlin-Marathon. Felix hatte ihm eigentlich versprochen mitzukommen. Jetzt begleitete sie ihn an seiner Stelle. Sie sah den schmalen, alten Mann und verbot sich zu heulen. Arnold lief sehr langsam. Vor ein paar Jahren hatte er sich ja das Bein gebrochen.

Sein Herzschrittmacher macht manchmal auch Probleme. Er rennt weiter. Vielleicht ist es das Einzige, was bleibt.

Jeannette und Arnold wollten 1990 nach Südafrika zurückkehren. Mandela war gerade freigelassen worden. Es war der Moment, auf den sie beide dreißig Jahre gewartet hatten. Jeannettes Eltern waren darüber gestorben und Arnolds Sohn erwachsen geworden. Jeannette blieb neun Monate, besuchte ihre Familie und Versammlungen des ANC. «Dort saßen Leute, die erzählten, sie hätten nie Miete und Strom bezahlt, weil das weiße Regime nicht ihre Regierung gewesen sei.» Jeannette war darüber entsetzt. «Miete und Strom muss man überall auf der Welt zahlen», sagte sie.

Die anderen schauten sie an, als sei sie geistesgestört. Im Stillen warfen die Dagebliebenen den Rückkehrern immer ihr Exil vor. Sie hätten keine Ahnung, wie es gewesen sei, sie seien einfach weggegangen. Über die Jahre waren sie sich fremd geworden. Vielleicht sah Jeannette damals schon einiges von dem voraus, was später geschehen sollte. Wie würden sich die Schwarzen zu ihrer eigenen Regierung, zu ihrem eigenen Land verhalten?

Jeannette und Arnold wollten Arbeit und eine Wohnung in Johannesburg, beides konnte ihnen der ANC nicht vermitteln. Ihr ganzes Leben hatten sie für diesen Augenblick gekämpft. Nun wurden sie nicht gebraucht. Sie hatten keine Aufgabe, keinen Platz im neuen Südafrika. Arnold sagt, es habe ihm trotzdem gut gefallen. Es gibt zwei Zeitungsinterviews von damals – eines mit Jeannette und eines mit Arnold. Beide könnten entgegengesetzter nicht sein. Sie klingt traurig und desillusioniert, er euphorisch und heiter.

So gut kann es auch ihm nicht gegangen sein: Arnold kehrte schon nach einem Monat wieder nach Berlin zurück. Jeannette wollte aushalten. Dann saß sie eines Abends bei Walter Sisulu, dem langjährigen Kampf- und Gefängnisgenossen von Mandela. Er schaute sie an und sagte: «Geh zurück nach Deutschland. Du wirst hier nicht glücklich.» Da war es auch für sie vorbei. Zurück in Berlin, nahmen Jeannette und Arnold kurz darauf die deutsche Staatsbürgerschaft an, die ihre Tochter und Felix längst hatten.

Etwas war zerbrochen. Etwas Großes. Ganz wird der Schmerz wohl nie mehr vergehen. Kann man sein ganzes Leben vergessen?

Die Großeltern fuhren jetzt jedes Jahr nach Südafrika. Manchmal blieben sie einen Monat, manchmal mehrere. Sie wohnten meist bei Jeannettes Bruder in Bosmont, Johannesburg, einem farbigen Viertel, wo die Farbigen auch heute noch unter sich bleiben. Während der letzten zehn Jahre baute ihr Bruder einen Zaun um sein Haus, installierte eine Alarmanlage und dann kamen die Kampfhunde. In Johannesburg lebt inzwischen jeder in seinem eigenen Hochsicherheitstrakt. Jede Bevölkerungsgruppe bleibt bis auf wenige Ausnahmen weiter für sich und beobachtet die andere mit großem Misstrauen. Inzwischen regiert zwar die schwarze Mehrheit. Aber es ist zu viel passiert, es gibt zu viel Hass. Es geschehen etwa 25 000 Morde im Jahr und Johannesburg gilt als die gefährlichste Stadt der Welt. In der alten Heimatstadt von Felix' Großeltern traut sich nachts kaum noch jemand auf die Straße, und wenn, nur im Auto.

Jeannettes Neffe ist Chefarzt im «Baragwanath» in Soweto, dem größten Krankenhaus der Welt. Zweimal zwangen ihn Männer kurz vor dem Krankenhaus, mit vorgehaltener Waffe, ihnen seinen Wagen zu geben. Nach dem zweiten Mal wollte Jeannettes Neffe das Land verlassen, wie so viele, die schon nach England, Australien und Amerika verschwunden sind. Jeannette und Arnold erfuhren von den Vorfällen am Telefon.

Eine Verwandte sagte zu Jeannette: «Ihr seid schuld. Früher gab es so was nicht.»

Die Opfer wünschen sich die Zeiten der Rassentrennung zurück. Was sollten Arnold und Jeannette darauf erwidern? Dass sie es so niemals gewollt hatten? Dass niemand ahnen konnte, dass auch die eigenen Leute nicht nur gut und edel sind? Dass großes Unglück meist nur weiteres Unglück hervorbringt? Schlimmer konnte es nicht mehr kommen. Sie hatten ihr ganzes Leben für etwas geopfert, was sich bei näherer Betrachtung nun als sehr fragil und keineswegs fehlerfrei herausstellte.

Thabo Mbeki, der neue junge Präsident, der bei Jeannette und Arnold auf dem Sofa gesessen hatte, klagte eigene Leute wegen Verschwörungen an. Kritik am ANC wollte schon lange keiner mehr hören. «Wie die SED», sagt Arnold und lacht. Es ist nicht lustig. Jeannette und Arnold können noch heute heftig streiten über den ANC, die Kommunisten. Die Rollen sind seit einer Ewigkeit verteilt – er verteidigt, sie klagt an. Es ist der Streit ihres Lebens, der nie zu Ende gehen wird, das ahnt jeder Zuhörer. Manchmal hat sie sich gefragt, wie sie das aushalten können. Sie hatten jetzt alles verloren: ihre Heimat, ihre Familie und schließlich noch ihren Enkel.

Felix mochte ihre Geschichten nie hören. Vielleicht wollte er sich nicht damit belasten. Vielleicht hatte er Angst vor ihrer Intensität, vor der Radikalität ihrer Entscheidungen, ihren Extremen, die auch in ihm lebten. Vielleicht hat er das gemacht, wonach seine Großeltern sich in manchen Momenten gesehnt hatten, einfach weggehen. Schluss machen.

Sie erfuhr nicht sofort, was mit Felix geschehen war. Wie hatte sie die letzten Tage der Ahnungslosigkeit verbracht? Sie hatte sich gewundert, dass Felix nicht zu erreichen war, wollte aber noch das Wochenende abwarten und dann bei seinen Großeltern anrufen. Es war sehr heiß gewesen, Ende August. Sie war mit ihrem Freund baden gewesen, segeln, sie hatten richtig gute Tage gehabt.

Am Donnerstagabend, dem 24. August, saß sie zusammen mit anderen Autoren an einer Tafel in der Nähe von Naumburg, Sachsen-Anhalt. Es gab Leberwurststullen, sie blickte in ein malerisches Tal und ihre Nachbarn diskutierten über die Buchpreisbindung. Der Bundeskanzler hatte sie und andere ostdeutsche Autoren eingeladen, um ihn über den Osten aufzuklären, über die Rechten, über ihre Generation. Im Nachhinein wird ihr schlecht bei der Vorstellung. Sie regte sich beim Kanzler über unfähige Sozialarbeiter auf, während Felix in seiner Zelle in Moabit Abschiedsbriefe schrieb. Weiter entfernen konnten sie sich nicht mehr voneinander. Es war der letzte Höhepunkt, das letzte Signal, welche Welten ihre Generation inzwischen trennte. Waren ihre Gemeinsamkeiten nur eine Illusion gewesen?

Sie erfuhr es schließlich ein paar Tage später von Tina. Am Telefon.

Was bleibt nach so einer Geschichte? Trauer. Ungläubigkeit. Schuldgefühle. So aus dem Leben zu gehen ist immer auch ein aggressiver Akt. Er lässt die anderen stumm und hilflos zurück. Keine Erklärungen, keine Antworten. Es ist wie eine Strafe und alle Hinterbliebenen grübeln, wofür. Manchmal ist da auch Wut: warum? Es ist so sinnlos.

In der Zeit danach hörte sie immer wieder den Satz: «Wir haben Felix nicht gekannt.» Kann man einen Menschen jemals so kennen, dass man etwas sieht, was man selbst nicht sehen will? Viele seiner Freunde haben hinterher darüber gerätselt, ob es nun mutig von ihm war oder ein Zeichen von Schwäche. Was macht das noch für einen Unterschied?

Sie erinnert sich heute oft an Dinge, die sie zusammen erlebt haben. An die Clubs, wo sie waren, die es heute nicht mehr gibt, an ihre Schulen, die jetzt anders heißen, an Johannisthal, ihre

Jugend, die verschwunden ist. Sein Weggang kommt ihr vor wie ein Zeichen, dass diese Zeiten nun endgültig vorbei sind. Gestorben. Felix war noch einer von den alten Freunden, einer von denen, an denen sie hing, weil sie mit ihnen ein untergegangenes Land, ein untergegangenes Leben teilte. An die sie immer dachte, wenn sie bestimmte Lieder hörte oder durch bestimmte Gegenden Berlins lief. Die ganze Stadt hatte sich nun verändert. Alles anders, alles weg. Die Freunde von früher waren die Erinnerungen, waren die letzte Verbindung zur Vergangenheit. Nur deshalb lebte Ostberlin weiter. Manchmal. Was, wenn auch sie gingen?

Es ist vorbei. Ostberlin gibt es nicht mehr.

Felix' letzten Tag begingen sie dort, wohin sie früher Klassenausflüge gemacht hatten: im Baumschulenweg. Sie kam etwas zu spät. Im Saal des Krematoriums sah sie zweihundert Glatzen in schwarzen Anzügen mit weißen Hemden und Sonnenbrillen. In der ersten Reihe saß Felix' farbige Familie neben dem südafrikanischen Botschafter. Es war, als hätten alle Widersprüche von Felix Gestalt angenommen und sich hier noch einmal versammelt, um sich zu verabschieden. Es passte einfach nichts mehr zusammen.

Einigen seiner Bekannten wurde erst an diesem Tag klar, dass Felix nicht ganz weiß gewesen war. Einer fragte Tina später: «Ist dir klar, dass du mit einem Kanaken zusammen warst?»

Der Botschafter hielt, obwohl er Felix überhaupt nicht gekannt hatte, die beste Rede. Er sprach von Heimatlosigkeit und den Schmerzen des Exils. Felix' alter Freund Alex ging dann nach vorn und rang um Worte. Er sprach über Felix' Besessenheit beim Sport und seine Forderung nach bedingungsloser Liebe.

Vor der Tür wachte die Polizei. Ein Freund von Felix meinte später: «Der südafrikanische Botschafter hat vor Leuten mit insgesamt tausend Jahren Knast geredet.» Am Ende spielten sie einen von Felix' Lieblingssongs, *The Great Gig in the Sky* von Pink Floyd. Das laute Schluchzen von Felix' Großvater bei diesem Lied wird sie ihr ganzes Leben im Gedächtnis behalten.

Nach der Beisetzung fuhren sie dorthin, wo alles begann, nach Johannisthal. Felix' Kumpels parkten ihre Mercedes und BMW am Rande des Sterndamms, wo sie und Felix früher gewohnt hatten. Nachher, beim Essen in einem griechischen Restaurant, saßen die unterschiedlichen, teils verfeindeten Türstehergruppen an unterschiedlichen Tischen: vorn die Rahnsdorfer, in der Ecke links die vom Boxclub und am Tisch, der am dichtesten zu Felix' Familie stand, die Gruppe von Oliver.

Sie alle tranken nichts, sie wussten, was sich gehörte. Sie erwiesen Felix die letzte Ehre. Alle nickten sich zu, die Konkurrenten zollten Respekt. Wenn sie sich begrüßten oder verabschiedeten, legten sie ihre linken Schläfen aneinander. Manche drückten sich auch kurz. Felix hätte es sicher sehr gut gefallen. Danach stellten sie Listen auf von Felix' Feinden. Man wollte sie Name für Name abarbeiten. An einigen haben sie wohl Rache genommen. Vielleicht haben sie wieder ein paar Berlin-Verbote erteilt. Es ist nicht wichtig.

Seine Familie ist daran zerbrochen. Vielleicht ist das die eigentliche Tragik: Fast nie führt so ein Ereignis dazu, dass sich alle besinnen und gegenseitig trösten. Hass, Wut und Schuld sind sehr starke Gefühle, sie können einen ganz beherrschen. Und es gibt keine Verantwortlichen. Nirgends.

Felix' Zimmer sieht immer noch so aus, wie er es an jenem Mittwoch im August verlassen hat. Das heißt nicht ganz: Das Bett steht jetzt an der linken Wand, nicht mehr unterm Fenster. Sein roter Boxschutzhelm liegt darauf. Im Regal warten die schwarzen Schuhe, Marke Otter. Die Schnürsenkel sind noch zusammengebunden. Felix hat diese Schuhe immer zu den Verhandlungen getragen.

Alles ist so ordentlich, so sauber, wie er immer war, um gegen das Chaos in seinem Inneren anzukämpfen. Ein paar Fotos von ihm hängen an der Wand. Sie sitzt manchmal hier auf seinem Bett. Es ist, als würde man ihn besuchen, und es kommt ihr vor, als würde sie Felix jetzt viel besser kennen. Sein altes Zimmer ist der einzige Ort, wo noch etwas von ihm ist, wenn auch nur ein vages Gefühl. Jeannette wollte es ein Jahr danach leer räumen. Sie hat dann doch nur ein neues Regal gekauft, das Bett ein Stück verrückt und die Urkunde seines Meistertitels rahmen lassen.

Felix ist tot. Erhängt mit seinem Schlafanzug in einer Zelle in Moabit.

Ich danke den Menschen, ohne die dieses Buch niemals entstanden wäre:

meinem Freund Frank für die große Unterstützung und Geduld, Felix' Großeltern Jeannette und Arnold für ihre Freundschaft und ihr Vertrauen, Felix' Vater und seiner Frau, Gisela, ganz besonders Daniel für seine große Hilfe, Steve, Mario, Steffi, Ralf, Thomas, Denise, Christian, Christian K., Moni, Manuel, Paul, Oliver, Tommie L., Matthias, Michael, Axel, Vivian, Jörg, Dan, Herrn Bachmann, Herrn Susebach, Iris Tappendorf, Frau Schädler, dem katholischen Pfarramt der JVA Moabit, den Anwälten Olaf Franke und Harald Remé, meinen Großeltern, meinen Eltern, Christian Kersten, Holger Stark

und natürlich Siv Bublitz für ihren Mut und ihre Hilfe, Matthias Landwehr, Christian Schertz und dem «Tagesspiegel».

Einige Details der Geschichte sowie die Namen aller erwähnten Personen bis auf Felix, Jeannette, Arnold und die Anwälte wurden verändert.

Zitat auf S. 48 aus: David Wagner, *Meine Cousine und ich. Vom Neid auf den Umsturz der anderen.* In: Simon/Rothe/Andrasch (Hg.), *Das Buch der Unterschiede – Warum die Einheit keine ist.* Berlin, 2000, mit freundlicher Genehmigung des Aufbau-Verlages

Zitat auf Seite 133/134 aus: Glenn Frankel, *Rivonias Children – Three Families and the Price of Freedom in South Africa.* London, 1999 (Übersetzung der Autorin)

Foto: The Image Bank / Richard Ross

Deutschsprachige Literatur bei rororo

Ecstasy, die Nibelungen und die große weite Welt

Alexa Hennig von Lange
Relax
Roman. 3-499-22494-1
«Relax» ist ein Drogenroman, ein Flug durch ein Wochenende. Und es ist eine Liebesgeschichte: cool und komplett unmoralisch, schreiend komisch und doch wunderbar anrührend. «Alexa Hennig von Lange – die Antwort der Literatur auf die Spice Girls.» (Die Zeit)

Andreas Altmann
Einmal rundherum
Geschichten einer Weltreise
3-499-22931-5

Thommie Bayer
Das Herz ist eine miese Gegend
Roman. 3-499-12766-0

Thor Kunkel
Das Schwarzlicht-Terrarium
3-499-23151-4

Moritz Rinke
Die Trilogie der Verlorenen
Stücke. 3-499-22777-0

Die Nibelungen
Nachwort von Peter von Becker
Rinke ist in seiner Neubearbeitung den Fallstricken der Deutschtümelei mit feiner Ironie entgangen. Seine Fassung vermeidet brachiale Neuinterpretationen, sie besinnt sich vielmehr auf die ursprünglichen Erzählstränge.

3-499-23202-2

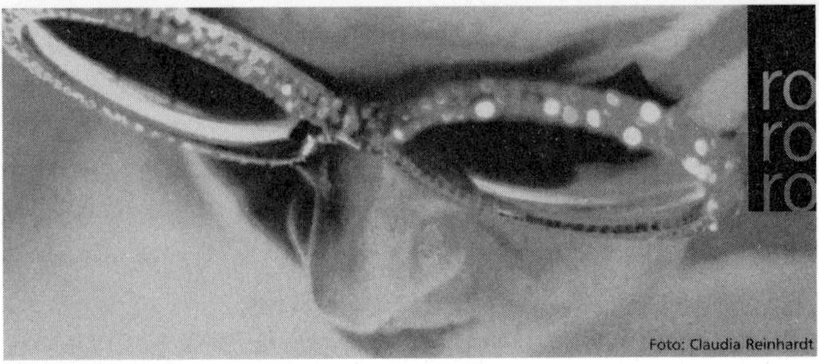

Amerikanische Literatur bei rororo

«Amerika ich habe dir alles gegeben und jetzt bin ich nichts» Allen Ginsberg

T. Coraghessan Boyle
Wassermusik
Roman. 3-499-12580-3

Harold Brodkey
Gast im Universum
Stories. 3-499-22687-1

John Cheever
Marcie Flints Schwierigkeiten
Stories. 3-499-22164-0

Don DeLillo
Weißes Rauschen
Roman. 3-499-13881-6

Siri Hustvedt
Die Verzauberung der Lily Dahl
Roman. 3-499-22457-7

Denis Johnson
Schon tot
Roman. 3-499-22930-7

Toni Morrison
Jazz
Roman. 3-499-22853-X

Thomas Pynchon
Mason & Dixon
Roman. 3-499-22907-2

Tom Robbins
Halbschlaf im Froschpyjama
Roman. 3-499-22442-9

David Foster Wallace
Kleines Mädchen mit komischen Haaren *Storys.* 3-499-23102-6

Douglas Coupland
Miss Wyoming *Roman*

3-499-23264-2